MADEMOISELLE

COCO

UND DER

DUFT DER LIEBE

可可·香奈儿

香奈儿5号和香水之爱

Michelle Marly

[德]米歇尔·马莉◎著

潘孟秋◎译

浙江人民出版社

图书在版编目（CIP）数据

浙 江 省 版 权 局
著作权合同登记章
图字：11-2020-476 号

可可 · 香奈儿 ：香奈儿 5 号和香水之爱 /（德）米歇尔 · 马莉著 ；潘孟秋译. —杭州 ：浙江人民出版社，2021.12

ISBN 978-7-213-10304-9

Ⅰ. ①可… Ⅱ. ①米… ②潘… Ⅲ. ①夏内尔（Chanel， Gabrielle 1883-1971）—传记
Ⅳ. ①K835.655.7

中国版本图书馆CIP数据核字（2021）第196375号

可可 · 香奈儿：香奈儿5号和香水之爱

[德] 米歇尔 · 马莉 著　潘孟秋 译

出版发行：浙江人民出版社（杭州市体育场路 347 号　邮编：310006）
市场部电话：（0571）85061682　85176516
责任编辑：徐　婷
特约编辑：王月梅
营销编辑：陈雯怡　陈芊如　赵　娜
责任校对：朱　妍
责任印务：刘彭年
封面设计：异一设计
电脑制版：济南唐尧文化传播有限公司
印　　刷：杭州丰源印刷有限公司
开　　本：710 毫米 ×1000 毫米　1/16　　印　　张：19.5
字　　数：230 千字　　插　　页：4
版　　次：2021 年 12 月第 1 版　　印　　次：2021 年 12 月第 1 次印刷
书　　号：ISBN 978-7-213-10304-9
定　　价：88.00 元

纪念
我美丽的母亲，
她为我打开了时尚世界之窗。

不用香水的女人，
没有未来。

——可可·香奈儿

主要人名

嘉柏丽尔　Garielle

可可·香奈儿　Coco Chanel

亚瑟·卡柏　Arthur Capel

米西亚　Misia

艾提安·巴勒松　Étienne Balsan

伊戈尔·斯特拉文斯基　Igor Strawinsky

德米特里·巴甫洛维奇·罗曼诺夫　Dimitri Pawlowitsch Romanow

恩尼斯·鲍　Ernest Beaux

谢尔盖·佳吉列夫　Serge Jagilew

弗朗索瓦·科蒂　François Coty

目 录
Contents

第三部分　制香，终未能与大公携手余生

序　章

一、二、三、四、五……一、二、三、四、五……

她没有发出声音，只是嘴唇在动，无声地数着脚下的马赛克。那些经千年踩踏的并不平整的鹅卵石，组成各种几何形状或神秘图案，镶嵌在地面上。

这边五颗星，那边五朵花，还有五边形，这些排列并不是巧合，她学到过。对西笃教[1]教徒来说，“五”是有象征意义的数字，是事物纯洁和完美的体现。玫瑰是五瓣花，苹果和梨皆为五瓣结构的果实；人有五官；耶稣有五处伤口，代表虔诚。还有嬷嬷们没教她的，“五”也代表爱与爱神维纳斯。男人的数字是三，女人是二，加起来是五，是个不可分解的质数。这是她在阁楼上偷偷看书时发

---

① 一个天主教隐修会，遵守本笃会规，禁止交谈，俗称“哑巴会”。主张生活严肃，重个人清贫，终身吃素。教徒在黑色法衣内常穿白色会服，亦被称作“白衣修士”。

现的，作为一个14岁的女孩，她觉得非常有意思。

修道院图书馆藏着惊人的宝藏，内容虽不至于骇人听闻，却也不适合一个黄毛丫头阅读。中世纪传教士伯纳德·克莱尔沃提醒修士们，香料在祈祷和洗礼中具有重要的意义；西笃教团的创始人甚至建议其信徒，用内在的灵魂想象圣女玛利亚芳香的胸脯，就如颂歌所唱诵的那样。祭坛上的熏香、茉莉、薰衣草、玫瑰，都是借助嗅觉来加深内观的。

她是一个孤儿，对她这样一个孤独的年轻女孩来说，修道院花园里植物的芬芳，就如对慈爱母亲的味道的想象，只是一个遥远的梦。她是寄宿生，会定期在木桶中洗浴，用便宜的肥皂洗去在田地和厨房干活时沾染的污垢。洗完后，只是闻起来干净些，不再有冷汗和筋疲力尽的味道，香味是谈不上的。她们日常使用的粗糙白浴巾，有的已有补丁，整齐地叠放在浴室里。这些浴巾更多的是用来救济，而不是考虑孤儿的皮肤。

一、二、三、四、五……

她这样数着，打发着时光，与其他女孩一起排队等着向神父忏悔告解。漫长而无聊的等待，像士兵在军营立正一样，然后一个接一个地进入告解室。她觉得，没有孩子能忍受这样长时间安静的立正，嬷嬷们这样做，是想让小孩们好歹坦白点什么。自上个周六告解后应该没人犯规，在被风吹蚀得高高的岩石上，在这个12世纪修建的奥巴齐内修道院里，哪有犯罪的机会。

她在这法国中部与世隔绝的地方生活两年了，这里离去巴黎的主干道很远，让人连逃跑的念头都不会有。母亲去世后，父亲用马车把她送到西笃会这些嬷嬷这儿，已经700多天了。就这样，仿佛她是个累赘，他从此消失了。这个破碎的幼小心灵面临的是地狱，她渴望长大后离开修道院，渴望开始独立的生活。也许缝衣针就是通往那里的钥匙，能缝纫又顽强的人，才有可能去巴黎，在那儿的大时装店安身。她听别人这么说过，但根本不知道，到底是怎么回事。

但这听起来充满希望。时装店这个词，让她回忆起漂亮的面料、沙沙作响的丝绸、芳香的荷叶褶边和精美的花边。她母亲生前并非优雅的贵夫人，只是洗衣妇；她父亲是小商贩，从来没卖过这么精美的东西。但她只要一想起漂亮的东西，就会想起母亲。她是那么想她，想在母亲身边感受到的安全感，有时甚至想得头晕目眩。

但她只能靠自己，独自经历艰难和磨炼、惩罚与赎罪，她不指望获得哪怕一点点的喜欢，这是她需要忏悔的罪恶吗？这是无法给她灵魂带来安宁的沉重秘密吗？她默默思索，但也可能不是。她不会向告解神父承认，她一生想要的只是爱。今天不会，其他日子也不会。

在通往奥巴齐内大教堂的路上，她默默地数着脚下的马赛克石块，一、二、三、四、五……

第一部分

缘起，用香水纪念挚爱

第 1 章　雨夜噩耗

昏黄的车灯划破了塞纳河上的迷雾。这雾，像白色麻纱，笼罩着河岸边的白蜡树、桤树和山毛榉树。雾气也像一块裹尸布，艾提安·巴勒松脑海中闪过这个念头。

他心中再次勾勒出灵床上死者的样貌：麻布盖着残断的四肢和烧伤的皮肤，死者脚边有一根山毛榉树枝，胸前有个十字架，脑袋边上放着一碗圣水，以此来淡化一点死亡的味道，蜡烛在尸体上投下阴森的影子。嬷嬷们特意整理了一下，让尸体看起来不那么恐怖。

艾提安不由自主地想象，他朋友英俊的脸该被扭曲得多丑啊，他对这张脸跟对自己的脸一样熟悉。

他喃喃着，他朋友匀称的脸庞、优雅的弧形嘴唇、笔直的鼻梁，可能都不剩多少痕迹了。一辆没刹车的汽车冲下斜坡，撞向峭壁，被火包围，现场还能剩下多少骨架？要让这遇难的亡者恢复体面，需要相当高超的手艺。

他感觉脸颊上有潮湿的细流淌下……下雨了？他想打开雨刷，因为动作太猛，汽车开始急速侧滑。他慌张地猛踩刹车，泥浆飞溅到侧窗上，橡胶雨刷在挡风玻璃上嘎吱作响。没有下雨，是眼泪夺眶而出，疲倦和悲伤席卷了他，几乎令他崩溃。如果不想像他朋友那样丧命，他开车就得全神贯注。

车子横在车道上。艾提安强迫自己平静呼吸，关掉雨刷，双手握住方向盘，踩下油门。马达轰鸣，轮胎开始打滑，汽车猛抖了一下后，终于回到他前行那侧的车道上。他感到心跳慢慢恢复了正常，幸好是午夜，对向车道上没有车。

他强迫自己紧盯着路面，希望没有夜行动物突然横穿马路。他可不想轧死一只狐狸，要真是这样，骑在高高的马上猎狐更符合他的身份。他的朋友也有同样的感觉，对马的喜爱将他们联系在一起。永远年轻的亚瑟·卡柏，永远无法摆脱孩提时代的"男孩"这个绰号。他是个出色的马球运动员，是乐天派，是英国外交官，在战争中晋升为上尉，睿智、迷人，非常绅士。每个人都喜欢他，称他为同志。艾提安很开心地把他视为自己永远的好友，但是……

泪水从艾提安被太阳灼晒的脸庞上滚落，但他的手没有离开方向盘，也没有去擦眼泪。如果他想平安抵达圣枯枯法（Saint-Cucufa），他就不应因自己的思绪分心。这趟旅程是他能为死者做的最后一件事。他必须赶在明早报纸出刊或某个长舌妇的电话之前，告诉可可·香奈儿这一噩耗。这真不是个美差，却是他真心要去完成的使命。

可可是卡柏的真爱，曾经是。对此，任何人，包括艾提安，都毫无异议，正是他介绍这两人认识的。那个夏天，在他的庄园，为看马而来的卡柏与可可一起离开。其实当时可可还是艾提安的女朋友——好吧，准确地说，当时她连女朋友也不算。她在驻防城穆朗的一个低级舞场唱暧昧歌曲，白天为军官们缝补裤子，晚上与他们作乐。她柔弱漂亮，是个纤细的人；但是又非常乐观勇敢，精力充沛，还有些男孩子气。她与“美好年代”[①]的很多年轻女士追求的贵妇类型，正好相反。

艾提安跟她在一起很开心。当时她突然出现在他门前，他收留了她，但生活没有因她产生任何改变。一开始他并不想留下她，但她固执地留下了，一年，两年……她坚持待在他身边，他并没有当她是伴侣，他想不起来这段时间到底有多久。是卡柏让他看到了她内在的美好和强大，但为时已晚。可可当时连艾提安的固定情人都不算，他把她介绍给了别人，世界大战（本书的世界大战皆指第一次世界大战。——编者注）前他那个圈子都这么做。但他成了可可的朋友，他发誓，在卡柏去天堂之后，他要一直做她的朋友。

＊＊＊

她必须阻止自己发疯。

嘉柏丽尔·可可·香奈儿几个小时里都在床上辗转反侧，她好像熟睡了，但很快就被惊醒，然后迷迷糊糊又入梦，可是想不起来梦到了什么。然后她摸索床的另一侧，去感受那个给她安全和温暖的熟悉的身体。可枕边是空的，被窝没动过，嘉柏丽尔又清醒了。

当然，卡柏不在。他昨天，也许是前天，启程去戛纳了，去那儿租一间一起度假的房子，当作圣诞礼物。因为她喜欢里维埃拉。他跟她一起过圣诞节，而不是跟他夫人和小女儿，这对她意义重大，他甚至说要离婚。他一找到合适的别墅，她就跟着过去。但他还没有打电

① 指19世纪末到第一次世界大战爆发前的那段时间。

话来，也没发个简短的电报来告诉她，他已平安抵达南法。

难道他另有考虑？

一年半前他结婚后，嘉柏丽尔一直被怀疑的情绪折磨着。她一开始不知所措，因为他没有选她，而是娶了另外的女人。那个女人拥有的是嘉柏丽尔完全没有的：英国贵族出身，身材高大，金发，面色苍白，自命不凡又富有，卡柏跟她结婚可以进入英国的上流阶层。其实就算没有这层关系，他也已经很不错了。他是布莱顿船商的儿子，还是法国总理克里孟梭的顾问和凡尔赛和平会议成员，他有什么必要与一个贵族结婚？

他和嘉柏丽尔一起生活了十年，她肯定他们有一天会结婚的。难道她不是理想的结婚对象吗？她对自己低微的出身讳莫如深，但通过努力工作，她赢得了一定的名声，作为可可·香奈儿，她是非常成功的时装设计师，甚至是富有的女人。

事业起步时，她用老朋友艾提安·巴勒松的借款制作帽子，她简洁而优雅的设计很快引起了巴黎女人的关注。经历过很长时间的繁复装饰后，女士们开始喜欢她不用羽毛或其他帽饰的设计。嘉柏丽尔放弃了紧身衣，而且为女士裁剪裤子，这些都是大胆的改变。终于，她在多维尔设计的宽松水手衫轰动一时。接着，世界大战爆发，人们生活困苦，于是她用物美价廉的仿丝面料，设计简洁实用的衣服。她设计了睡衣睡裤，让女士们在德军轰炸时也能体面地逃进地下室。贵族妇女直接从她手上抢走东西，几乎每个有头衔的人——整个上层贵族都来找嘉柏丽尔，希望穿上她设计的衣服。

卡柏为何还需要与这个阶层的人有一纸婚书？嘉柏丽尔已经跻身上流，赢得名望，他怎么可以为了前程而牺牲真爱？更何况他早已到达事业的巅峰！嘉柏丽尔无法理解，也永远不会理解。悲伤深入了她的骨髓。

然而他还是回到了她的身边，连接卡柏与嘉柏丽尔的纽带，比他与瑞伯斯代尔勋爵的女儿戴安娜·温德姆交换的金戒指还要坚固。当然她也犹豫过，但还是投入了他的怀抱。她的座右铭是“宁愿做情妇，也不能完全放弃他”。有什么理由反对他的和解呢？没有。或者……一切都很好，但是疑虑像蛀虫一样，悄悄啃噬着她。

实际上，卡柏与他夫人是分居的。他大部分时间在巴黎，当然有时需要他在夫人身边露面。嘉柏丽尔让他离开，因为她确信，他会回来的。他们的爱情已经持续了十年，历经狂风暴雨，比其他任何东西都伟大，而且永远不会消逝。嘉柏丽尔深信，如果世间有永恒，那一定是他们的爱情。可是同时，最黑暗的念头升起，就像被逐出天堂的路西法一样，让她从天上坠落，就像在这个夜晚。

她翻滚到床的另一侧，踢开床单，打了个冷战，又把被子拉到下巴。

为什么男孩出发后就没再跟她联系？圣诞节的魔力让他想起了九个月大的女儿？对家人的满腔想念，挤占了他对留在巴黎乡间别墅情人的思念？他没有去南法找房子，而是在戛纳与他夫人甜美和乐？但他在出发前还说起离婚的事……嘉柏丽尔心慌意乱，完全无法入睡。

她不打算起床，没有开床头灯，也没有拿娱乐书刊来转移注意力，她听任恶魔差遣……她太累了，无法做任何事情。她筋疲力尽，不知何时又陷入焦躁梦境里深深的黑暗中……

外面传来的摩擦声把嘉柏丽尔吵醒了，这是橡胶碰到砂石的声音，缓慢滑行的汽车轮胎刹住了。在这寂静的夜晚，声音穿过紧闭的窗户清晰地传到了嘉柏丽尔的卧室，然后狗开始叫。

半梦半醒中的她马上想到：男孩！

她内心雀跃，他一定是回来接她的！他不想让她自己去。她的身体因欣喜而颤抖，这么疯狂的只能是他。她这么爱他，在南法还是在这偏远的圣枯枯法别墅中庆祝圣诞节，其实都一样。夏天的“米兰人”别墅散发出丁香和玫瑰的芬芳，但法国北部的冬天有点荒芜，所以他们决定去蔚蓝海岸待几天。其实，只有他们不在一起的地方才是阴沉的，为什么嘉柏丽尔当时没有意识到呢？

有人敲门：“香奈儿小姐？”

这是她的用人约瑟夫·勒克莱的声音，不是期待中情人的呢喃。

她突然清醒了。

* * *

艾提安·巴勒松不只对卡柏很了解，他对可可也像对自己一样熟悉，如同她对他的朋友。约瑟夫让他在客厅等候，她走进客厅时，他首先觉得她这些年没什么变化。从他们第一次见面至今，已经 13 年了，36 岁的她还像个孩子，而且看起来像一个男孩子。她身材娇小纤细，平胸、窄臀，漆黑的短发散乱着，像是刚经过一个热情的拥抱。他已经想不起来这白色丝绸睡衣里的小小身躯是多么热烈，他应该觉得她并不性感，雌雄莫辨。

深吸一口气后他吓了一跳——他在她眼睛里，看到了死亡。

她总是能把自己的情感隐藏在漫不经心的神情背后，但从她黑色的眼睛里可以看透她的内心。那里流露出伤痛、绝望和惊慌失措，却没有泪光闪烁。

她沉默着，穿着白色的睡袍，无声地站在他面前，像玛丽·安托瓦内特[1]在断头台前那样镇定。这很可怕。如果她啜泣，艾提安知道该怎么办，他会将她拥在怀里。但是这无声的痛苦、无泪的眼睛，深深刺痛了他的心。

“抱歉半夜打扰你，”他再一次清了清嗓子，艰难地说，“我想，是我欠男孩的，来告诉你这个……勋爵从戛纳打电话来……”他深吸了口气，向可可转达这个噩耗，仿佛耗尽了他所有的力气，“男孩出了可怕的车祸，车子冲出了路面。他自己开车，机械师坐在副驾上，曼斯菲尔德身受重伤……可男孩，任何抢救都为时已晚。”

终于说出来了。

但她没有任何反应。

艾提安迟疑了一会儿，意识到可可的用人可能已经告诉她这个噩耗了。当然，约瑟夫必须说明他为什么半夜让一个陌生人进来，并把小姐从床上叫起来，但她为什么一句话也不说呢？

艾提安为了打破沉默，继续说：“警察还在调查……目前还不清楚到底发生了什么。巴黎还什么也没传开，只是说车祸发生在里维埃拉附近。看起来，他的车好像刹车失灵了……”

“小姐明白了，先生。”约瑟夫打断了他。艾提安不安地点点头，他从来没有这么局促不安。他看着这个女人，她在啜泣，却没有流下一滴眼泪，她全身每一个细胞都透着震惊和绝望。他真的可以看出，这场事故如何一点点地吞噬了她，但她还是没有哭。

她没说一句话，转身，离开了房间。门在她身后关上了。

艾提安留在那里，不知所措。

约瑟夫问：“先生，您想喝点什么吗？要咖啡吗？”

---

① 法国国王路易十六的王后，1793 年被处死。

“请您给我一杯白兰地，双份的。”

白兰地还真倒得不少，艾提安用手指握住圆滚滚的杯子，让自己和酒都暖和一点，客厅的门又开了。

可可回来了，这次穿着长至脚踝的旅行装，大衣挂在手臂上，包明显只装着必需品。她紧紧地抓着把手，看上去指关节都白了，这是她唯一泄露情绪的地方。她的脸一直像僵硬的面具，眼神是空的。

“我们可以走了。”她坚定地说。

艾提安惊讶地摇摇头。

她回应他的眼神，但什么也没说。

他茫然无措地点点头，好像他知道要去哪儿，但实际上他一点儿也不知道，这大半夜的她到底想干吗。他咽下一大口白兰地，希望酒精能抚慰他，但是徒劳无功。他感觉握着杯子的手在发抖。

“你是说和我？”他犹豫而迷惑，不确定她是否更愿意跟司机一起出门，就像一直以来她去其他地方一样。

“我们去里维埃拉。”她的声音又是这样的坚定，与可怕的外表并不相称，“我想看他，艾提安，我想马上出发。”

“什么？”他猛吸一口气，将白兰地大口倒进喉咙里，“外面很危险，路上很昏暗，雾蒙蒙的，而且……”

“很快就天亮了，我们不能耽误时间，到蔚蓝海岸路很远。”她转身要走。

他与约瑟夫交换无助的眼神，她为什么不让司机做好必要准备，在破晓时出发？作为朋友，艾提安应该支持可可的疯狂吗？他确定，她并没有疯。

他什么也没说，跟着她走进夜色里。

第 2 章　一定要去见他

戛纳欢快的圣诞气氛，对嘉柏丽尔来说是痛苦而刺眼的。海滨大道上飘来咖啡馆和餐馆里的英文圣诞歌和活泼的爵士乐，这是为了迎合英格兰各岛和美国来的众多游客；为了让外国人在里维埃拉宾至如归，除了法国常见的小铃铛，棕榈树上还挂了纸做的星星。

天气很温和，几乎没什么风，海湾上空星光闪烁，如绣了透明亮片的墨蓝色薄纱。海滨大道弥漫着优雅的气氛，昂贵的汽车将穿着精致晚礼服的女士和先生送到奢华的宾馆前。这是平安夜，到处都是开启香槟的“砰砰”声，桌上摆着精致的瓷器、水晶餐具和银器，食物上点缀着冬青枝和槲寄生，牡蛎已经打开，冰箱里的圣诞点心也已经准备好，那是饭后甜点。

想到节日大餐，嘉柏丽尔泛起一阵恶心。她在路上奔波了近 20 个小时，但是她的茫然和内心的绝望，她的痛苦和内心的麻木，没有任何改变。

约瑟夫敲门时，她就开始害怕。因为卡柏无须叫醒用人，他可以用自己的钥匙，当然也不需要别人的帮忙，就可以进入她的卧室。半夜有人敲门进入，肯定是发生了什么，她怀疑发生了意外，但她很快甩开了这个卡柏。男孩有英雄光环，像他这样的男人不可能遭遇意外，但善良忠诚的约瑟夫给了她当头一棒。当然，他谨慎，周到，体贴，是一个完美的用人。她的用人从来不失态，但是当时他无疑也被巴勒松先生的消息震惊了。

突然一切都变了。嘉柏丽尔能感觉到她的身体，连同她的生命，几乎碎成了一片一片。

明白发生了什么后，又希望这是搞错了，滑稽的是这样的念头缠绕了她几分钟。但是她又很快意识到，艾提安不会半夜从罗亚留到圣枯枯法来，就为了开个玩笑；约瑟夫也不会带着幼稚可笑的情绪，走进她的卧室。不，男孩不在了。突然，想见到他的愿望比任何事情都重要。也许她必须明白，他真的死了。她更愿意相信，他没有受罪。她想在他的棺材旁边守灵。他是她的男人，虽然不是她的丈夫，但是她生命中最重要的部分。不，不是部分，他就是她的命。

她什么也不吃，中途艾提安在一家旅店停车时，她只是勉强喝了咖啡，其他的都不要。她根本不下车，仿佛一座石像蜷缩在座位上，如同在“米兰人”别墅时一样沉默。她知道，她的朋友不应该忍受她的沉默，但她觉得已经没有必要说话了。仿佛男孩将她的声音也带走了，离开了她。永远，永远。

艾提安没有将车开到卡尔顿酒店的大门口，而是直接停在了下面。发动机停了，车上一瞬间变得很安静，车窗紧闭，压低了外面飘来的节日喧闹声。转向她之前，艾提安深吸一口气：“我希望我们能找到贝莎，据我所知，她住这儿。他姐姐最清楚他发生了什么事，以及他的尸体安放在哪儿。”

“是的。”她同意，嘉柏丽尔竖起宽大的大衣领子，隐藏起她那苍白的面容。

艾提安以父亲般的包容触摸她的手臂：“你必须得睡一会儿，两间空房肯定会有的……”

睡觉？多么可笑的建议，仿佛她这样做，她的生活还能继续似的！不再见男孩一面，她怎么能睡觉？

“不，”她猛摇头，“不，不要。你休息吧，你应该在这酒店床上睡，我在这里等你。”

沉默。

嘉柏丽尔看着她的朋友在纠结，他的颌骨在动，似乎想咬紧牙齿，将对她的愤怒碾碎。经过这么长时间的路程，他当然累了，第二个不眠之夜令他这样一个花花公子身心憔悴。

“我马上回来。”他最后答应，稍稍犹豫了一会儿，然后下车。

他跳着向上走。在法国人中他属于个子特别高的，甚至比卡柏高出半个头。最初，艾提安高大的身材给嘉柏丽尔留下了深刻的印象，这跟他身姿笔挺的骑兵军官、马球运动员和饲马人的身份很是相称。他是一个风度绝佳的男人，一个比她所期待的还要好的朋友。

她目送艾提安离开，然后习惯性地在包里摸索烟盒。这是下意识的动作，她经常抽烟，在人们认为女士不应该抽烟的时候，她就已经开始抽了。尼古丁能让她平静下来，香烟或象牙烟嘴在手，可以给她一种特别的安全感。刚开始是想做点非传统的事，看着那些卫道士目瞪口呆，她觉得非常好玩。然后香烟成了她理所当然的陪伴，没人再对穿马裤或抽烟的女士感到愤怒，可可·香奈儿给时尚界带来了一股新风。

打火机也很快找到了，她点着火，蓝色的火焰在黑暗的车内闪烁。

她眼中突然点亮了一根火柴。乡下夏日的傍晚，蓝灰色的夜幕上映着黄色的微光，阳台上也是一片昏暗，但嘉柏丽尔还是借着这火光看清了那细长的手和经过打磨的指甲，保养得很好。

“像您这样的女士从来都无须自己点烟。”一个沙哑的男声传来，有一点口音，说话的人像是吞下了一个软木塞。

她并不理会，而是无声地吸了第一口，她看着陌生人的手指，甩灭火柴。她说：“您有一双音乐家的手。”每说一个字，她就弹去一点白色的烟灰。

“钢琴我会弹一点，但我的马球打得非常好。”虽然她没看，但她知道，他在微笑。

“那您是为此而来？”她用手画了个圈，圈里面是整个罗亚留城堡、艾提安的纯种马马厩和公园边上的赛场。

他摇摇头：“我想命运之神引我来这儿，是为了与您相遇，香奈儿小姐。”

“真的？”她傲慢地嘲笑他，一点也没有卖弄风情的意思，她也不想跟一个陌生人调情，“您既然知道我的名字，那我也应该知道，我在跟谁说话。”

“亚瑟·卡柏，我的朋友都叫我‘男孩’。”

“可可？”

她吓了一跳。

过了好一会儿，嘉柏丽尔才回过神来，回到现实中。她陶醉在那个罗亚留夏夜的回忆里，她感觉到了男孩的存在，回想起他们第一次相遇的每一秒。他曾经跟她在一起。她痛苦地意识到，她在艾提安的车里，而不是在艾提安的阳台上；这不是与男孩一起生活的开始，而是结束。

她沉默地摇下车窗，把烟头扔到路上。

“我跟贝莎说过了，她悲痛欲绝……”艾提安说，他停顿了一下，“她当然非常伤心。”

温和的微风吹拂而过，能听到海浪的声音，近处响起盎格鲁—撒克逊男中音歌唱家的声音，调儿虽然不是非常准，但他很有激情地高声唱着《铃儿响叮当》这首歌：

坐着一匹马的雪橇，

穿过雪地……

嘉柏丽尔把车窗摇上去。

“在哪儿能看到他？”她轻声问。

“你……我们……我……”艾提安无助地结结巴巴，他叹了口气，停下来，擦了擦眼睛，“对不起，可可，我们俩都应该休息几个小时，至少得到日出前，贝莎请你去她的房间……”

“男孩在哪儿？”可可固执地问。

他一开始没有回答，然后突然爆发，像是对着一个不在场的人大吼：“棺材已经盖上，运到了船上，今天上午在弗雷瑞斯教堂举行了军队仪式的葬礼。卡柏夫人很着急，她想让蔚蓝海岸的英国人在场，但这样他的法国朋友就没法给他送行了。”他有一瞬间的失控，用拳头敲打方向盘，但很快又镇定下来，仿佛他自己也不明白怎么会这样。他喃喃道：“很抱歉，可可，我们来晚了。”

戴安娜想阻止我参加葬礼，她脑中闪过这个念头。男孩活着的时候属于我，但死了，她把他从我这儿带走了。

这个念头令她震惊，她开始发抖，就像严重的寒战。她真的觉得冷，而且头晕目眩，挡风玻璃前的景象模糊成黑乎乎的一团。她头疼欲裂，恶心占据了她的身体，耳鸣侵袭了她的听觉。她的手指在仪表盘上摸索，徒劳地想找个支撑，但是什么也没抓住，好像所有的感觉一下子都失去了。然而她流不出一滴眼泪。

艾提安握住她冰冷的手："就算你崩溃了，也无法让男孩回来。求求你，可可，我们进去睡一会儿吧，如果你不想在贝莎那里待着，我给你要一间房。"

她的头脑还在运转："贝莎知道车祸在哪儿发生的吗？"她的嘴唇发出微弱的声音。

"知道，她说是7号国道线，圣拉斐尔和戛纳之间的弗雷瑞斯地区，一个叫'阿尔让河上的皮热'的村子附近。"

"我要去那里。"

"明天。"他答应着，他的声音很绝望，"天一亮我就带你去，求求你，先跟我进酒店。"

她没有反驳，她能反驳什么呢？接下来的这几个小时，她不能让艾提安坐在戛纳街边的汽车里，这样会遇到警察。大晚上的，可可·香奈儿不在酒店而是在车里待着，这会成为轰动性的丑闻。虽然她极想马上就去事发地，但她不能苛求艾提安继续危险的夜行。他已经对她够好了，超越了朋友情谊，几乎像是兄弟，她应该表现得理智一些，应该让他睡几个小时。她自己睡不着，那另当别论。

嘉柏丽尔终于下车，她的双腿几乎不听使唤了，久坐后肌肉痉挛，骨头疼，第一步就崴了脚。艾提安挽住她的胳膊支撑着她。艾提安告诉门童，米彻勒姆夫人在等小姐，然后他自己在同一层要了一个房间。

嘉柏丽尔一句话也不说，穿过大理石厅走向电梯。其他客人狐疑地盯着她，觉得很奇怪，因为她没有穿晚礼服，也没有行李，况且她是那样一副幽灵般的样子。嘉柏丽尔根本没把这些人当回事。

活人都关注什么呢？反正她的头脑中只有一个死人。服务员带她去贝莎的套房，她什么也没说。她安静地跟艾提安一起穿过酒店长长的走廊，她的鞋跟无声地陷入厚厚的地毯。

与嘉柏丽尔相反，男孩的姐姐沉浸在泪水中，她吻了嘉柏丽尔干干的两颊，在她皮肤上留下湿湿的一层。

“太可怕了。”贝莎抽泣道，“我真希望我们不是在这样的场合见面。”

“是。”嘉柏丽尔简短地回应。

“亲爱的，你必须休息，我让人给你在旁边铺了床……”

“不，我不需要床。”嘉柏丽尔打断了她的话，她环顾客厅，里面摆放着路易十六式的优雅家具，她的目光停在窗边的躺椅上，“如果您觉得合适的话，我想在那儿坐着。”

贝莎疑惑地看着另一个卧室的门，她忽闪着被泪水濡湿的睫毛：“去那儿睡怎么样？床要舒服得多。”

嘉柏丽尔摇摇头，没再解释什么，径直走向躺椅，木然地坐下。谢天谢地，艾提安去了自己的房间，他的说服技巧比贝莎无助的劝解更让她难受。

她拒绝了贝莎让人拿来的丝绸睡衣、晨袍和薄毯，衣服也不脱，就这样待在她自己选的位置，看着窗外。

从这可以看到天空，这是她守灵最好的地方。她不能看情人最后一眼，但她至少能看到男孩的灵魂升上天堂。

* * *

开裂的岩层上升起紫红的太阳，耸立在晨曦中的海岸松，像清晨天空中浅蓝色裙子的黑色绲边，马路向上急转又向下蜿蜒，路左边的海面闪亮如遥远的白金地毯。

贝莎 · 米彻勒姆给他们安排的司机缓慢地开过危险路段，他全神贯注，因为他跟他车上的乘客一样想到了那场车祸。贝莎建议嘉柏丽尔和艾提安坐她的车去出事的地方，免得艾提安还要找路，她的用人知道那个地方，这样的考虑很周到。

尽管已经十分小心，但当车子超过一辆骡车，同时又要避开一只从刺柏丛中蹦到马路上的野兔时，司机也无法控制车子的左右摇晃。

瘫坐在后座的嘉柏丽尔被甩向艾提安的肩膀，她不由得屏住呼吸，叩问自己，这是否她的终点。在最短的时间内，戛纳和圣拉斐尔之间的马路上发生第二起车祸。伟大的爱情在这山崖间终结，如果她能步男孩的后尘，也许是最好的结果。

“没事。”艾提安温柔地抚摸她的手臂，把她扶回自己的位置，车子继续平静地驶过寂寞的风景。

不，嘉柏丽尔凝视着窗外，死亡并不是最好的结果，这是最简单的路，但不是男孩希望我走的路。她不知道，没有他，她将如何活下去，但她必须找到一条路。她得好好考虑，没有这个给予她生命的男人，她应该怎样活着。他是可可 · 香奈儿的生命。他不只是她的爱人，还是她的父亲，她的兄弟，她的朋友。

“小姐，先生，我们到了。”司机刹住车，慢慢让车子滑行到路边。发动机熄火，他下车，为他的客人开门。

嘉柏丽尔觉得，她正在旁观自己。她看到一个三四十岁的女人，紧紧抓着自己险些被这高处劲风吹走的帽子，她的旅行装皱了，她笨拙地摸索着往前走。

被烧毁的汽车残骸已经沿着斜坡拖到了路边，后面是悬崖峭壁，原先车子停靠的地方，尤加利树和石楠花枝被压折了。

就嘉柏丽尔一个人，陪同她的两个男人都识趣地保持距离。她仿佛灵魂出窍，远远地看着这个女人走向一堆被撞瘪和烧毁的铁皮、木头、织物和橡胶，这曾经是一辆昂贵的敞篷车。这一切如此不真实，就像电影里的镜头。

她站在这堆残骸边上时，才意识到这是现实。味道浓烈刺鼻，车上还飘着汽油、硫黄和烧煳的橡胶臭味。很罕见地，嗅觉比视觉更强烈地让她接受这骇人的车祸是真的，她一直无法相信的一切，突然摊开在眼前。

快速闪烁的太阳光斑和变长的黑影互相交缠，驾车人觉得很刺眼，迎面吹来的风又湿又凉，弄得他皮肤痒痒的。风混合着他呼吸的热气，眼镜起了雾。但他还是开得飞快，一路上都开得太快了，但他不是谨小慎微、慢条斯理的人。马达的轰鸣是他耳边的音乐，时而是诙谐曲，时而是回旋曲。突然，刹车片发出刺耳的声音，钢铁摩擦着钢铁，橡胶摩擦着沥青，然后车子悬空，折断灌木和树枝，最后撞向岩石，在一团火球中爆炸。

嘉柏丽尔小心翼翼地伸出手去，碰了碰劳斯莱斯凹陷的残片，以为会被烫着，然而并没有。金属已经冰冷，如同棺材中男孩的身体。

这一刻她崩溃了，从艾提安抵达“米兰人”别墅起，一直没有流出的泪水瞬间倾泻而下。一瞬间，仿佛她的肉体、她的灵魂、她的内心，所有的闸门都打开了，嘉柏丽尔痛哭失声。

第3章　纪念男孩的香水

玛丽·索菲·歌德伯斯卡，先后与纳坦松先生和爱德华先生离婚，47岁仍然是极其优雅的美人。她在布鲁塞尔的祖母那里接受艺术教育，少女时与波兰父亲迁至巴黎，而且很早就与所谓“美好时代”最重要的艺术家交往，这些都塑造了她的品位。米西亚，人们都这么叫她，这些美学鉴赏能力与非同一般的聪慧成就了她的特立独行。她第二任丈夫的财产以及与西班牙著名画家荷西·赛特的关系，让她从缪斯女神变成巴黎社交圈的女王和艺术赞助人。相识两年后，她的热情和对自由的渴望，使她成为可可最亲密的朋友。

在这个阴郁的冬日下午，她让司机送她去圣枯枯法，她不只是去吊唁，而是带着挽救生命的使命，去抚慰这个悲伤女人的灵魂。一切都是令人忧心的。当然，可可需要时间来适应没有男孩的生活，但她不能因此自暴自弃。

可可的状况非常令人揪心，所以约瑟夫打电话向米西亚求助。如果可可做了黑色弥撒或者用巫术通灵，那么当他暗示可可小姐失去理智时，米西亚就不会那么生气了。用人这么说，得是多么绝望啊？除了艾提安·巴勒松，谁也不知道可可的状况，自她从蔚蓝海岸回来后，没人见过她，圣诞假期里她的时装店也关着。

米西亚非常担心，她想去“米兰人”别墅亲眼看个究竟。当汽车缓慢停下时，她祈祷自己没有来晚。她希望自己能做点什么，首先可能是保护可可别伤害自己。

约瑟夫打开门：“夫人，您来了真好。”他松了口气，尽管他身后的狗在狂吠和呜咽，但还是可以明显感到他压抑之下的话语。

他抱歉地向米西亚点点头，提高嗓门喝住那狗：“趴下！归位！”

两只牧羊犬马上安静下来，回到别墅后面自己的地盘。只有两只小狸犬皮塔和坡培继续狂吠，那是男孩送给女主人的礼物，它们好奇地蹭访客的腿。

“香奈儿小姐怎么样？”米西亚问，眼睛看向狸犬。

约瑟夫帮她脱了毛皮大衣：“我觉得小姐完全沉溺在哀思中，从南法回来后，她让人把卧室墙壁刷成黑色。夫人，您想象一下，黑色，漆黑。”他摇摇头：“她住过的房间就像个墓穴，她把自己关在里面，不愿吃饭。太可怕了。”

“住过？”这个词约瑟夫用的是过去式，米西亚忘了担心刚被狸犬爪子抓破的丝袜，“小姐怎么样了？”

“她刚下来过，让我叫了个粉刷匠，现在他应该正在把她的卧室刷成粉红色，刷好前她不想进去。但我疑惑，对于小姐的情绪，粉色是更好的选择吗……”

“她现在在哪？”米西亚打断用人的疑虑。

约瑟夫弯下腰，两个胳膊下各夹一只挣扎的小狗：“夫人，在客厅，请您跟我来。”

米西亚瞥了一眼自己长裙下的脚踝，丝袜的一个小洞扩散脱丝了，恼人的倒霉事。但跟客厅里那人的愁苦比起来，当然完全不重要了。约瑟夫费劲地打开客厅的门。

几秒钟内，米西亚感觉自己像是走进了一个冰窖。虽然客厅壁炉里的火熊熊燃烧着，约瑟夫和他的妻子玛丽对可可悉心照料，但客厅弥漫的气氛，瞬间令她瑟瑟发抖。

可可坐在，不，是蜷缩在椅子上，木然呆视，毫无生气。米西亚进来时，她的眼睑动了一下，但她其实并没有抬头看。她的眼神黯淡无光，她的脸色白得像她的丝绸睡衣——都下午了，她还穿着睡衣。她本来就已经很苗条了，现在更是形销骨立，米西亚觉得，她可能几天没吃饭了。

“亲爱的，我很担心。”米西亚弯下腰，用脸颊轻触了一下可可的脸颊，在空中吻了一下，“我也很难过。”她补充完，又直起身来，四处搜寻座位。她终于在沙发上坐下，把藏在破丝袜里的腿转了一下，这样别人就不会很快注意到坏了的地方。

可可对外表完全没有兴趣，她黯然回应：“谢谢你来。让约瑟夫给你上点什么？咖啡？酒？”在她伸手可及的边桌上放着一杯茶，没人动过，可能已经冷了。

“你什么也不要，那我也什么都不要。”

可可默默点了点头。

“这对你来说很难，当然。但是，亲爱的，”米西亚搜肠刮肚找词儿，然后说，“你必须得醒过来，我们大家都非常担心你。”她不说“大家”都包括谁。

可可又点点头，但这次却说话了：“今天早上在维克多·雨果广场的教堂里举行他的葬礼。”她依然空洞地盯着前方，没有看米西亚，却像是看着她心头远方的男孩：“艾提安说，安葬在蒙马特墓地。”

“我知道。”米西亚轻声说，她来圣枯枯法前从另一个女性朋友那里听说，男孩的遗孀缺席葬礼。也许戴安娜以为可可会参加，而可可也没有参加追悼会。

可可像是读懂了她的念头：“我不想去，因为我只能坐在很后面，我不能给她战胜我们爱情的机会……我错了吗？米西亚？”她终于看向她的朋友。

“当然没错。”察觉到可可眼中的痛苦和绝望，米西亚的心揪紧了，她滑向沙发边沿，轻柔地抚摸她朋友的手：“你每次都做了当时认为是正确的事，而且事后也总能证明确实是对的，这次也是如此。你的直觉是你最大的优点之一，这一点我很佩服。”

“对我来说男孩是最重要的，我们是一体的。我们相知相爱，不需要语言。”

“我知道。”米西亚重复道。这两位朋友同时遇到了她们生命中的真爱。可可与男孩相爱时，米西亚虽然还不认识他们，但当时——10 年或 11 年前——她与荷西·赛特相爱了。荷西对米西亚来说，就如男孩对可可一样。想象有一天永失所爱，真是太可怕了，她能体会可可的痛苦。

她仔细打量她的朋友，时间一分一秒地流逝，她变得越来越小，这是身体在衰颓。不过可可的精神好像还是清醒的，她这么快想改变她卧室墙的颜色，看来她没有失去理智，但非常明显她处于令人担忧的状况。有多少女人死于心碎？米西亚沉思着，世界大战中死去的妇女没有战死的士兵多，至少官方公布的数字没有。她脑中闪念，我们有义务活下去，只有通过我们的爱，死者才能活在我们的记忆中。

她说：“男孩很伟大，这毫无疑问。所以他可能希望，在你们停止的地方，你能继续走下去，为了他。”

可可反抗，满是绝望：“可是没有他我能怎么做？没有他我什么都不是！”

“你一直是男孩爱着的你。”

可可惊讶地看着米西亚，仿佛她从来没有意识到，男孩可以以某种方式，在她心里继续活着。

至少在这一刻，悲伤的坚冰被打破了。米西亚很高兴，飞快地说：“你搬进康朋街31号没多久，五层楼，还没有完全布置好呢，男孩就跟我说，用这个新地址，你第一次不以制帽工，而以时装设计师的身份注册公司，他多么为你自豪。你不能因为被悲伤击垮而放弃……”她停顿了一下，握着可可的手继续说：“当然你的遭遇很可怕，但你难道没有责任去实现你们共同的理想吗？你必须自己一个人做，是的，你必须做。往前看，可可！”

她停下来，等待可可的认同，但她的朋友一言不发，用木然的眼神看着她，所以她恳切地补充道：“亲爱的，我不会让你一个人的，只要你需要我，我都会在的，我向你保证。”

可可眼神飘忽，好像在远处的什么地方寻找答案。她似乎想站起来，但沉重的悲伤压迫着她，她做不到。

“你们俩最后说了什么？”米西亚问道，她向老天默默祈祷，希望神灵给她启示，可以感召可可，让她从心如死灰中走出来。她补充道：“我是指你们有什么商业计划？”

“我不知道，米西亚，我记不得我们具体说了什么，很多……”可可徒劳地想在记忆中抓住些什么，但是没成功。泪水悄悄地流下来，她擦了下脸，仿佛想掸去一个讨厌的虫子。突然她脸上有了一点生气：“跟香水有关，是的，我们聊了一种香水。”

米西亚默默地感恩，等待着。

可可的声音听起来异常单调，她觉得很奇怪，惊讶地发现她的记忆突然很好用了："报纸上说一个谋杀妇女的罪犯，就因为一个证人识别出了他的香水味，他才被逮捕。这个男人用了雅克·娇兰[①]的'先生的手帕'。我跟男孩说起这款香水的独特性，我们考虑是否向我的女性顾客提供一种'香奈儿水'，不是在服装店里，而是作为圣诞礼物，限量一百瓶……"她的声音哽咽。

米西亚明白，在这个节日里，可可不再会无忧无虑，她会不可避免地想起男孩的车祸。她担心她的朋友再次陷入深海一般的悲伤，于是顺着这个话题往下说："香水任何时候都是礼物，这个想法非常棒。你看看弗朗索瓦·科蒂，他用'希普雷'挣了很多钱。美国士兵从法国寄了几百万瓶回家，或者撤军时带回去当礼物，你的客人会爱上'香奈儿水'的……"

"科蒂先生是调香师，他拥有工厂，我只是个小裁缝。"

"别傻了，亲爱的。"米西亚继续升温这个话题，她放开可可的手，激动地打着手势，"保罗·波烈也只是个时装设计师……"

"但他是最大的……"

"波烈的名声目前不会改变你的抱负，将来也不会。重要的是找到一种香氛，像你的时装一样独一无二，不要那种浓烈的香水，尤其是玫瑰香的。保罗·波烈的'玫瑰香水'无疑就是他创作的另一个感官表达，已不再是最新潮的了。可可，你很成功，因为……"

"……因为我有男孩在身边。"

米西亚内心呻吟："是的，当然也是。但是恕我直言，可可，你的服装不是他设计的，这是你的主意。你的时装风格这么现代，你的成功主要缘于此。如果你选择香水味时考虑你风格的独特性，你会为

① 法国娇兰香水家族的第三代传人，也是著名的调香师，他首次在香水中使用檀香。

对男孩的思念树立一座纪念碑。”米西亚停下来，手指交叉在膝上，屏息等着可可的反应。

“你说得对，我也有这样的想法。我要为男孩立个纪念碑，石头的，在出事的地方，我要弄一个纪念他的地方。”

“看将来，可可！不要回头看，为了男孩，为了我，你不能就这么放弃。”

可可心不在焉地用手捋过头发：“我没说‘香奈儿水’不是个好主意。亲爱的，这是男孩的建议，我怎么会认为不好呢？但我不能这样做。我可以设计帽子，缝制衣服，但我对调香师的工作一点也不懂。这是个非常特别的、专业的领域，我一个人搞不定。我也不认识在这个事上能支持我的人，我必须对这个人无条件地信任。男孩本来可以帮我的，但他不在了，不能跟我一起去发掘香味。我不知道我的香水应该是怎样的……”

米西亚怀疑，喜欢艺术的亚瑟·卡柏是否是合适的人选，来帮助可可熟悉化学实验室的工作流程。她跳过这个疑虑，决定自己来解决这个事情：“伊冯娜·科蒂是我好朋友，你也认识她，不是吗？她没在你这儿买过东西？跟以往一样，我可以请她跟她先生说，弗朗索瓦·科蒂肯定会支持你的。他不能拒绝女人的愿望，他是世界上最大的化妆品生产商。让他来带领你走进香水的秘密吧，没人比他更合适了。”

“我们聊起这件事的时候，男孩也认为弗朗索瓦·科蒂是生产‘香奈儿水’的最佳人选。”可可喃喃自语。

“他说的多么在理。”

可可用深不见底的大眼睛看着米西亚：“科蒂先生这样一个大忙人，为什么还要为我花时间？听说他是个暴君。”

“但他是个迷人的暴君。”米西亚微微一笑，“你知道吗？弗朗索瓦·科蒂也有弱点，伊冯娜告诉我，让他印象深刻很重要。正如司汤达的《帕尔马修道院》中那位大公，能通过能力给科蒂留下深刻印象的人，越有名越好。一个有名的女人，为了纪念她的爱人，想实现他最后的愿望，还有比这更令人印象深刻的吗？”

令人惊讶的事发生了，可可苍白的脸颊有了点颜色：“纪念男孩的香水，这跟纪念碑不太一样……”

“如果你能找到一种独特的香水，这就是一个纪念碑，你们爱情的纪念碑。”米西亚关注着她这话的效果，她怎么突然想到这个说法的？必是天使跟她耳语的吧，这正是把可可从魔怔中解救出来的办法。

“也许，是的，但我得找到一种非常特别的香水。”

“你应该得到世界上最好的香水。”米西亚喜形于色，她想，古老的神话里是否有芳香之神？很遗憾，她不知道，但有一点，不管有没有，可可的人生幸福太重要了，不能把它让位给人间的力量——米西亚在心里悄悄向她刚刚想到的所有神灵郑重发誓。

“我会先为你跟弗朗索瓦·科蒂约个时间，我相信，你们见面后一切都会变得很简单。”

第 4 章　参观香水工厂

我内心越来越强烈的空虚，会被一种香水填满吗？就像用空气填满真空？嘉柏丽尔每天都这样自问。她和米西亚想把关于“香奈儿水”的首次谈话尽快付诸行动，米西亚几乎每天下午都来看她，要么在工作室，要么在家，她朋友觉得哪儿都不太远。

虽然嘉柏丽尔并不确定这个实现男孩想法的临时决定是否正确，她觉得这一切有点太快了，但她恍恍惚惚地追随着米西亚充满能量的计划。她的整个生命像个木偶，这是命运之绳的牵引？也许是米西亚的功劳。嘉柏丽尔不需要解释，为什么她每天早晨起床，跟平常一样在工作室工作，每天晚上又按时上床睡觉。她这样运转生命，并不去思考其中的意义，就像她研究米西亚费劲搞来的植物和化学方面的书，并不追根究底，甚至其中的内容她一个字儿也不明白。她看新旧报纸上关于弗朗索瓦·科蒂的报道，这是米西亚不知从哪儿费劲弄到又整理出来的。米西亚为她做她需要的一切事，主动地，义务地，令人非常满意地去做，就像当时必须服从奥巴齐内修道院嬷嬷们的孤女。

当嘉柏丽尔终于站在弗朗索瓦·科蒂位于巴黎郊区的叙雷讷工厂大门前时，她还是说不出为什么来到这里。她看着一件浮雕，在晚冬早晨乳白色的光线中有些神奇。她想，她所做的一切，总有什么是只与男孩有关，与其他任何事任何人都无关，甚至与她自己也无关的。

墙上的雕塑吸引了她。可以看到两个女人专注地跪在蒸馏器前，非常美，充满神秘，极有吸引力。她们是创造独特香水的女神吗？或是作为尘世间的生物向神的香水致敬？这是公司的徽标，由雷内·拉里克设计，还做成了信纸上的水印，总裁正是在这样的信纸上用龙飞凤舞的手写体确认了约定的时间。她觉得，也许这是表达对这面墙内产生的香味的崇拜。她在这个肖像里找一个神秘的数字，一、二、三、四、五，结果却是徒劳。

有人撞到她，把她拉回了当下。一群年轻女子从她身边急急跑过，旁若无人，这是大部分女工涌入工厂的时间。嘉柏丽尔事后发现，科蒂在叙雷讷的实验室、工厂和不同的包装部门，共有 9000 多名员工，女性和男性一样多。他在 10 年里创造了一个香水帝国，随着时间的推移，其他公司也赶上来了，塞纳河畔的工业区被称为“香水城”。男孩当然是对的，这里真的是生产“香奈儿水”最好的地方。

嘉柏丽尔被人流推着往前走，她跟着别人，没有特别思考什么，当然她穿得更优雅些，但总体来说她的风格跟科蒂的女员工相符。注重外表时髦的人，展示了新的风格。裙子长度到小腿，头发剪成短蘑菇头；比较丰满的女性，用特别的胸罩掩饰，这是嘉柏丽尔引领的风格。这股潮流塑造了世界大战后自我意识觉醒和性别解放的一代新女性，而且她现在确定，这股潮流几乎影响了所有的社会阶层。这一景象令她心跳加快，自豪感上升。至少在这一刻，眼前的景象驱散了她内心的悲伤，自信蔓延全身，温暖了她内心深处，就像她身上镶着毛皮的大衣。

香水帝国的管理机构在工厂区边缘的别墅里，别墅有个含义丰富的名字“源泉”。二层小楼是普罗旺斯风格，红色木瓦，楼梯和阳台上有铸铁栏杆。令人吃惊的是，一个像集邮一样，以收藏文艺复兴和洛可可式城堡而出名的男人，他的居所竟然没有那么富丽堂皇。不过嘉柏丽尔觉得挺舒服的。她向来鄙视炫富的人，可能跟弗朗索瓦·科蒂的会面，会比她一开始估计的更好些。

楼里并没有弥漫着香水、香粉和口红的味道，但它们都是从这里销往全世界的。准确地说，这座行政楼的门厅简洁优雅，没有刺激感官的味道，只有冬天湿润的风的味道，以及经过这里去工位的人衣服上的潮湿味道。嘉柏丽尔心中升起失望的情绪，但她安慰自己，她工作室里到处乱放的布头、打样碎片和针，也并没有给在那里设计、裁剪和缝制的人带来启发。

在被带进最神圣的领地之前，她需要有点耐心。总裁办公室有很多木制家具，是巴洛克式的布置，肯定有非常昂贵的画，反正嘉柏丽尔分不清。房屋中央有一个写字台，旁边是一个柜子，里面射灯下巧妙地放置着罕见的漂亮水晶香水瓶，旁边摆着普通的药瓶。嘉柏丽尔知道，这些玻璃制品是雷内·拉里克制作的，几十年来他的名气不断上升，最近他为女演员莎拉·伯恩哈特制作的首饰，也令他名声大噪。

“对不起，让您久等了。”弗朗索瓦·科蒂对她表示欢迎，行吻手礼。

嘉柏丽尔在别的社交场合见过他，悄悄称他为“拿破仑”。这个称呼并不只是因为科蒂的权力，实际上他是科西嘉人，甚至有传言说他与波拿巴家族有亲戚关系。科蒂与那位伟大的皇帝一样身材矮小，另外他被认为是好色之徒，当然也好奢华；还一直流传着一个谣言，说他裤兜里藏着一捧钻石，用来把玩，并且时常喃喃自语。

“我没有夸大其词，我们这儿确实一片混乱。”科蒂继续说，他握着她手的时间比一般礼节的时间稍稍长一点，“我的瓶子供应商无法满足需求，生产我们每日所需的10万个瓶子，当然是很大的挑战。拉里克无法满足我顾客的需求，但我还不准备因此缩减香水产量。”提到的数字，一定是有意的，他是想让他的客人明白，他统治着一个庞大的帝国。

他想令人印象深刻，嘉柏丽尔回想起来，心领神会地向他微笑道：“尽管如此，您还是接待了我，我当然很荣幸。”

“将来我要自己设计并生产玻璃瓶子，这样生产过程会轻松一些。我刚刚给秘书口述了给客户群发相关信息的信，明天寄出，您是第一个知道我计划的，香奈儿小姐。”

“不胜荣幸。”

他满面笑容地看着她：“请坐。”

她坐在一张靠背椅上，在脑中记下第一处笔记，她得想着，为她的香水设计一个漂亮的瓶子，去小工厂找一个玻璃吹制师。雷内·拉里克与弗朗索瓦·科蒂合作面临的困难，对她来说无关紧要，嘉柏丽尔并不想将“香奈儿水”大量推向市场。她跟男孩谈起过，向她的最佳客户赠送特别的圣诞礼物，这个必须保留。这就意味着香水产量不会超过100份。

科蒂给她端上一杯咖啡，她表示感谢，然后就开始谈论一些不咸不淡的话题。科蒂对作家保罗·亚当的去世表示遗憾，嘉柏丽尔抱怨太温和潮湿的天气。然后她开始说正事儿，说明她的来意，香水大师会意地点点头。有些信息已经由米西亚转达给他夫人了，但他还是让嘉柏丽尔说完，他彬彬有礼地强调：“香奈儿小姐，为您开发一种香水，是我的荣幸。我们俩的合作一定能结出硕果。”

“我正是为此而来。”

“我的信条是：向女人提供最好的产品，用完美的香水瓶展示，用合理的价格销售，这样会在全球达到前所未有的大销量。”

“我寻找的是给我顾客的礼物，而不是大销量。”

他好像用一个小手势把这个限制给擦掉了：“都不是问题，请您相信我……”

“一定的，先生。”她用特别亲切的声音对他说，“但我还想说明一点，我想从一开始就参与生产过程。”

他犹豫：“您是什么意思？您不是化学家，您……”

“当然，手工活当然留给专业人士。”她又打断了他，停了一下，对他客气地笑笑，接着说，“但我想跟踪生产的每个步骤，也想了解分子式与制造。这对我很重要，这香水是我心爱之物。”

“是这样的，香奈儿小姐，一直是这样的。如果不是用心去闻，香水就没有魔力，魅力来自这里面，”他用手拍拍胸部，“而不是来自这上头，”他又用食指点点太阳穴。“为了满足您的愿望，得有一个重要的前提，您的鼻子怎么样？”

她不由自主地摸了一下脸：“您是指什么？”

“我给您展示一下。”他站起来，走近玻璃瓶柜子，拿出一个香水瓶和三个试管，回到座位，放到桌上咖啡杯旁边。他的大手打开香水瓶，让她闻水晶塞子：“您闻到了什么？”

她闻了闻，答案很简单，她马上认出了独特的香味：“这是希普雷香水。”

“对，这是我的香水，世界上最成功的香水。我知道您认得出来，我是指更多其他的，您闻到了什么香味？”

“有茉莉……”她皱着眉嘟囔道，突然间不那么确定，她是否只说她知道的，还是说她真的闻到了茉莉浓浓的甜味，她试着在嗅觉上全神贯注，但其他具体的成分她分不清，“有点香粉的味道……”她停下来，补充道，“好像什么东西让我想起林中漫步。”

他夸道：“不错，香奈儿小姐，您的鼻子值得培养培养。前调确实是茉莉，加上广藿香、香根草、檀香、香柠和橡木苔。这‘肉酱汤’是时髦香水的秘密。调香师有成千上万个选择，找到正确的分子式是门艺术。在进入创造过程前，这一切您都得知道。”

难道科蒂期待，她在参与“香奈儿水”生产前去学习化学吗？她承认，“我听说了调香师的培训有多难”，但她心里想，没有什么会难到不能一试。其他女人知难而退的事，她有勇气去尝试，男孩对此总是赞叹不已。当时为了让艾提安·巴勒松和他的客人喜欢，她在几天内学会了骑马。她很快就骑上了他的马，仿佛她从小就在马背上长大，其实她也并不特别喜欢马。

科蒂打断了她的回忆，他把瓶塞从她手上拿走，把香水瓶盖紧。接着他打开一个棕色小瓶子的塞子：“这是什么？”

刺鼻的浓烈甜香显而易见，她得意地宣布：“这是檀香。”

“正确。”他把瓶塞和瓶子交换了一下，“请您也试试这个。”

嘉柏丽尔以为他会给她出难题，但她没想到……天哪，怎么回事呢？她什么也没闻到，就像得了重感冒，有一股淡淡的橙子味，但也可能是幻觉。或者他想误导她，给她的是一个没有味道的东西？她迷惑地摇摇头：“我不知道。”

“当然不知道。”

她不知道应该微笑还是恼火，她觉得上当了。科蒂扮演了一个狡黠的考官，而她是多么可笑。

但是他平静地说：“闻最多三种香味后，鼻子就关闭了，闻浓烈的香水更甚。顺便说一下，这是香柠。”他伸手从桌子上拿起一个金饰镶嵌的古典瓷瓶，拧开盖子。她以为里面是他的雪茄，但出乎意料，一阵香味向她飘来：“香奈儿小姐，请您闻一下这个珍贵的摩卡豆，咖啡可以中和嗅觉。”

她遵照他的建议，同时脑海中闪过这样的念头：我要学的东西还很多。效果惊人，她的鼻子好像又打开，可以闻到味儿了。她暗暗地下决心：我得在家练习，就像我独自坐上马背就开跑一样，我也会在香氛的艺术中继续学习。她学骑马时还不知道，她很快会遇到她的真爱，一个马球运动员。现在她想锻炼她的嗅觉，来永远保留这段爱情。感性、清新、永恒，“香奈儿水”应该就是这样的。嘉柏丽尔满意地微笑，科蒂的引导帮助她建立了一个愿景。

科蒂让她继续尝试，让她闻新的香味，告诉她香精的名字。虽然她做了准备，看了很多资料，但她对这些香精并不了解。他不仅用了常用的术语，如前调、中调，还区分了香水组合与香水系列。跟以往一样，她想学什么，就默默地倾听，吸收每一个信息。香水与皮肤的结合是对化学家最大的挑战，大多数原料在空气中挥发太快，所以很多调香师尝试用人工原料来代替天然成分。科蒂认为，“这没法实施，如果销售量大，生产成本就太高了”。

后来他还带她参观了工厂。他在去大厅的路上为她讲解，最珍贵的玫瑰和茉莉长在南非，所以他在格拉斯建了筛选设备，“那儿每天有百来位妇女忙着选出最好的花用来蒸馏，然后在这里继续处理”。他们走进一个房间，房间几乎跟医院一样干净，嘉柏丽尔感觉就像在医院里，不只是因为所有女工必须穿白罩衫。通过敞开的门，嘉柏丽尔看到大厅里一张长条桌旁有很多女工在干活，肯定有上百人。她们从木盒子里取出玻璃瓶仔细观察，然后放进另一个盒子。“检查是完美的唯一途径。”科蒂注意到了她的目光，解释道。然后他们来到一个堆满包装箱的大厅，男人们穿着同样符合医院卫生标准的干净工作服，在准备发货。包裹的数量确实令人印象深刻。

“这是实验室，”科蒂打开一扇门，“请把这儿当作您将来的领地，小姐。”他向她眨眨眼睛，让她进去。

突然，嘉柏丽尔被巨大的香氛云包围，之前在科蒂的帝国从未闻到过的香味包围了她，出奇地浓烈。实验室的空气中，好像所有保存在封闭的试管、药瓶和反应杯中的原料都混合了，在明亮干净的工作台上混合了。她的头疼开始在两鬓扩散，她观察那些穿白罩衫的男人和女助手们，扪心自问：“在这样的气氛下，调香师和化学家如何区分香水的不同成分？”

科蒂好像猜到了她的想法：“经过培训的鼻子可以专注于某一种香味，但不总是这样，中调经常只能通过化学分子式来调制，这时候嗅觉就处于从属地位了。如果您来我这儿学习，所有这一切都会了解的。”

嘉柏丽尔用指尖摁了摁鼻子，顺从地点点头。

第5章 “美好呼吸”别墅

米西亚让可可详细通报几周内嗅觉培训的进展情况，她们经常在老佛爷百货商场的香水部见面。这里的香水品种最多，这地方很适合可可做那听起来越来越专业的汇报。而且就算是没有可可的报告，米西亚也非常喜欢这里展示的商品，各种不同的香味像厚厚的芳香云朵，香水瓶在灯光下闪闪发光。可可刚刚讲解了著名的吉基，这是娇兰兄弟畅销几十年的香水，主要由广藿香和香草组成。隔着放着闪亮香水瓶的桌子，她问了米西亚一个让她非常困惑的问题：“香味如何表达性感？”

“麝香。”米西亚脱口而出，“麝香闻起来总是有性感的味道。”

“我不想开妓院，而是要开发一款香水。”

米西亚的眉毛上挑，可可刚跟她解释过，香水是其主人的信使。她的朋友寻找一种性感的分子式，是否暗示她的生活中可能有了另一个男人？没有什么比这更让米西亚高兴的了。但是也很难想象，可可会悄悄地进入一段新恋情。那她究竟是怎么找到一个献殷勤的合适绅士的？她一般只是在工作和研究香水的时候才走出家门。在巴黎社交圈，人们最多在晚宴、剧院首演或舞会上见到她，对于香奈儿时装店非常重要的场合，她才出席。除此之外，她甚至跟最好的朋友也很疏离，只与米西亚联系。男孩的车祸已经过去三个月了，但可可依然与世隔绝，虽然这个世界没有了他也照常运转。

“那么说不是麝香。”米西亚茫然回应，她随机抓起一瓶试用装机械地打开，玫瑰、茉莉和桃子的甜香向她飘来。

“现代女人应该保持性感，我的时装就是要表达现代性，所以我的香水也要明确地表达现代性。”可可凝神静气道，“我希望，我与男孩之间感性的连接，能成为这款香水传递的信息之一。所以我觉得性感如此重要。”

米西亚叹了口气，果真没有新的情人。最近她还想，她的朋友可能会被弗朗索瓦·科蒂的魅力征服，只有少数女人在他那里是安全的，但可可明显就属于这少数。或许她着魔般纪念一位死者的疯狂，把科蒂吓退了，其他男人可能也是。

米西亚钦佩可可这无条件的爱。她自己非常爱赛特，可以忽视自己的幸福；而与她一起的男人，也值得她这么倾心，米西亚深信这一点。但这也适用于亚瑟·卡柏？虽然她不应该恶意揣测一位死者，但最近在《泰晤士报》公布的遗嘱不只引起了长舌妇的猜测，也让所有人心生疑惑。他高达七十万英镑的财产，主继承人当然是他夫人和女儿，有些遗物给了他的姐妹们；引起轰动的是他赠给嘉柏丽尔·香奈儿和伊冯娜·乔凡娜·桑菲利斯公主（也是维吉亚诺的遗孀）的财产，数目完全一样，都是七万英镑。每个人都在疑问，卡柏也许不只有双重生活？这期间他的遗孀还公布了怀孕的消息。如可可所说，卡柏真的想离开他夫人？抑或他在感情中陷入了绝望的困境？可能根本不是一场悲惨的车祸呢……

卡柏可能是自杀的，比起卑鄙的诽谤，这个想法当然罪过更大，米西亚为自己的愚蠢感到吃惊。为了不再关注亚瑟·卡柏的爱情，她看了看刚刚闻的香水瓶上金黄色的标签——美寿子，这是娇兰香水新款。她没有闻，就又把塞子塞回去了，她想找出可可内心独白的理性答案。

“很久以前我看到过，埃及艳后克娄巴特拉七世与马可·奥勒留[①]第一次见面前洒了檀香香水，在房间里熏香，有肉桂、没药和乳香，也许这些就是你要找的原料。”

“蓬皮杜夫人也很相信春药的作用，尤其是可以吃的那种。”可可终于笑了。

与令人不快的念头一样，浓烈的香味也令米西亚感觉很沉重，她需要呼吸点新鲜空气。“顺便问一下，去吃点东西怎么样？我有点饿了，或许在哪儿搞几个新鲜牡蛎，现在应该是最后能吃到贝隆牡蛎的时节了。”她挽住她朋友的手臂，像是要用暴力把可可从香水部拽走。

她不反对一顿小小的饕餮：“如果我们找到空位，我跟你说说我的新房子。”

米西亚已经拽着可可一起往门口走，闻言停下了脚步：“你要搬家？”

“我在加尔舍找到了一栋别墅，就在我的老房子旁边。”可可漫不经心地回答，“投资男孩留给我的遗产，这是最好的时机。”

对可可的计划，米西亚不知道自己应该高兴，还是因为没有让她早点参与而失望。她有点受伤：“你的新家为什么对我保密啊？”

“完全不是，我现在正跟你说呢，我也想请你帮忙布置。来吧，米西亚，我们去和平咖啡馆，我肯定那儿还有牡蛎。然后我们确定一

---

① 此处疑为马克·安东尼。

下，你什么时候能去看一下这房子。”

米西亚想，她往前看了，终于。

不过当她和可可愉快地离开商场时，她对这个房子的底细还一无所知。

＊＊＊

“你已经，什么……？”米西亚的声音里带着怀疑和愤怒，客厅里还没有家具，她的话在光秃秃的墙壁间发出回声。

嘉柏丽尔没想到她会这么震惊，米西亚为什么反对她把男孩的房子买下来呢？他所有的不动产也随他的遗嘱一起在《泰晤士报》上公布了，她意外发现这房子离“米兰人”别墅不远。一开始她很迷惑，然后她委托中介去调查，终于知道，卡柏先生不久前刚成为这栋名为“美好呼吸”的别墅的业主。这栋风格简洁、格调雅致的三层别墅非常漂亮，嘉柏丽尔深信，他是为她买的。如果不是她，又能是谁呢？这很有可能就是他给她的圣诞礼物。因为他没能把她的名字登记进房产证书，她为此次转手费了很多心思。购买价格是四万英镑，卡柏的遗孀看到购买合同上的签字才知道，通过律师代理购买的人是谁。嘉柏丽尔选择这个谨慎的做法，是不想戴安娜因为嫉妒而撤回交易。

“‘米兰人’不属于我，我只是租住在那里。”嘉柏丽尔平静地解释，虽然她为米西亚不那么兴奋而生气，不过她承认，她知道她朋友会持保留意见，所以在第一次邀请米西亚来新房子时才告诉她这个既成事实。嘉柏丽尔觉得，米西亚和荷西·赛特以及其他朋友会劝阻这个买卖，她固执地解释：“买这个房子是用男孩的遗赠做个好投资。”

“你为什么不在蔚蓝海岸买房子？”米西亚叫道。

“这是个好投资。”嘉柏丽尔坚持。

“你不能活在过去，你要放下回忆，而不是躲在里面。准确地说，可可，你得活着！”

嘉柏丽尔没料到米西亚的抗议如此令她心如刀绞：“我不想放下回忆，我活着，甚至活得非常好，你看到的。”

两个女人互不妥协，空气一时沉默。

嘉柏丽尔当然知道，从某种程度上说，米西亚是对的。但是她的生活永远不会再好起来了，不管她的朋友做什么样的努力。男孩踅摸和买下的房子，蕴含着他的品位和愿望，留在这里可以让嘉柏丽尔感受到温暖和安心，这一般只能从他的拥抱中感觉到。她不能把他最后的财产给其他任何人，否则就是对他的背叛。这些她都不会说的，她担心说错话会令米西亚拂袖而去。但她也不想让步。

她的朋友固执地僵持着，什么也不回应，嘉柏丽尔终于努力试着和解：“我对室内布置有个想法，所有的房间都应该保留浅色调，然后用深色木头，你觉得如何？”

米西亚无所谓地耸耸肩，但她的眼神闪现兴趣，“黑与白，对，这效果会很好的。”

“我想把整个房子刷成白色，”嘉柏丽尔欢快地继续讨论，“百叶窗漆成黑色。”

“黑色百叶窗？”米西亚眼神中消失的困惑又重新出现，“我求你了，别这么搞，这是与所有的传统习俗决裂。”

嘉柏丽尔脑中灵光一现：这是我的悲伤永远的象征。她大声说：“什么时候，我在乎过理所应当的事？”

米西亚撇了撇嘴：“你的邻居会恨你的。”

嘉柏丽尔的眼神闪着执拗：“我知道。”

米西亚喊道：“但是我爱你，我会给你见过的房子中最美最高雅的布置。”她张开双臂拥抱嘉柏丽尔。

然后两个朋友的笑声在空荡荡的房间回响。

第二部分

寻香，热情的作曲家并非良配

第 1 章　来到威尼斯

“小姐，欢迎来威尼斯！”

火车售票员把车厢门打开了一条缝，嘉柏丽尔吓了一跳，心烦意乱地看着他友好的脸。旅途的最后几个小时，她一直在做噩梦，虽然车祸已经过去几个月了，她潜意识里还一直活跃着男孩最后几分钟的影像，只要一闭上眼睛，她脑海中就不断回响着刺耳的刹车声。她把火车的咣当声装进了汽车后座，就像一个坐进后座的鬼魂，一个恐惧的旁观者。抵达圣卢西亚站前的火车刹车声，也像那跑车撞毁时的可怕声音，向她袭来。

一路上都开得太快了，但他不是谨小慎微、慢条斯理的人。马达的轰鸣是他耳边的音乐，时而是诙谐曲，时而是回旋曲。突然，刹车片发出刺耳的声音，钢铁摩擦着钢铁，橡胶摩擦着沥青，然后车子悬空，折断灌木和树枝，最后撞向岩石，在一团火球中爆炸。

辛普隆东方快车的员工把她拉回现实时，碰撞声还在她脑海中回响。

嘉柏丽尔振作精神，她的眼神在豪华卧铺车厢的车窗和火车服务员之间来回游移。显然车轨旁已是寻常到站后的喧闹，与她熟悉的任何一个火车站的情景相同。到处乱走的人群，还有人太多穿不过去时，顶在头上的箱包和篮子。因为睡得不好，声音比平时生硬，她指示售票员："请您找人来帮我拿行李。"

他微微躬身："一切都已经安排好了，您的箱子直接送到德班大酒店船上，送往丽都。"他迟疑了一下，还是忍不住说："您还好吗？小姐，我好像听到您叫喊来着。"

"那肯定是幻觉。"她挥挥手打发了火车服务员，"谢谢。"

车厢门又关上了，她四肢的紧张才缓和下来。没错，她是喊了，也许她并不是一个安静的旁观鬼魂。嘉柏丽尔回到座位，闭了会儿眼睛。幸好噩梦中的恐怖画面在回到她眼皮底下时是模模糊糊的。为什么是现在？为什么是这儿？正好在这个旅程中，被这些回忆困扰，就像被一个不理智的已婚情人所困扰。她究竟怎么了？她不去里维埃拉，而是来到一个她从来没到过的地方。不要说意大利，更别提威尼斯了，这儿的一切都跟男孩没有关系。

米西亚为了把嘉柏丽尔从悲痛中拉出来，不懈地努力，从不退缩，甚至在自己的结婚旅行中也把她带上了。8月底，米西亚·爱德华兹和荷西·赛特在巴黎举行了临时的简单结婚仪式后，就出发前往意大利了。这对新婚夫妇没有忘记劝说嘉柏丽尔同行，这两人的想法多么荒谬，又多么非同寻常，令人感动！嘉柏丽尔前往意大利，只是为了不让米西亚失望，这两人对她那么好，她不能无礼地拒绝他们。也许南部的阳光和威尼斯艺术真的能帮助她解脱，嘉柏丽尔自己也感觉到，她瘦削的身体在绝望的重压中慢慢憔悴。

她深深叹了口气，睁开眼睛，在手袋里找镜子，想检查一下仪容。她刚满37岁，以前总是被猜年轻十岁，现在看起来却至少有40

岁。她那橄榄色的皮肤显得很苍白，因为哭得太多，她眼周发红，眼圈发黑，黑色的眉毛犹如炭画，嘴角像一位老妇般松弛下垂。她试着向镜中的人微笑，但并没有成功。

这站台也跟嘉柏丽尔熟悉的其他站台差不多，寻常，单调，灰暗，拥挤，没有一点她对威尼斯所期待的辉煌和漂亮。完全没有运河和宫殿的痕迹，没有挂满珠宝的威尼斯总督后代，也没有诱人的交际花。从辛普隆东方快车一等车厢下来的主要是喧闹的美国人和英国人，他们到南方的第一刻就得忍受大汗淋漓。9月空气中的炎热，降到铁轨上，通过月台转移过来，与焖烧的煤臭味和玻璃屋顶下汗流浃背身体的味道交织在一起。

嘉柏丽尔敏感的鼻子不由自主地抗拒这些气味，她屏住呼吸，但没什么用，因为她被这些气味包围了。在她瘦小纤细的身影前，抵达的旅客、火车工作人员和堆积如山的行李，让她无法环视，当米西亚和荷西接到她时，她已淹没在人山人海中。还有这噪音！不同的声调和语言混杂着发动机的声音、蒸汽机的嘶嘶声，震耳欲聋。与此相比，热闹繁忙的威尼斯火车站台真是个清静之地了。她放弃寻找她的朋友，在这一团混乱中找到通往出口的路，太费劲了。

“可可！”

随着这一声呼喊，嘉柏丽尔觉得她仿佛得到了一件护身符。

她在车站大厅的尽头发现了米西亚，在写着“水上巴士”的牌子底下，看一眼这位漂亮、优雅的朋友，就像置身于凉爽的微风中。她身材高大，简洁的宽檐太阳帽下是一头金发，穿着长及小腿肚的浅色香奈儿衬衫裙。人们把赞叹和惊讶的目光投向她，几乎没人能想象，在这样的环境下她还可以如此清新，嘉柏丽尔不由自主地笑了。

她投入米西亚的怀抱：“又和你在一起，真是太好了。”

“你看起来很糟糕，”她的朋友一边直截了当地回应她，一边拥着她往出口去，“但我们会在这里让你有新的想法，威尼斯是让生活重新充满活力的最好的城市。”

她没有时间对此做出反应，车站大楼的玻璃门打开，嘉柏丽尔眼前突然一片空白，她终于看到了照片上的布景，这是她此前根本没敢想的。

蓝灰色的大运河在午后的阳光下闪着粼粼波光，两艘贡多拉轻轻地滑进来，又没入小船烟囱喷出的烟雾中。这些小船在火车站码头等待大拨的客人。水路的另一侧是富丽堂皇的中世纪建筑，呈提香红——这名称得归功于这位威尼斯最著名的画家，以及明亮蓝天下的金黄色。微风拂过运河，不算真正的风，但也足够把港口城市有的藻类和焦油的味道吹向她。虽然嘈杂的声音在室外并没有变小，却不再嗡嗡响了。人群分散到不同的蒸汽船上，这些船看起来有点像塞纳河上的小货轮。嘉柏丽尔想顺着河走，但被米西亚推往另一个方向。

她们在一个有金色流苏装饰的蓝色小天棚下等荷西·赛特，这个偏胖的西班牙人使劲向她们招手，然后拥抱嘉柏丽尔并亲吻她的两颊。“出租车等着您呢，可可小姐。”他嬉笑着指指栈桥下的小摩托船，“行李由酒店的船运往丽都，我们乐得轻装前行。这不是最浪漫的，但是一切正逢其时。”

穿着蓝白相间水手服的船员伸出手要扶嘉柏丽尔上船，她稍稍犹豫了一下，因为她其实希望箱子的去向在可控范围内。但她最终决定顺其自然，由威尼斯的行李员、辛普隆东方快车公司、德班大酒店，以及她的朋友荷西决定。她没有再转身，而是登上船舱板，顺着船行方向在凳子上坐下。

“欢迎来到威尼斯，可可·香奈儿，”嘉柏丽尔这样想，“欢迎来到新生活。”

第 2 章　初识异香

嘉柏丽尔熟悉多维尔、比亚里茨、戛纳、蒙特卡罗，熟悉宽阔的白色沙滩、无边无际的大海、色彩斑斓的游泳小屋、富丽堂皇的官邸、豪华酒店以及优雅的客人。这些威尼斯的丽都也有，但还是有点不一样，海滨浴场在开阔的海岸前伸的岛上，脑海中永不褪色的风景，其实就在身后，作为巨大背景的圣乔治·马焦雷教堂，就像是通往大运河的大门。奥尔法诺运河对岸，人们在炙热的太阳下，在德班大酒店用柱子加固的阳台上，喝着开胃酒，轻松地交谈。多姿多彩的古老艺术，比任何社会、政治或艺术界的丑闻，更能激发这些交谈者的灵感。

亚得里亚海沿岸的上流社会游客，其实与其他类似地方的游客没有太大区别。他们很多是流亡的俄罗斯人，俄国革命后，他们就占据了大西洋海岸的沙滩和地中海沿岸，长醉不愿醒，庆祝自己活了下来。嘉柏丽尔在遮阳伞下，在米西亚和荷西旁边打盹。这里可以听到简单的斯拉夫曲调和混在法语或英语里生硬的口音，这是几天来已经熟悉的音调，虽然俄语她一句也听不懂。这些人大都是沙皇俄国上流社会的贵族，多数时候说法语。自从最早一拨来自圣彼得堡和莫斯科的伯爵和侯爵出现在巴黎，嘉柏丽尔已经打开心扉。她发现这些身材高大的没落贵族不仅特别有魅力，而且他们的教养和品位，尤其令人欣赏。可惜他们中的大多数都失去了财产，变得一贫如洗，靠赞助人、朋友或情人的慷慨资助生存。米西亚也在通过一个资助人委员会筹钱，主要是给俄罗斯芭蕾舞团，这个舞团在世界大战前就已经在西欧巡演。傍晚赛特夫妇要跟舞团的掌门人、著名的谢尔盖·佳吉列夫见面，当然是拖着嘉柏丽尔一起。

这几天里，她不介意当她朋友的影子，她反正不想成为中心，别人说的时候她愿意听。听别人妙语连珠的交谈，会强化她的记忆力和判断力。事实证明，威尼斯之旅是治愈她受伤心灵的良药。不用承担责任，不用像在工作室一样努力工作和解决问题；不用见想要从她这里得到点什么的人；也无须费尽心思和鼻子，去寻找独特的香水。尽管弗朗索瓦·科蒂使出浑身解数来帮助她，但香水目前还是毫无进展。她第一次这样完全没有计划，糊涂度日。

但这样很舒服，印象深刻的是参观威尼斯的教堂和博物馆，赛特夫妇不厌其烦地对绘画、雕塑和建筑发表引人深思的评论，而且结束后他们总会在这个潟湖城众多餐厅的某一家美餐一顿。嘉柏丽尔也不像过去几个月在巴黎那样哭得多了，在精疲力竭的参观和饕餮大餐后，她已经太累了。沉浸在悲伤中的夜晚也少了，因为她的脑海中不再老想着痛失所爱，而是想其他的事情。她内心越来越平静，脸色变好了，眼睛也越来越有神。

“我们在弗洛里安咖啡馆跟谢尔盖·佳吉列夫见面，一起喝杯开胃酒。”他们乘出租摩托艇，迎着夕阳飞驰穿过潟湖城时，米西亚解释道。威尼斯的塔和穹顶变成金红色，从皮亚泽塔小广场旁热闹的停泊处飘来萨克斯的声音，街头艺人在演奏拉格泰姆①。这音乐与总督

---

① 也称为抹布时间（rag time），是一种原始的音乐风格，被认为是爵士乐。

官邸的外墙并不匹配，但跟赛特的评论匹配，“拿破仑说圣马可广场是欧洲最美的大厅，今天仍然是”。

游客跟本地人一样，聚集在行政官邸大楼的拱廊下，喝上一杯意式浓缩咖啡，或一小杯葡萄酒，或别的饮料。嘉柏丽尔其实更愿意坐在弗洛里安咖啡馆里面，为充满隐喻的壁画惊叹，她喜欢与室内建筑相融合的艺术作品。但赛特在室外给她挪好了椅子，她当然也不会反对。

俄罗斯舞团掌门人和他的同伴在他们点单前出现了，谢尔盖·佳吉列夫是个长相英俊的男人，跟荷西差不多年纪，衣着优雅，行动矫健。陪同他的年轻人温柔瘦削，肯定不超过 16 岁，据嘉柏丽尔所知，他叫鲍里斯·科赫诺。

两位俄罗斯人礼貌地跟她打招呼，但对她的关注也就到此为止，对这位著名的芭蕾舞团掌门人和他的秘书来说，她显然不够重要。佳吉列夫可能从没听说过香奈儿小姐，他和助手完全不明白她的名字代表什么。这么不被关注，她并不觉是冒犯，只是觉得好玩，因为她觉得自己跟他们势均力敌。在艺术家圈子里，她的籍贯、出身和所受的教育从来都不重要，也没人问她低级舞场的事和年轻时的男人圈子，所有这一切对演员、画家、诗人、音乐家都无所谓。为什么佳吉列夫对她没那么友好，肯定不是因为她的出身。所以当她准备解释的时候，米西亚在桌子底下踩了她一脚。

以这样的方式降级成为一个隐形的听众，嘉柏丽尔靠在椅子上，享受一杯冰凉的白葡萄酒。聊天的话题转到了新近在法国去世的大公夫人玛丽亚·巴甫洛芙娜身上，她原是梅克伦堡－什未林公主，与倒数第二任沙皇的弟弟结婚，曾经是圣彼得堡皇宫的幕后掌权人。

“她当然是俄罗斯最重要的大公夫人，”佳吉列夫崇拜地说，“年初我在逃难后在威尼斯再次见到我的资助人。这是我人生最美好的经历之一，可惜她的健康状况当时已经不佳，她去世是令人伤心的。”为了佐证自己的话，他掏出雪白的胸前插巾，轻轻擦拭他的眼睑，“这块插巾是她留给我最后的礼物。”

虽然只是那么一缕，嘉柏丽尔那经过弗朗索瓦·科蒂训练的鼻子，马上就觉察到这是喷过香水的插巾，有花香，也有木香，带一丝微甜的涩味。是预兆，同时也是应验。很多种香味的混合，嘉柏丽尔无法马上分辨出来，多么不同寻常！她得强迫自己不往佳吉列夫那边靠。

“一想到大公夫人，我就想起了《春之祭》的首演。”她听到米西亚说。

“这是怎样的演出啊！”佳吉列夫陶醉地喊道，“斯特拉文斯基的作曲、毕加索的布景、波烈的服装，好极了，对巴黎傲慢无知的观众来说，这是一种浪费。”

嘉柏丽尔想起当时去剧院看演出，大约是世界大战前一年，这是为数不多没有男孩陪伴的一次。她是跟自己帽子沙龙的女客户一起去的。她本来只是为了看芭蕾舞的服装，她想看保罗·波烈的设计，她全神贯注于裁剪与面料、绣花与镶边，各种鲜艳的红色构成的色彩令人陶醉，几乎没注意这个轰动性的事件。当然她也诧异于舞者非同寻常的体操动作，茫然地听着音乐家把乐器演奏到声音的极限。当时普遍的反应是失望，而非兴奋。观众的嘘声、口哨声和抗议，最终让新建的香榭丽舍剧院经理把灯打开。而灯光下，舞者在台上，音乐家在乐池，心平气和地继续表演。这样的事故，虽然使作曲家伊戈尔·斯特拉文斯基在世界乐坛一举成名，但没给其他参与者带来更大的成功。当然，除了波烈，毫无争议，他已经站在了时装界的顶峰。

“大公夫人当时没有赞助巴黎的演出吗？”米西亚问道。

佳吉列夫将插巾放回上衣的胸袋，香味消失了，这让嘉柏丽尔非常遗憾。他回答米西亚的问题：“殿下的慷慨我永远不会忘怀，可惜这样的善行现在已经无法想象了。”

“钱对艺术不应该那么重要。”赛特反驳道。

“单纯为了纪念大公夫人，我也想把《春之祭》加入我们的秋季节目。我们的编舞莱奥尼德·马辛已经跟乐队在排练了，但重演的费用非常大。我的天哪！单是斯特拉文斯基需要的交响乐队就得多少钱啊！总是钱！赛特夫人，您宝贵的筹款热情是否能帮我们完成任务，还无法确定。”佳吉列夫躬身，用殷勤的动作把米西亚的手引到他唇边，“我完全知道，《春之祭》的时机成熟了……”他停下来，意味深长地沉默，摇摇头，伸手拿酒杯。

“我们会想办法让您上演新版的《春之祭》。”虽然米西亚也并不是那么信心十足。

“我们上次在英国的巡演虽然在艺术上非常精彩，但是在商业上并不成功，真是令人伤心。”

嘉柏丽尔几乎没仔细听，什么能让她对芭蕾感兴趣呢？在她脑海中挥之不去的一直是香水，就像那一缕回忆。这正是她设想的“香奈儿水”要达到的感觉，她眼神游移，停在芭蕾大师的插巾上。这让她想起了凋谢的玫瑰，她一定要找出他喷的是什么香水，那么持久、旖旎、诱人。她可以这么无礼，生硬地打断佳吉列夫和她朋友的谈话吗？他到底是否知道俄罗斯大公夫人用的什么香水？嘉柏丽尔绞尽脑汁地思考。她觉得，《春之祭》的重演对俄罗斯芭蕾舞团来说很重要；但对她来说，没有比发现合适的香水分子式更为重要。

“虽然全世界都知道他的大名，但斯特拉文斯基和他的家人生活很困难。”她听佳吉列夫悲叹道，“这位伟大的作曲家像贫困的农民一样，只能勉强维持生计，我们这个时代太惨了。”

“那么好吧！”赛特打断了这伤感，举杯，“好吧，朋友们！尽管如此，让我们为生活和友谊，干杯！”

嘉柏丽尔断定，如果她这时候打听一款香水，会很可笑，她继续不动声色地向其他人敬酒。总有一天我会让你看到我的，佳吉列夫，这个念头在她脑海中闪过。当我成功发明一种自己的香水，一种像大公夫人手帕上的香水那样独一无二的香水，俄罗斯芭蕾舞团《春之祭》的成功就没什么障碍了，我会想办法的。微笑随即荡漾在她唇边，因为她在默默地笑她自己和这个美妙的想法。

第 3 章　邂逅俄罗斯大公

跟她朋友相反，嘉柏丽尔喜欢早起，她习惯每天早晨 7 点钟开始工作。即使在度假，她的生物钟也一早就把她从床上拽起来。

抵达意大利的头几天，上午她会在花园或酒店阳台上看书消磨时光。但过不了多久，科莱特关于成熟女人与年轻男人无望爱情的新小说，也无法阻挡她对这个神秘潟湖城的好奇了。威尼斯古老的城墙和对无尽历史的沉默见证，吸引着嘉柏丽尔。她把《亲爱的》这部小说留在房间里，拿起手袋，散步到水上巴士站，去坐开往圣马可广场的公共水上巴士。第一次，她一个人，像一个普通的游客一样。

前几次下午晚些时候跟赛特夫妇一起游览这座城市所感受到的魔力，在今天上午炽热的阳光下都燃烧殆尽了。圣马可广场和小巷都在高温中炙烤，到处都是游客，连鸽子也只有被到处乱跑的小孩驱赶时才慵懒地飞起。城墙沉默着。嘉柏丽尔感到汗珠集中在帽带下，丝绸上衣湿湿地贴在背上，她考虑是否到哪儿去喝一杯，但最终没去。咖啡馆的桌子边坐满了人，餐馆也在准备就餐了。不管是好是坏，她反正得淹没在人群中，跟他们一起在小巷里漫无目的地瞎逛。不经意间走过一个没什么游客的大运河码头，她停住了脚步，注视渡船来来往往。

长长的贡多拉来往于多尔索杜罗区和圣马可区之间，它唯一的乘客是一条威士忌色的小狗，有点像狐狸。贡多拉一靠岸，小狗就欢快地竖起小卷尾巴，跳上码头。它先是坐下，期待地环顾四周；过了一会儿，显然觉得太无聊了；于是小跑到一所房子门口，饶有兴致地嗅嗅乱堆的垃圾，然后抬腿，留下印迹，又回到了码头。这期间有几个小孩上了船，但船工耐心地等着他的小乘客，嘉柏丽尔不假思索地走过去，也上了船。她本来不一定要摆渡，但她爱狗，她的狗是她最好的朋友，是她灰暗日子里最耐心的安慰者。她当然最喜欢男孩送给她的皮塔和坡培。她外出期间，爱犬由用人夫妇照看着，她相信它们一定很好。但就在这一刻，她特别想它们，想抚摸那温柔的小脑袋，感受手指间柔软的皮毛和皮肤上湿漉漉的嘴。这个最后跳上跳板的小东西，仿佛有魔力，牢牢地吸引了她。但她不敢向它伸出手去，她害怕一动就会把摇曳的小船弄翻。她只是注视着那可爱的小狗，它站在最前面的木凳子上，鼻子伸在空中，仿佛是要嗅对岸的气味。

惬意的摆渡只有几分钟，嘉柏丽尔很遗憾地离开渡船，漫无目的地闲逛。这次没有蜂拥的游客，她顺着阴影走，享受一路荫凉，漫步在空无一人的小巷中。然后总是会走到洒满阳光的地方，大多有一棵树和一条可以休息的凳子，但她不让自己大汗淋漓的身体休息，而是继续游荡，享受大脑放空的状态。她来到一条运河的小支流边，上面停泊着一艘小船，装满了水果和蔬菜，这景象仿佛视觉的盛宴，她终于在这儿驻足，注视，惊叹。

一位丰满的家庭主妇和一群打扮惹眼的年轻人，一起走向嘉柏丽尔。意大利妇女开始大声跟水果小贩讨价还价，其他人跟嘉柏丽尔一样是游客，显然也像她一样为这色彩斑斓所吸引。

然后过来一群小姑娘，约莫六岁，由一位穿修女袍的嬷嬷领着，排成两队走过小船。比起那些在沙滩上戏耍或在圣马可广场赶鸽子的同龄人，这些孩子显得更苍白。她们穿着褪色的罩衫，向这些展示的商品投来渴望的眼神，但嬷嬷像赶羊群一样把她们往前赶。

嘉柏丽尔不由得闭上了眼睛，单单从可怜的衣服上，她就可以看到孩子们的命运。她们是孤儿，也许她们住在附近的修道院，经常忍饥挨饿，被碾压一切的孤独感折磨着。嘉柏丽尔感到自己的眼里泛滥起泪水，当她看到女孩们或男孩们处在她曾经的境地时，她总是忍不住流泪。

“小姐……”

她先是听到了温柔的声音。

带着些许犹疑。

泪眼蒙眬中，她看到保养得很好的男人手上的一块白色麻纱。有人给她递手帕。

她无视这殷勤，用手指擦着眼皮。

“看到孤儿院的孩子，我也总是被触动。”身边的这位年轻人彬彬有礼地用法语解释道，“我理解您，小姐……”他迟疑，然后继续说，“香奈儿小姐，是吗？”

她惊讶地抬起头，开始打量他。他身材高大，瘦长而笨拙，有蜘蛛一样的大长腿。整体来看，他的身材跟他的小脑袋、方正的脸型、深邃的海绿色眼睛和深棕色的头发完全不匹配，但还是非常有魅力。他很敏感、忧郁，正是这些非常吸引她。这个男人让人无法轻易忘怀。

著名的女高音歌唱家玛特·达维尔说：“如果您对他感兴趣，我把他转让给您，香奈儿小姐。从长远看，他对我来说真的有点太昂贵了。”

这位歌剧明星几个月前邀请她去巴黎的家里共进晚餐，嘉柏丽尔无法拒绝，她在餐桌上认识了女主人当时的心上人德米特里·巴甫洛维奇·罗曼诺夫大公。他是末任沙皇的堂弟，29岁，有些腼腆，但很迷人。他曾是奥运骑手，很喜欢运动，还有冒险家和堕落者的光环。他是谋杀精神治疗师拉斯普京的叛逆者之一，在布尔什维克动手之前经过德黑兰和孟买逃往伦敦。

嘉柏丽尔想起与他的短暂交流，想起他的眼神，这眼神也是她一直在寻找的。她可能是他喜欢的类型，因为玛特·达维尔多年来一直在模仿她。但嘉柏丽尔想维持现状，坚决拒绝了歌唱家直言不讳的转让，她还在为那个无法被任何东西和任何人所替代的人伤怀。而且像德米特里·罗曼诺夫这样的男人，如果他知道她是个窝赃犯的女儿，她不敢想象，他会怎么说。

她强迫自己微笑，回道：“我也没忘记您，德米特里·巴甫洛维奇。”

或者她应该用他原有的头衔称呼他？她脑海中杂乱如麻，一时不知道什么是对的，心中一边想着她悲惨的生活，一边想着达维尔的晚宴。她的目光投向那些孤儿，然后回到这个比她高出两头的男人身上。

“很高兴又能与您不期而遇，香奈儿小姐。”他微微躬身，“我真的非常高兴。”

“德米特里，你在哪儿？”一个女人的声音传来，听着不像是玛特·达维尔，而是来自跟他一起的其中一位年轻漂亮的女士。

他没有转身，没有将目光从嘉柏丽尔这里收回。他喊道：“现在不了，我一会儿跟上来。”

“您的女朋友会生气的。”

“我姐姐玛丽亚怎么都会原谅我的。”他坏笑道。

嘉柏丽尔用眼角余光看到，这些年轻的俄罗斯女孩交头接耳，窃窃私语地离开，德米特里的姐姐尽量不露声色地打量嘉柏丽尔。但她不能不饶有兴趣地打量玛丽亚·巴甫洛维奇，她脑中闪念，这是一个不寻常的人。这位公主是个很有魅力的女人，她的宽檐草帽很显眼。嘉柏丽尔觉得另一个女孩戴的网眼面纱有点大胆，她的着装有待改善。而德米特里的姐姐打扮得像个农民。

她们的目光短暂相遇，双方可能并不愿对视，但嘉柏丽尔和玛丽亚还是固执又好奇地注视对方。

她们注视良久后，这位俄罗斯女子生硬地移开目光，昂首挺胸地随朋友们跨过运河上的窄桥，河边停着那艘装着色彩斑斓水果的小船。嘉柏丽尔的目光追随她们，观察玛丽亚和德米特里这群人的步态。她想，这些俄罗斯公主会是非常出色的模特。

“如果您能接受我的手帕，我将不胜荣幸。”德米特里·巴甫洛维奇说道。

嘉柏丽尔必须看向他，要不然就太不礼貌了。但他的话听起来这么老派，他的动作很浪漫。“不好意思，”她由衷地微笑，接了他的手帕，擦了擦眼睛，虽然这时已经完全没有眼泪了，“让您在这样的状态下遇见。”

“看到可怜的孤儿而落泪的女士，感动了我。您知道，我从小就失去了父母，姐姐是我唯一幸存的家人。”

“我跟您一样，我也是由陌生人养大的。”男孩的声音回响在嘉柏丽尔的脑海中，这么近，这么熟悉，就像马球场上的马蹄声。马儿呼哧呼哧地追逐，就像球手击中球的咯嗒声。这是他对她说的第一句关于个人的话。在一场马球赛后，他们俩站在罗亚留城堡的围墙边上，看着吃草的马儿。

德米特里说了几乎跟男孩一样的话，打开了她的心扉。她考虑怎么回复他，不过多暴露自己，又听起来很能共情。但她太迷茫，还深深地沉浸在回忆中，无法展开思绪，所以只好支支吾吾地说："您的姐姐很漂亮。"

"是呢，而且她非常有天赋，画画和刺绣都非常棒。俄罗斯手工艺让她得了一种强迫症，她是想保护我们的文化不被遗忘。"

她不由自主地想到了佳吉列夫的计划："保护你们古老的财富是一项伟大的使命。"

"是呢，就是如此，大部分流亡的人都失去希望了。我们再也无法回到彼得格勒，回到我们从前的生活，布尔什维克胜利了。"

他说话时非常自然地挽着她的胳膊，肩并肩散步。他们走过一个广场，拐进一条僻静的小巷，嘉柏丽尔完全不知道他们要往哪儿溜达，不过她都无所谓。她漫无目的，路就是她的目的地，和这位大公一起散步，让人迷恋。

提起胜利的布尔什维克时，德米特里把一颗石子踢到一边。它是从城墙突起的地方掉下来的，这颗大理石小石子"吧嗒"一声掉在地上，发出了突兀的声音。静谧弥漫在他们周围，威尼斯的喧嚣好像消失了。

他们默默地往前走了一会儿，嘉柏丽尔觉得很舒服。跟德米特里不需要像跟陌生人散步时一样进行无聊的对话，可以感觉到他就在旁边，又可以保持沉默，这很舒服。她在考虑接下来会怎样。世界大战前将他们分隔的社会藩篱，真的已经打破了吗？他会请她去喝一杯吗？谁付钱呢？她其实很善于与男人周旋，但到目前为止都是男人替她付钱。大公自己有钱吗？逃难的俄罗斯贵族大多一无所有。嘉柏丽尔记得，在伦敦，德米特里是一个香槟品牌代理人，他的收入足够他去追求一位没有家族背景的富婆吗？

“您还没告诉我，看到孤儿您为什么哭？”他打断了她的思绪，他的声音很温柔，很悦耳，在狭窄的小巷没有回声。

她永远不会向他吐露实情的，永远不会。她没跟任何人说起过，连男孩也没有，米西亚也没有。她对自己的出身和父亲对她所做的一切都羞于启齿，所以她自我逃避，虚构了一个自己几乎都相信了的传说，来装点她的履历。这个传说跟所有童话一样，从童年起她就紧紧抓住这个仁慈的谎言，她至今都无法忍受真相，这个耻辱太大了。

“我同情这些可怜孩子的命运，虽然我父母很早就过世了，但我没有这么惨，我很感恩。”她冷静地说道，“我母亲早逝后，父亲去了美国，成了成功的商人。当然他不能带上我，所以他临走前把我送到阿姨那里，我再也没见过他。”除了最后一句话，她说的没有一句是真的。

“那我们俩都是孤儿。”德米特里·巴甫洛维奇·罗曼诺夫确认，“这是一种缘分，您不觉得吗？”他的手指仿佛不经意地触摸她柔嫩的小臂内侧。

她的皮肤微微颤动，她对这触摸的反应，就像长久未弹奏的乐器琴弦，想被弹奏，发出完美的音色。身体对男人的手的渴望突然苏醒，这渴望令她晕眩。末代沙皇的堂弟与洗衣女和小商贩的私生女有了共同的感受，这让她想起男孩。

嘉柏丽尔摆弄着陌生的手帕，不知道应该笑还是应该哭。

第 4 章　爱情的火花

“他比我小八岁。”

“谁会在乎?”米西亚睡意蒙眬地回应,“忘掉年龄,这只是数字。”

“他是俄罗斯大公。”

“那又如何?”

“他一贫如洗。”

“你的钱够两个人用。”

“他可能成为新沙皇。”

“噢,可可!”这惊呼声就像是痛苦的呐喊。

米西亚抬起头,好玩地抓起沙子,又看着这细小的沙粒从她的腿上流淌下来。“老贵族遇上现代女商人,现在是新世界,亲爱的。”她觉得该说的都说了,重新躺回躺椅上。

嘉柏丽尔希望能在米西亚这里找到同盟,与她分享与德米特里·罗曼诺夫恋爱的顾虑,准确地说,她希望米西亚劝阻她不要再接触这个男人。她感觉被他强烈吸引了,她无力抗拒,这是从他们第一次见面就注定的。这不是要不要的问题,而是什么时候的问题。她完全没有准备好接受一个新的恋人,她的悲伤未曾改变,在别人怀中可能只会想到死者,然后把一切都毁了。把德米特里与男孩做比较,这对他不公平，她害怕爱上另一个男人，不是像爱男孩那样强烈，只是感觉喜欢另一个人。她害怕无法控制自己的情绪。但她的身体，渴望温存和满足，而关心和赞美终究也对她的精神有好处。德米特里优雅迷人，非常有教养，他不只像童话里的王子，他是真正的王子，嘉柏丽尔当然喜欢他。

她利用沙滩上的闲暇时间，向米西亚倾诉。荷西要打几个电话，他留在了酒店，这是女友之间闲聊的好机会。她们并排躺在岸边的遮阳伞下，听着轻轻的海浪声。她们的位置远离其他游客，没人会打扰她们的聊天。嘉柏丽尔已经看完了《亲爱的》的最后几页，觉得特别惊讶。一个熟女与年轻情人的故事没有好结局，她遇到德米特里时正好看到这本小说，这是凶兆吗？不管怎么说，她觉得年龄差距是反对男女私情最有说服力的论点，但这对米西亚不管用。

“他不是男孩。”嘉柏丽尔轻声说。

她用刚刚伸进沙子里的手，握住了旁边嘉柏丽尔的手。她握住她的手指，几颗小沙粒擦到她的皮肤，米西亚什么也没说，嘉柏丽尔想，她该说什么呢？德米特里当然不是男孩。

“我还没准备好开始新的爱情。”她用坚决的语气解释道。

“谁说爱情了？你应该让自己开心，所以我们来了威尼斯，只要德米特里爱慕你，你觉得怎么样是完全无所谓的。”米西亚抽回手，她的声音柔和了一些，补充道，“可可，你的伤必须得治，而我觉得他可能是理想的良药。”

他是的，他当然是的。米西亚说得对，嘉柏丽尔也知道。但她如果像戴安娜将男孩的尸体埋在蒙马特墓地一样，将对他的悲痛默默地埋葬在心底的角落里，她觉得是对伟大爱情的背叛。已经忘记他几个小时了，她觉得很歉疚。

她和德米特里一起漫步在多尔索杜罗和圣保罗之间美丽古老的小巷里，他们一边欣赏两边的风景，一边聊天，过得很愉快。他们提醒对方关注一面外墙或一个桥梁栏杆的特别之处，对窗台上打呼噜的猫会心一笑，或者看着小运河上的贡多拉，说起被抛弃的恐惧和背信弃义。他们的共同之处是毋庸置疑的，虽然他们的体验来自完全不同的世界，但当时的感受是相似的。

德米特里的母亲是希腊和丹麦的亚历山德拉公主，在他出生时便去世了。虽然沙皇不同意，但他父亲还是很快跟一个乡绅出身的多年的情人结婚了。他们必须离开俄罗斯，逃往巴黎，玛丽亚和德米特里则留在沙皇帝国。他们的叔叔莫斯科总督谢尔盖·亚历山德罗维奇领养了这对姐弟，但是相对温暖的家庭生活也没能持续太久。德米特里13岁时，谢尔盖成了一次谋杀行动的牺牲品，孩子们又失去了依靠。玛丽亚和德米特里继续在皇宫接受教育，德米特里直接生活在皇室的庇佑下，这对他来说意味着要早早开始军官生涯。“军队里也许跟孤儿院没多少差别。”德米特里说。嘉柏丽尔赞同地点点头，她知道他指的是什么，但她还是没有向他吐露她生命中最黑暗的时光。

他们在威尼斯小巷里走了几个小时，长谈让他们深入地熟悉对方并越发亲近。嘉柏丽尔要回丽都了，要是她在外面待太久，赛特夫妇会担心的，她在码头跟德米特里告别。

他吻手告别，询问她住的酒店。

当然她告诉了他下榻的酒店。第二天她和米西亚一起前往沙滩时，酒店门童转达了大公的消息，一张手写的便条，请求晚上再见面。他建议去丽都怡东大酒店的赌场，离嘉柏丽尔的住处不远。他觉得她可能更喜欢约在附近，这也符合他有教养的礼节，晚饭后散个步，或是在任何一种关系下碰个运气。一切皆有可能。

但是当前处境下的嘉柏丽尔想法不同，接受约会意味着可能会做出后果严重的决定，而这不再是正确的了。

“你怕什么？”米西亚轻声问道，“在我认识的人中，你似乎是唯一从来不害怕的人。”

嘉柏丽尔在心里回答：我当然不害怕，我有男孩呀。

同时，她也明白，不是这样的。她走向自由生活的第一步是她独自迈出的，是她离开修道院的时候。后来的事也完全是她自己的决定，因为憧憬更好的生活，她出现在罗亚留艾提安·巴勒松的庄园前。他们发生过几次关系，其他就没有什么了。其实没有任何事情可以让她这么冒失。但男孩向她张开怀抱，为她打开了一个新世界，她以勇气、勇敢和坚持征服了这个新世界。这是她的幸运之门，也是她遭受的最大打击之门。

她揣摩着，如何用语言来表达她内心和精神上的混乱，如何向米西亚解释。其实她想做什么，但不能做，至少现在还不能做。她冥思苦想的时候，荷西·赛特出现在米西亚躺椅旁，身后的侍者拿着托盘，上面装着几杯汽水和一个银碗，碗里面的冰块已经开始融化。

“女士们，我们去罗马转转，你们觉得如何？”

“你想去罗马干什么？”米西亚扶正了墨镜，问道。

荷西漫不经心又喜形于色道：“向贝尼尼致敬，还有米开朗琪罗。”

米西亚回应赛特的微笑，然后转向嘉柏丽尔：“你得加快约会，可可。要不然第一个吻还没有，我们就要出发了。”

“我错过什么了吗？”赛特问。

“不，没什么。”嘉柏丽尔急忙回答。

她拿起杯子，喝了一大口冰汽水，结束了谈话。

香槟，她想，今晚我们要喝香槟，一阵酥痒涌向她全身。

第 5 章　凯瑟琳花束

酒杯相碰，发出轻轻的叮当声。

“干杯！”德米特里深情注视着嘉柏丽尔的眼睛，时间仿佛一下子停顿了。阳台上的乐手停止演奏，怡东大酒店酒吧的客人成群地在发呆，连空气也凝滞了，棕榈树叶停止在微风中颤动，知了停下了聒噪，海浪绕着酒店防波堤的柱子无声荡漾。整个世界只有德米特里温柔的声音，和他直达灵魂的目光。

“干杯！”嘉柏丽尔用英语回应。很奇怪，她能确定，这只是偶然，并非有意，她了解男孩的表达。

魔力消失，正常的声音背景又出现了。乐队在演奏到处都能听到的歌曲《呢喃》，歌手用口哨吹着副歌，舞池里有几对情人在跳舞，侍者在桌子间忙碌。酒吧和餐厅是露天的，有东方风情的围墙，郁郁葱葱的花园，门口通往沙滩。苍穹下群星闪耀，蟋蟀在灌木丛中求偶。

“‘干杯’俄语怎么说？”嘉柏丽尔问道，她喝了一小口，又放下香槟杯。

“在皇宫我们都说法语，所以我们都用您的语言干杯。”德米特里出神地用手指转动着杯柄，他沉默了一会儿，沉浸在回忆中，然后微微一笑，“法语绝对有优点，因为‘santé’（法语‘干杯’）短得多，可以更快开始享受。俄语祝酒词往往很长，要致敬生活的乐趣，以及这些那些，当然还有生命和健康，以及所有我知道的一切，这需要时间。但是我们也会说，没有祝酒词的喝酒是有失身份的滥饮。”

“我喜欢这样的故事。”她回应他的微笑。

“其实是悲伤的故事，因为是关于过去的，而不是未来的。”

“您现在想用俄语说什么祝酒词？”她期待地又举起酒杯。

“Sa ljubow!”

“什么意思？”

在说出来之前，他的眼睛已经透露了一切：“为了爱。”

嘉柏丽尔犹豫，音乐突然在她耳边回响，她周围的一切都更吵也更清晰了，甚至德米特里的目光也是。他的目光像在放大镜下，仿佛是让她明明白白地接受这一刻，理智告诉她必须得下决心，但她的内心向身体投降了。这次她没有跟德米特里碰杯，而是只让眼睛说话，她抿了一口香槟，她的眼睛在他的目光里沉醉。

没过多久，她投入他的臂弯，他们随着乐队演奏的爵士版那不勒斯歌曲《我的太阳》起舞。德米特里是个非常出色的舞者，热烈又优雅。他用隐含的力量带着她，满怀希望地唤起了她的渴望，她的手指感受到了他肩膀上肌肉的运动，闻着他的香味，他的温暖传给了她。她默许他把自己拉近，他们的臀部能互相碰到，他们的大腿步调一致。他们仿佛成了一个人，他们慢慢旋转，找到自己的节奏，不再跟随活泼的旋律。这舞，就像是个承诺。

他们手牵手返回桌子，嘉柏丽尔不经意地将目光转向摩尔墙的出口，她还很恍惚，为欲望和音乐而颤抖。所以她看了两遍，才认出谢尔盖·佳吉列夫，他跟几位先生一起，其中也有他的秘书鲍里斯·科赫诺，侍者正引他走向一张桌子。这群人正走着，可以很清楚地看出，谁带着芭蕾舞者的灵活，谁是商人，这商人可能就是今晚买单的人。也许佳吉列夫关注这些先生，只是出于得到慷慨捐赠的希望，这群人里没人朝他们看。

德米特里注意到了她的目光："您认识谢尔盖·帕洛维奇·佳吉列夫？您想跟他打招呼吗？"

"是的，不，我是说，不必。"虽然不太合适，但她的目光无法离开这舞团掌门人。佳吉列夫抽出插巾，在空中轻轻一扇，她不禁脱口问道："我希望知道，他的大公夫人用的什么香水。"

"哪位大公夫人？"

嘉柏丽尔刚坐下，她抬头看德米特里，为自己的愚蠢而惊奇。为什么会马上想到，向她新的爱慕者打听已经去世的玛丽亚·巴甫洛芙娜大公夫人用的什么香水？如果她正确理解了米西亚关于罗曼诺夫家族的考证，大公夫人应该是他的婶婶。俄罗斯的高层贵族成员好像都是大公或大公夫人，很容易搞混。而且很难说侄子是否知道他婶婶喜欢什么香水，但试一下还是值得的。

"玛丽亚·巴甫洛芙娜大公夫人，出嫁之前是梅克伦堡公主。"她解释道，向老天感谢米西亚关于罗曼诺夫家族的家谱知识。

德米特里不假思索地回答："我猜是'凯瑟琳花束'，我姐姐也用这个。"

她睁大眼睛："噢！"

她喜不自禁。

他等侍者给她倒满香槟后远去，然后问道："您为什么对这个感兴趣？"

在他怀抱中袭来的身体欲望，一下子成了商业逐利的热情，她从悲伤的情人变成了目的明确的女商人。即便德米特里点上一支烟，无声地递给她，情欲的魔力也不再出现。嘉柏丽尔吸了一口，解释道："我碰到佳吉列夫先生时，闻到一种特别的香味。大公夫人送给他的手帕，散发一种香水味，跟我所知道的所有香水都不一样。不是那种一成不变的玫瑰香，只是为了掩盖自己的体味，而是美妙的混合香，很是不同寻常。这香味有一点像科蒂的'希普雷'，但要好很多很多，可惜当时没有机会向佳吉列夫先生打听香水的名字。"

德米特里自己点上一支烟，嘴里吐出小烟圈："我肯定这是'凯瑟琳花束'，是专为纪念凯瑟琳大帝设计的。但因为她出身德国，世界大战爆发后，香水更名为宫廷供应商的名字'拉勒特 1 号'，只有彼得格勒和莫斯科最尊贵的女士才能使用。"

"祝贺女士们的好品味。"

"欧洲没有一个宫廷像彼得格勒那样，香水是重要话题，我们热衷于香水。"他又短暂地陷入了回忆，出神又严肃地看着舞池，然后又看着嘉柏丽尔的眼睛，微笑洋溢在他的脸上，"您还没有回答我的问题，您为什么会对这款香水感兴趣？您自己并不用香水，是吗？"

"对，我一般用肥皂。"

"因为您在等待一款独一无二的香水？"德米特里伤感地摇摇头，"我很想送您一瓶'凯瑟琳花束'，但恐怕不会再有了。这香水就像古老的俄罗斯，只是记忆中短暂的一瞬，已经永远消失了。"

"化学分子式就够了。"她脱口而出。

他吃惊地扬了扬眉毛，但他沉默，很显然他在等待进一步的解释。

嘉柏丽尔为自己的不假思索而懊恼，为了取得这个男人的信任，将计划透露给他，合适吗？这不是私事，而是生意。她因为兴奋而心跳加快，为了回避这个问题，她许诺："我们下次见面时告诉您是怎么回事，这一个晚上已经说太多了。”

她把烟蒂摁在烟灰缸里，他温柔地握住她的手，“您让我感觉很幸福，香奈儿小姐。”

她希望先前的魔力没有消失，但她心跳加快并不是因为这个迷人的男人，而是因为一款香水。现在，她至少知道这款香水的名字了，她亲切地对他微笑，目光清正：“我们去玩一下？”

她扪心自问，如果他故意误解会怎样，但德米特里·巴甫洛维奇·罗曼诺夫不是暧昧的轻浮之徒。

* * *

嘉柏丽尔输了，赢了，然后输得更多。尽管她最后在轮盘赌中输了赌注的两倍，她还是比德米特里花钱更谨慎；大公很轻率地挥霍他的筹码，仿佛圣彼得堡还有皇宫。她跟德米特里一起紧张地盯着轮盘上的小球，期待着，在小球停在正确的号码时欢呼，在相反的情况时无比失望。这样的享受，每一个里拉都是值得的。跟他一起欢笑，可以挥霍，也可以慷慨，真的非常美妙。这一切都令人心醉神迷，嘉柏丽尔愉悦自己，忘掉忧伤。

她终于要回去了，他送她回酒店。这个夜晚已经远远超出了逃避悲伤的插曲的范围。他们之间有了牵绊，相互挽着对方的手臂，毫不刻意，而是下意识的很自然的行为，他们的步调也一致。嘉柏丽尔已经发现，身体在同频中融化，是多么容易的事。

“我想跟您一起炸毁蒙特卡罗的赌场。”他声音很轻，却在安静的夜晚大声回响。这个时候，除了他们，几乎没人在海滨路上行走，轻轻的海浪声和汽车的马达声，是夜晚唯一的声音。

一个梦，她想，这只是一个梦，也许什么时候她就会醒来，回到原来的生活。“蒙特卡罗是个好主意。”她含糊地回应。

“那我们马上出发。”

“我明天跟赛特夫妇去罗马。只是临时绕去看一下，我们几天后就回来。也许之后有机会去蒙特卡罗。”

他们到了德班酒店门口，面对面默默地站着，充满期待。嘉柏丽尔估计他在考虑一个问题，而问题的答案能让他进入她的房间，完全不需要多说什么。这样一个晚上，就应该是一个共眠之夜。他们是成年人，明白自己在干什么，他们不会有损失，而是能给予对方很多。

他温柔地把她拉近自己，亲吻她两边的脸颊，充满信任的亲密动作，不是情人激情的温存，但并非没有撩拨。这是一个男人充满尊重的动作，他可以等。

“很遗憾我们没什么时间去蒙特卡罗，我接到了去丹麦的邀请，我无法拒绝驻哥本哈根的英国大使。他不仅是我的朋友，我在逃离俄国时，他救了我的命，所以您回来时，我已经不在威尼斯了……”他停顿了一下，好像在考虑什么，但他还是坚定地说，“我们会再见的，我保证。”

他没有等她回复，转身，迈着轻快的脚步离开了。显然，这个可能成为俄国沙皇的男人认为，女人会毫不犹豫地相信他的诺言。

她真的也是这么做的。

她微笑着目送他，他是爱情游戏大师，她脑海中闪过这样的念头。一个温文尔雅的男人，礼貌、含蓄地等待，而不是像很多其他男人一样，拼命而愚钝地索求，把这看作是他们的权利。德米特里知道得很清楚，他用这样的方式更能达到目的。她从他闪光的眼睛看到，那里闪烁着一种吸引她和撩拨她的光芒。她的渴望命令她去召唤他，甚至德米特里也许在等待她迈出第一步。但她没有这么做，而是满怀憧憬地走进了酒店大堂。

嘉柏丽尔也明白游戏的玩法。

第 6 章　芭蕾舞团掌门人的手帕

意大利改变了嘉柏丽尔。这一次调情后虽然生活又平静下来，但她回到巴黎后，感到了从未有过的放松，也有了新的生活乐趣。

她仿佛从一个黑暗的梦中醒来。被一个像德米特里·巴甫洛维奇·罗曼诺夫这样身份的男人充满尊重地追求，鼓舞了她。当然，男孩比流亡中的德米特里有钱得多，但他不是高层贵族，只是出身富裕市民阶层，他的地位是自己挣来的。后者在战前的法国也是很威风的，就如现在从圣彼得堡和莫斯科流亡到西欧的大公们那般辉煌。另外，嘉柏丽尔不只是跟这一个俄罗斯人意气相投，她发现了忧郁的俄罗斯文化真正的吸引力。她不是非常有把握，德米特里是否会遵守诺言，她是否会再见到他。但她从他们这次相遇中获得了更多的东西，不只是重新发现了身体的欲望。这就像做一个美梦，梦醒后她更加强大了。

荷西·赛特也用他的方式帮助她变得更加强大，通过他，她几乎了解了关于意大利文艺复兴绘画和巴洛克雕塑的一切。米西亚的丈夫不愧是术业有专攻，这个行家周到地带领他的女学生走进艺术史，为她打开了一个新世界，就如多年前文学为她打开的新世界。

年轻时她如饥似渴地阅读所有能接触到的小说，不管是垃圾作品、消遣作品还是高雅文学，她深信，每一篇文字中都有能带她前行的东西。男孩为她带来了经典文学，令她变得非常博学。现在她又开始学习造型艺术。荷西向她展示了专业领域的魔力和魅力，研究这个新领域给她带来巨大的乐趣。她不是想自己买画或雕塑放在家里，她发现，她能欣赏到的博物馆里的艺术品，保存得最好。

她的欲望换了一个方向，开始憧憬为一部戏剧或芭蕾舞剧做设计，就像当时保罗・波烈为首演的《春之祭》。她不知道怎么做舞台设计，但她深信自己可以设计服装。为了达到这个目的，她不只需要被谢尔盖・佳吉列夫这样的男人关注，而且可能要被他爱慕，就像米西亚和赛特。和一位著名艺术创作者一起工作，来填补因男孩去世而留下的感情世界的空缺，难道不是幸运的机缘？当然她通过赛特夫妇认识了一些著名的画家，但巴勃罗・毕加索这样的男人总是离群索居，他们虽然有朋友，也许是个艺术品商人，但他们喜欢独立创作，而芭蕾舞团却要依赖旁人的协助和支持。

她苦苦思索时突然意识到，这次意大利之行，赛特夫妇送给了她一份大礼。嘉柏丽尔开始从自己身上认识自我，而不再从男人身上，即使是她爱到胜过自己生命的男人。

回来后她的生活被工作占据，但在她脑海中盘旋的是她未来在波希米亚扮演的角色。对她来说，艺术就像是漂亮的玩具，剧院像玩偶屋，演员就是那些角色。她小时候没有玩具娃娃，当时太穷，这个缺憾她想用真人来弥补。米西亚和荷西・赛特从威尼斯出发，往巴尔干方向去了，应该不会很快回来，这对她来说是个好机会。她可以独自循着朋友的足迹走，而且这里还有另外的使命。

一个下午的晚些时候，她站在镜子前，扶正漆黑的草帽，暗暗地给未来的艺术赞助人打气。她没有像往常一样晚上 7 点才离开工作室，而是提前两个小时去散步。下午茶时间不正是未经预约去拜访的最佳时间吗？这样的想法正是英国人的社交关系留下的，她脑海中一闪念，开心地笑笑。

嘉柏丽尔诧异，现在她可以没有痛苦地想到男孩，这让她感觉很好。充满伤感，但不再那么绝望，如果她告诉他刚刚想到了什么，他会跟她一起欢笑。人可以带着幽默悲伤吗？不管怎样，当人们向前看的时候，对逝者的思念就变得可以忍受。纵使她活得像个活死人，也不能让他起死回生，这是她在过去几周里领悟到的。

她兴致勃勃地穿过圣奥诺雷路前往皇家大道，这是温暖的 9 月天，几乎还是夏天的感觉，特别适合闲逛。她穿过这个城市最古老最美丽的大街，但嘉柏丽尔并不是漫无目的地溜达，她目的明确，往协和广场方向走。她在威尼斯听到，谢尔盖·佳吉列夫从潟湖城离开后下榻于巴黎的克里雍大酒店。

克里雍是个奢华酒店，虽然不像丽兹酒店那么豪华。嘉柏丽尔晚上不回加尔舍新别墅的时候就在丽兹过夜。但克里雍无疑是最美的城堡之一，还进行了现代化装修。这原是私人宅邸，世界大战前不久才改造完成。嘉柏丽尔有点奇怪佳吉列夫如何付得起这个房间的费用，但在廉价酒吧跟一个可疑的女服务员讨价还价，当然不如在豪华酒店的前台登记更舒服。

电梯带她上了三楼，沿着象牙色调的墙面，走向芭蕾大师住的一排房间，鲍里斯·科赫诺已经打开门，礼数周到地鞠躬：“佳吉列夫先生在等您。”

芭蕾舞团掌门人站在客厅窗前，光线照过来，让他看起来像一幅活的耶稣复活油画。芭蕾的救世主，她脑海中突然闪过这个念头。

“香奈儿小姐，很抱歉我不记得您的名字了，我们以前见过面吗？

也许是在威尼斯？我当然永远非常欢迎米西亚·赛特的朋友。”

她朝他友好地微笑，但只说：“您好，佳吉列夫先生。”

他显然还在绞尽脑汁地想在哪儿见过嘉柏丽尔，但又投降似的使劲摇摇头，全部头发像被电击似的四处散开，他一只手试图压住头发，另一只手指着座位：“我实在想不起来，我们怎么认识的，但我们会搞清楚的，对吧？请坐！我能为您做点什么呢？”

“我想为您做点什么。”嘉柏丽尔一边坐下，一边回应道。

抬起眉毛是他唯一的回答。

她表示他不需要为她做什么，这可能反而是困惑的信号，而非无礼。她决定直奔主题，她从手袋中取出皮质支票夹。

“我希望您能上演《春之祭》。”她用坚定的语调说，把支票放到面前的矮桌上，最上面的部分已经填好了，并签了名。她没再说什么，把它推给佳吉列夫，“这个数额应该够您重新上演这部剧。”这是六位数的金额。

他的眉毛又抬高了一点，他疑惑地拿起单片眼镜，数额还是没变，“小姐！”他的惊呼声中带着一个男人感觉被当成傻子的恼火，还有惊喜，以及疑惑的喜悦。

“您觉得不够？”她也很惊讶。

“三十万法郎！”在她改变主意前，他连忙拿起支票，“我恳求您，香奈儿小姐，这非常慷慨。”他用空着的手取出插巾，摁了摁鼻子，仿佛那里面的香味是让人长生不老的仙丹，又是镇静剂。嘉柏丽尔发现他在发抖，他说：“鲍里斯，你拿着，好好保管。”

她现在才注意到，年轻的秘书一直在后面，他微微鞠躬，履行他先生的愿望。

“我很感动，”他承认，“作为回报，您会看到‘俄罗斯芭蕾行动’

以来最好的演出，这一点您可以确定。”

“我相信，但我想求您点别的事。”她微笑着说，稍稍停顿了一会儿，折磨他一下。当他的脸从粉红色转为深红色时，她匆忙补充道：“这跟您的插巾有关，我猜您不想永远与大公夫人的礼物分离，我想借用一下。”

她考虑了很久，怎么跟玛丽亚·巴甫洛芙娜大公夫人的香水联系起来。德米特里没给她搞到一瓶“凯瑟琳花束”，她得用另外的方式找出分子式。利用还有香水的手帕，这似乎合乎逻辑，她希望弗朗索瓦的实验室有能干的化学家，能辨识出每一种香精。她不确定她的计划能否实现，但她得试试。即使不能确认所有的成分，也可以有足够的基础来进行实验。希望这一非同寻常的香味的出现，可以把她的想象变成分子式。这是目前所有尝试中最接近她目标的。

佳吉列夫的眼睛里充满困惑和怀疑，他紧紧抓住手帕，好像担心他的客人随时会将它夺走。

“您的手帕不会有事的，当然我会尽快还给您的，完好无损。”嘉柏丽尔保证。

“您用它做什么？”他的声音嘶哑。

相对于她慷慨的资助，嘉柏丽尔觉得他的问题简直放肆。同时他的行为也证明了他对已逝资助人的深厚情谊，有着这样一种忠诚情感的男人完全符合她的品位。

于是她向他讲述了自己作为服装设计师的成就：“多年前我为我朋友艾提安·巴勒松的女性客人设计帽子。那时候女人都戴中规中矩的阔边帽，我那些简洁的时尚在巴黎社交圈着实引起了很大的关注。然后我制作了更多的帽子，最后在艾提安的支持下终于在康朋街开了第一家帽子店。接着我开始做衣服，先是水手衫和裙裤。我一直喜欢极简风格，中世纪明快的造型给了我灵感，我的时装很受欢迎。世界大战爆发前一年，我先在多维尔，然后在比亚里茨都开了时装店。”

她接着说：“现在我的工作室在康朋街，社交圈的女士们是我的顾客。我想给我忠诚的最佳顾客送个礼物，但我的香水要非常特别，就像大公夫人的香水一样特别。为了找出分子式，我需要您的手帕……”她稍停顿了一会儿，然后继续说道：“还需要您保密，我请求您为我们所有的谈话内容保密。我的捐助也只限于我们自己知道，我也不希望我们共同的朋友米西亚知道这件事。”

佳吉列夫点头，把手帕递给她：“我明白，大公夫人的香水是‘拉勒特1号’，也就是‘凯瑟琳花束’……”

“我知道。”她插嘴道。

她要生产一款新版的女沙皇香水，德米特里·罗曼诺夫会说什么呢？不是复制品，这不是她的风格，一款时兴的改良版完全符合她的想象，就像《春之祭》重演并非战前版的重复。当他知道，她赞助了俄罗斯古老民间艺术的回忆时，他会说什么呢？她的过去与他的未来将联系在一起。

她震惊于脑海中闪过的念头：我对德米特里想太多了，我得放下。她生命中有比一个新的男人更为重要的东西。

她把手帕和她的支票簿一起放进了手袋。

第 7 章　再访科蒂的香水帝国

几天后嘉柏丽尔的车驶过布洛涅森林公园时，最初的怀疑向她袭来。她凝视着这满目秋色，层林尽染，自问，是不是过于狂热了？拿到实验室后，这手帕可能毫无价值，为一块手帕付出这么一大笔钱，很疯狂。当然她给佳吉列夫支票也有别的理由，但香水这件事已然在着魔的边缘。

男孩可能会乐不可支，但难道不会责骂她过于轻率？“香奈儿水”是他们共同的主意，但不是唯一的。在很多个安静的夜晚，在壁炉前她依偎在他怀里，静静地听炉火的噼啪声，聊她的计划。他或赞成，或用很好的理由打消她的想法，他们只聊她未来的工作，私人的事几乎从来没有讨论过，也没什么可讨论的。嘉柏丽尔确定她余生将与男孩一起度过，而且她相信他也是如此。她第一次走进康朋街 31 号楼大门时，不只是打开了香奈儿时装世界永恒的店铺，当时牵引她走进来的那只手，也将永远是她的。为什么她那么专注于香水，而非其他也可实现的想法？比如设计一款优雅、简洁的裙子，女士们在白天任何时段都能穿的……

眼泪悄悄地流下来，嘉柏丽尔试着用手帕去擦脸，但稍一犹豫后只用指尖擦了一下脸，她注意不要弄花了妆。她每天早晨用白金色的粉扑拍在淡棕色皮肤上的高级香粉，是精明的商人弗朗索瓦·科蒂的产品，她手袋里的精简版也是。在化妆品产业是绕不开这个“拿破仑”的，现在嘉柏丽尔可以像一个老熟人一样走进“源泉”别墅。过去半年，她如此频繁地来这里，以至于弗朗索瓦·科蒂的员工几乎把她当作其中一员了。就像今天，她不用费劲就被带到了管理部门最神圣的地方，老板已经为她准备好了新做的摩卡咖啡。

“阿拉比卡咖啡豆是开启新的一天最合适的东西。”他欢快地宣布，把她的手引到嘴唇下，“它们能打开鼻子和灵魂，我很高兴与您共进早餐，您要牛角面包吗？”

她摇摇头谢绝。

“是什么让您对新鲜的牛角面包没胃口了呢？您第一时间跟我约谈，听起来很兴奋啊，亲爱的。因为您不想告诉我是什么事，所以我也很兴奋，现在可以告诉我了吗，您因何而来？”

“当然，”她微笑道，并不打开手袋，而是用指关节敲了敲锁扣，“弗朗索瓦，您可以从一块喷了香水的手帕中分析出成分吗？”

“不能，”他毫不犹豫地说，“这不行。”

她猛吸一口气，“我这有块手帕，上面的香水应该是我香水的基础，我必须找出这手帕的原主人所用香水的成分。”

“不可能从一块面料上分析出各种化学成分。”科蒂疑惑地看着她，手中的摩卡杯仿佛悬浮在空中，“为什么不向这位女士请求试用一下她的香水？”

“她已经死了。”

“很抱歉。”

嘉柏丽尔做了个抛开的手势，这不只是指大公夫人的辞世，更多是指她着急的行动。她没有时间管细枝末节的事，甚至没有兴趣马上放弃：“这应该是与拉勒特的‘凯瑟琳花束’有关……”

“这是沙皇家族的香水。”科蒂打断她，终于把杯子放下，可以看出，他感到多么不自在。“对这个话题有点了解的人，就能回忆起这款香水及其历史，这是世界大战前拉勒特在莫斯科研制出来的。有传言说是参照了胡比甘的‘一些花儿’香水，或者是反过来。这相似性也可能只是巧合，两款香水在同一年出现。我们永远无法知道真相。”

“那您知道香水的成分？”嘉柏丽尔满怀希望。

“是很多成分非同寻常的混合，更多的我就不知道了，没人知道。也许分子式随着俄罗斯帝国一起毁灭了，如果没有，那它属于布尔什维克。我听说拉勒特在莫斯科的老工厂，现在叫‘肥皂和香水厂5号’，据说苏联人在那儿生产一种叫‘自由’的香水，不可思议，是吗？”他并不等待她的回答，而是继续问道，“您为什么偏偏对这款老香水的组成感兴趣呢？”

“我想用它唤醒新的生命。”

科蒂突然愣住了：“这种情况下最简单的是，您想办法搞到一瓶拉勒特的香水。对我的工作来说，有香水比有手帕更好一些。”

“我只有这块手帕。”她简单回应。

“嗯，也很可能根本没有存货了。”他突然爆发出响亮的笑声，然后平静下来，“可可·香奈儿小姐，恕我直言，您的无理要求像是个玩笑，但我喜欢您的幽默。”

“我从来没这么严肃过。”她打开手袋，取出手帕，独特的香味立刻散发出来。

“您是想用便宜货打败布尔什维克，”科蒂狡黠地笑笑，“我不相信我们可以通过手帕来完成。但我们应该试试，我的感情战胜了理智。”

他还是一直笑着，答应她，会尽快联系她。

第8章　可可应当受人尊重

“你在那儿干吗?”荷西·赛特询问。他吃惊地看着夫人把卡片塞进信封，他匆匆瞥一眼那厚厚的手工纸就够了，无须看那瘦长的字体就知道是什么事。他站在米西亚身后，她坐在书桌旁，令他大为吃惊的是，她仿佛在实施一项神圣的行动。

她躬身在一堆私人信件前。这是他们几个月不在家期间收到的，大部分信被一摞摞地摆放，只有这一封需特别处理。

她并没有从这似乎很重要的行动中抬起头来，解释道:“我把博蒙伯爵化装舞会的邀请退回发件人。”

“我看到了，只是不明白你为什么这么做。”

“我拒绝去参加这个庆典。”

“这可是本季最大的社交活动!”

米西亚转过头，朝他神秘地笑笑:“可能是的，但我们会让它成为本季最大的丑闻。”

“啊哈!”荷西在想有什么可以反对艾提安·博蒙的。这位伯爵是现代艺术最大的资助人，他收藏巴勃罗·毕加索、胡安·格里斯、乔治·布拉克的立体主义绘画，给画家们在经费上提供了一定的保障；另外，由博蒙牵线，赛特夫妇与诗人让·科克多结下了深厚友谊。荷西想不出博蒙和他夫人埃迪特有什么不合适的行为，能成为米西亚这样说的理由。相反，17区的伯爵宫是巴黎文化中心之一，米西亚一直很开心能成为那里的核心。

“我们为什么要这么做？我的意思是，是什么促使我们要制造丑闻？”

“艾提安和埃迪特拒绝把可可·香奈儿列进宾客名单。”她的声音因气愤而发颤，米西亚几乎下意识地抬起手，挽住荷西搭在她肩上的手指，她可能在寻求他的支撑，也希望得到他的支持，“真是闻所未闻，我要想办法让我们的朋友们也不要去，巴黎艺术圈的人将关在家里，或者在别的地方庆祝更好。毕加索和科克多已经知道了，也完全同意我的观点。”

“哦，这是个阴谋。”

“不，是公开宣战。”

“你不觉得邀请谁参加舞会是博蒙夫妇自己的事吗？当然很遗憾他们要撇开可可，但是，我的天哪！这不是开战的理由。”

“我就觉得是。”她松开他，手指敲着信封，“埃迪特·博蒙让可可设计服装，但私下却不愿与设计师来往，艾提安也是如此。装模作样的假绅士！我很气愤！”

荷西爱米西亚，也爱可可，因为她是个出色的女人，可可也为米西亚所爱。他尊重米西亚为朋友两肋插刀，但他不能理解这种戏剧性的行为。“坦白地讲，可可也许根本不会去这个欢庆活动，虽然她进步了很多。但我怀疑，她是否做好了参加这种舞会的准备。”

“她当然会陪我们去的，你明明知道。”

“是的，也许。”他敷衍道，“如果你这么认为，那我们就不去博蒙的化装舞会。但依我看，你为什么不直接拒绝，而要把邀请函退回去呢？”

“因为我要明确告诉两位高贵的主人，他们是多么蹩脚。”她终于转向他，美丽的蓝眼睛闪烁着，“他们忽视可可没有别的理由，就是因为优越感。伯爵先生和伯爵夫人看不上可可是私生女，看不上她出身低微，还指责她与男人的关系。他们认为她不够高贵，不能进入他们的圈子。我认识的女人中没人像可可那么优秀，我不想与这样的假仁假义扯上关系，应该把他们钉在耻辱柱上。”

她毋庸置疑的忠诚打动了他，他弯下腰温柔地亲吻她的唇：“这是个社会问题，不只是博蒙的问题。可可的出身和生活作风，连亚瑟·卡柏都无法置之不理，这你知道的。米西亚，这是无法快速解决的历史问题，我担心，她还会给我们带来很多令人头疼的事。”

“可可就像是我的姐妹。我不能容忍，她这么出色却不被人尊重，所以我们要引起轰动。我要让埃迪特收不到一滴可可为她顾客生产的香水。”

“就这么做。”荷西嘟哝着，一边温柔地抚摸她的脸颊。

“再说了，弗朗索瓦·科蒂也是私生子，”米西亚忽略他的温柔，坚持道，“但全世界敬他如皇帝。”

荷西叹息，他希望结束这个不讨喜的话题：“科蒂是个有钱有势的男人。”

“可可告诉我，她今年可能要为高达千万法郎的收入纳税。她也是个有钱有势的女人。”

希望她很快成为受人尊敬的女人，荷西脑海中闪过这样的念头。他再次弯腰靠近米西亚的脸，用长长的亲吻封住她的嘴。

第9章　宴会上结识的天才作曲家

令人诧异的是等了很久才得到弗朗索瓦·科蒂的反馈。“没有结果，香奈儿小姐。”几周后他打来电话，严肃的声音从听筒直冲进她的耳膜，“我们做了各种尝试，也只能分辨出一些花香，但缺少关键成分，我们无法识别。据我看可能有合成分子，但实验室不可能只靠手帕就准确地分析出人工合成物。”

“‘合成分了’是什么？”嘉柏丽尔问道。

“这有点复杂，因为这是通过化学反应制造出来的人工原料。”科蒂叹息道，她能想象出他在电话线另一端摇头的画面，“也许是我搞错了，也可能不是。用合成原料生产香水，很反常，这实在太昂贵了。但可能对沙皇家族来说，没有什么是过于昂贵的。另外，依我看，进行成分组合时，还不可能分离出分子。单是用手帕我们肯定是无法有更多进展，我们经过几次试验，就连相似的香水组合，也还差得很远。”

嘉柏丽尔不想让科蒂觉察到，他的电话是多么令她沮丧，虽然她很想大声喊出她的失望。她平静地说：“谢谢您做了这么多努力，我明天让司机把手帕取回来。”

“您随时可以再使用我的实验室。”香水之王在结束谈话前向她承诺。

她恼怒地想，至少佳吉列夫很高兴可以拿回他宝贵的财产了。他已经多次向嘉柏丽尔问起，一直很谨慎，也不失礼貌。她感觉很愧疚，因为在他首演筹备的重要阶段，她利用了他的护身符。佳吉列夫多次让鲍里斯·科赫诺送来请柬，请她去看芭蕾舞排练。他年轻的秘书一次次造访她的工作室，转达委托人的邀请和他本人的消息，但她每次都回绝了。

她跪在地上，嘴里咬着别针，手腕边有一个用手镯固定的针垫，在模特身上给整幅面料打褶。她假装沉浸在工作中，其实在专注地倾听科赫诺又来转交的邀请，并顺便打听借出之物。她固定好别针，敷衍着他。但她越来越不安，每次这个年轻人来访，她都觉得自己有点卑鄙。她从德米特里那儿知道，俄罗斯人很迷信，所以她回避佳吉列夫，寻找托词，让他的秘书带着客气的谢绝回克里雍大酒店复命。她作为赞助人的角色进展得不顺，“香奈儿水”的生产也同样不顺。

现在，佳吉列夫的这个纪念品对嘉柏丽尔来说毫无价值了。她结束与科蒂的对话，眼神不由自主地看向壁挂电话机下的边桌。黑色皮子扎起的日历打开在下周日程那一页，上面散放着几张手写的纸条。后面几周的页面间，带有克里雍大酒店徽标的便条一角探出头来。

她用指尖把这些纸条挪来挪去，直到她意识到自己在找什么。虽然她已经回绝了，但还是记下了晚宴的地点、日期和具体时间，这是佳吉列夫为了让朋友们了解《春之祭》排练的进展而安排的。她不知道为什么要记下这个她不想接受的邀约。从科蒂那里得到坏消息后，这个晚宴倒是个很好的机会，将所借之物完璧归赵。

她果断走向书桌坐下，从抽屉里取出一张信纸。她给佳吉列夫写的信很短，只是告诉他，她改变主意了，很愿意接受他的邀请。她没有提及手帕，她想把这当作一个惊喜带给他。

* * *

在盖亚酒吧，谢尔盖·佳吉列夫聚集了他的艺术家朋友和一些挑选好的员工。虽然这家餐馆就在她工作室旁边的街角，很方便，但她还是晚到了。其他客人分成小群站在巨型吊灯下喝开胃酒，进行热烈的讨论，镜面墙壁反射出多重身影。

荷西·赛特正在与巴勃罗·毕加索深谈。他一下子就发现了她，看了她一眼，向她示意，又转回他的谈话对象；后者也向她点点头，然后继续讨论。毕加索讲话不只用嘴，还伴随着激烈的手势。嘉柏丽尔被这个男人散发的光芒吸引，他有思想，虽然他其实并不算特别有魅力，也没多优雅。她通过朋友认识了荷西的这位老乡，而介绍他们认识的朋友，也绝对不是一般的朋友，是奥尔加·斯蒂潘诺纳·科赫洛娃，与毕加索结婚前是佳吉列夫舞蹈团的女演员。她不仅仅在社交场合穿嘉柏丽尔的服装，成为橱窗模特的活人版；作为三年前新鲜出炉的毕加索夫人，毕加索画中她穿的泳装，也出自香奈儿公司。这幅画叫《游泳的女人》，是油画中爱的证明。现在奥尔加·毕加索与米西亚站在窗前，手中端着玻璃杯，只小口抿一点。嘉柏丽尔知道这位前芭蕾舞剧女主演怀孕了，但直筒裙掩盖了她刚隆起的腹部。奥尔加和米西亚都被仰慕者围绕着。

嘉柏丽尔从侍者送过来的托盘上自取了一杯，站在门和钢琴之间观察。盖亚酒吧的音乐很有名，作曲家达律斯·米约和他“六人组”

的朋友经常在这儿演出。但今天的声音背景并非和弦，杂乱的声音占了上风。佳吉列夫邀请了20多位客人，大多是男人，让人惊奇的是所有人都穿得很正式。其中有很多舞蹈演员，从他们行动的灵活矫健就可以看出来。嘉柏丽尔抿了口香槟，注视着气氛如何奇怪地升腾，仿佛在优雅的布景后有一场戏等待被唤醒。

她这个沉默观众的角色被佳吉列夫打断，他注意到了她，张开双臂急急向她走来："香奈儿小姐，真高兴见到您。"

没人能避开这大声欢迎，何况还有佳吉列夫在空气中给嘉柏丽尔左右两颊的吻。

"我很高兴能来这里。"她亲切地回应，然后把带来的东西递给他，"我今天来首先是要还您东西。"

佳吉列夫用戏剧化的姿势将手帕摁到嘴和鼻子上，显然是感动到说不出感谢的话来。

这场面让嘉柏丽尔有点尴尬，她周围似乎一下子安静下来，只有毕加索那西班牙式的诉苦还在继续。

"我答应您，会让您的财产完璧归赵的。"

"可可！"米西亚摆脱熟人，向嘉柏丽尔奔过来。

"你来这干吗？"她拥抱她这个朋友，对着她耳语，"我不知道你认识大师。"虽然米西亚压低了声音，但不难听出感觉被冒犯的弦外之音。

"你在威尼斯给我介绍的呀。"嘉柏丽尔勉强笑着提醒她。

"是，但……"米西亚说了两个音节，但又停下了，她的眼睛随着嘉柏丽尔瞟向佳吉列夫。

他从上衣插袋中抽出原来的插巾，漫不经心地扔到地上，用已逝大公夫人的纪念品替换了。"米西亚，您这美妙的朋友一定得认识一下斯特拉文斯基。”他尖着嗓子兴奋地说道，在说最后几个字的时候，他就已经走向窗前的一群人，十几双眼睛注视着他和他身后的两位女士。

“你来这儿干吗？”米西亚又问身边的嘉柏丽尔。

米西亚耳语的声音中很明显地带着不满，她要捍卫自己在这个社交圈的地位，很明显她生气了。嘉柏丽尔第一次觉得她朋友可能嫉妒了。米西亚·赛特是俄罗斯芭蕾舞团的大赞助人，她还想继续保持。她一直在猜测谁是促成重演的幕后赞助人，她当然没想到会是嘉柏丽尔·香奈儿。

“佳吉列夫先生非常友好地给我送来请柬，然后我就接受啦。”嘉柏丽尔回答道。

“但你都没告诉我！”米西亚抗议。

“我忘了。”嘉柏丽尔咕哝道。

“但我们……我们之间一向什么都说啊。”

嘉柏丽尔几乎没有听她朋友在说什么，她被一个男人聪明的眼睛紧紧吸引。这双金边眼镜后的眼睛注视着她，仿佛他这会儿被雷击中了。他站在奥尔加·毕加索身边，40 岁左右，中等个儿，比较瘦削，高高的脑门后头发稀疏，浑厚严肃的嘴唇上留着八字胡。他的西装原来应该质量上乘，但如今显得有些旧了。他皮肤苍白，这是对一个人的视觉印象，表明他在经济上和生活状况上都不太好。他习惯的是另一种生活。

“这是作曲家伊戈尔·斯特拉文斯基，这是可可·香奈儿小姐，时装设计师。”佳吉列夫介绍道。

她的眼睛里出现了通透的光。

“晚上好。”他躬身直至她手上，仿佛身处他没落祖国的一个舞会上。

伊戈尔·斯特拉文斯基带着一种压抑又吸引人的气质，嘉柏丽尔觉得，还有点霸道自负，虽然这跟他寒酸的西装完全不匹配。嘉柏丽尔无法忽视他的存在，在反感和好奇之间来回拉锯。即使认识了他的编舞莱奥尼德·马辛和艺术批评家、舞台设计师亚历山大·贝诺瓦，她仍然更关注斯特拉文斯基。围着米西亚和奥尔加·毕加索的那群舞蹈演员，她很快就忘了他们的名字。

“香奈儿小姐，我希望，晚宴的时候您坐我旁边。”斯特拉文斯基大声说道。

“我们不是应该让主人来安排座位吗？”

“不，我们为什么应该？”他转过头，镜片闪耀在灯光下，如阳光下的剑刃，“客人应该享受一个特别的夜晚。我们受邀而来，难道是为了让主人高兴？”

嘉柏丽尔无言以对，毕加索夫妇与赛特的讨论显然起了争执，因为毕加索恼火的声音突然盖住了轻声交谈的背景音：“马克思·雅各布说，好的风格不能因循守旧，我完全同意这个观点。”

她马上闪过这个念头，她也是这么想的。荷西·赛特喜欢艺术的华丽，而这完全有可能存在因循守旧的东西。

“西班牙式的激情，”斯特拉文斯基开心地评论道，“这是俄罗斯忧郁的反面，当然这并不是说，我们没有激情。”

嘉柏丽尔暗自笑笑，不是完全因为斯特拉文斯基，而是另外一个男人。噢，是的，德米特里·罗曼诺夫！他内敛如深井，在深处蕴藏着熊熊燃烧的热烈，不过这一特性在斯特拉文斯基身上更明显一些。他也是个艺术家，但在逃亡前，德米特里除了宫廷严格的仪式和军队生活，其他经历很少。与南部国家的开放相比，她更喜欢斯拉夫气质。男孩给人的第一感觉也是高傲的距离感，但他不动声色的英式外表下却是个内心熊熊燃烧的男人。想到情人，她的心跳好像停止了片刻，但她很快恢复常态，心跳又恢复了正常。

“你坐斯特拉文斯基旁边？”大家准备就座，米西亚惊讶地问。她盯着座位牌，虽然餐厅的气氛随意，但餐具前还是摆放着座位牌。她细细的眉毛抬起，低头对嘉柏丽尔耳语：“小心别被传染上啊，他夫人可能得了慢性肺病，我猜是肺结核。他的关系很是麻烦，这当然并不奇怪，但孩子很可怜，有四个。我想，他们还很小，肺结核是很容易传染的。”

嘉柏丽尔向她朋友送去胜利的微笑，沉默。米西亚在嫉妒中还是表达了她想要什么，米西亚总是占据男主人旁边的尊贵位置，她没什么可抱怨的。很可能她对每一个对嘉柏丽尔感兴趣的客人都抱有愤怒，即使是芭蕾舞团无足轻重的一员。她为嘉柏丽尔的到来恼火，因为她与此无关。这就是米西亚，嘉柏丽尔对此并不特别看重，这就是她们的友谊。人生永远有起起落落，但真正的嫉妒也不会导致最后的反目。一直会这样的，嘉柏丽尔确信。

侍者端上前菜，伊戈尔·斯特拉文斯基开始与她攀谈，令人惊讶的是他很健谈，他谈了总体的音乐史，以及各种风格的新音乐。这对她很有启发，也让她增长了知识。她迷恋地看着他的嘴唇，就像留恋于男孩的嘴唇，或者像倾听荷西·赛特讲解造型艺术时一样。

斯特拉文斯基的声音大而清晰，并与她保持眼神交流，保证她的注意力不被分散。年轻的侍者端上鱼的时候，笨拙得差点儿把汤汁滴到这位著名客人的衣服上，作曲家只好暂停他的讲述。嘉柏丽尔冒险问起他的家庭。

“我夫人叶卡捷琳娜常年卧病在床，”他沮丧地回答，然后以一个自豪的父亲掩饰不住的兴奋补充道，“但我的孩子非常出色，非常棒。两个男孩和两个女孩，性别穿插着，分别是13岁、12岁、10岁和6岁。”

“很遗憾您夫人不能陪您出席像今天这样的晚宴。”

他的眼睛徘徊在嘉柏丽尔简洁优雅的衣服上，黑色镶边的奶白色丝绸紧贴着她柔软的身体，与她深色的皮肤和黑色的头发相得益彰。

“她不够健壮，可能也没有适合这个场合的服装，另外得有人照顾孩子们。”斯特拉文斯基有些尴尬，转移目光，专注吃饭。

嘉柏丽尔偶然发现米西亚在观察她，她这位朋友荣坐餐桌的另一头，与所有的客人相谈甚欢。她肯定不能参与每场谈话，当然听不到斯特拉文斯基的话，但她好像就是对此特别感兴趣。嘉柏丽尔不露声色地摇摇头，示威似的转向餐桌的男伴，亲昵地把手放在他胳膊上。

“您夫人身体不好，真的很不幸。您在巴黎给您和家人找到舒适的房子了吗？”她问道，虽然她已经知道了结果。

作曲家犹豫了，其实这已经是答案了，但他还是很坦率地回应道：“很遗憾我支付不起房费，把我夫人和孩子安顿在一个合适的居所。我们必须接受目前状况下所能拥有的。普莱尔钢琴厂总经理古斯塔夫·里昂友好地支持了我们，但现状仍不理想，也无法改变。”

“这样的条件下您怎么工作呢？”

斯特拉文斯基耸耸肩：“还行吧，不管怎样。但请您不用为我担心。”

“我是您音乐的爱慕者。您的音乐那么扣人心弦，那么强势，不是我们在这恐怖战争后所渴望的轻松，但《春之祭》给我留下深深的烙印，无法忘怀，所以我很期待芭蕾舞剧的重演。”

她把手放在他胳膊上时，他放下刀叉，然后他右手触摸她的手指。“香奈儿小姐，您很了不起。”

她开心地抽出手来。他当然不明白，她跟他调情，是为了激怒她的好朋友。这是她和米西亚之间的游戏，跟斯特拉文斯基压根没什么关系。他是她的玩物，她感觉到米西亚愤怒的目光。她的好朋友为什么会嫉妒，因为她跟一个迷人但完全无关紧要的艺术家逗趣？因为斯特拉文斯基有太太？米西亚比她拥有的多得多，包括一个爱她并与她结婚的男人。多么不公平！

嘉柏丽尔的目光无法回避地与米西亚的眼神相遇，她无可奈何。对于在她眼皮底下开启的新关系，米西亚显然惊讶多于恼怒。

嘉柏丽尔叹息着又转向斯特拉文斯基，她得强迫自己去掉她语调里的尖刻，虽然只是米西亚认为尖刻而非作曲家。“您知道吗？我想邀请您和家人搬进我巴黎附近的乡间别墅，您可以在那里居住和工作。我肯定，迁居那里对您夫人和孩子都好。”

“这真是太慷慨了，您确定？”他惊讶地问道，也可能是没有完全理解她说的话。

“我当然确定。”她笑起来，做作而郁闷，这状况并不令人满意，因为米西亚，也因为男孩。他当时买这新房子，希望搬进去的是生机勃勃，而不是一个孤寂女人的悲伤。“我在加尔舍有一幢乡间别墅，那儿足够住一个大家庭。”

如果米西亚知道嘉柏丽尔成了伊戈尔·斯特拉文斯基的新资助人，她的躁狂症会发作。但她会理解，嘉柏丽尔在这悲惨的家庭故事中想起了她的母亲。关于他孩子的情况，以及提到他们时他眼睛里的光芒，打动了嘉柏丽尔。她想让这些小女孩和小男孩，以及这体弱多病的女人，摆脱命运的重压。如果她什么也不做，不救这些孩子于困苦，有一天他们成为半孤儿，甚至结局是进入孤儿院，她会有负罪感，她会永远无法原谅自己。

“我是认真的。”她强调她的决定。

“香奈儿小姐！”斯特拉文斯基兴高采烈地喊，显然他说不出别的话来。

“这是我感谢您美妙音乐的方式，”她回答，“也为您在餐桌上愉快的陪伴。斯特拉文斯基先生，您觉得鱼好吃吗？”她向他展示了最迷人的微笑。

成为艺术赞助人，斯特拉文斯基音乐的赞助人，同时也是他家庭的拯救者，这是美妙的、最满意的感觉。

无尽的、早已忘却的幸福暖流淌过嘉柏丽尔全身。

第 10 章　新的情人

“可可，我真的不知道为什么给你打电话，但可能是时候原谅你了。”

嘉柏丽尔盯着电话听筒，默默数到三。

几乎两周了，都没有米西亚的消息，这位朋友生气了。她感觉严重受辱，在盖亚酒吧聚会时就很明显了，告别时也极度冷淡。嘉柏丽尔预计米西亚会有一段时间不联系她，但是十天过去了，一点动静都没有，这从来没有过。特别奇怪的是，这么长时间，米西亚克制了她的好奇心。斯特拉文斯基已经搬进了“美好呼吸”别墅，她也肯定已经从佳吉列夫或她熟人圈的其他人那里知悉。很奇怪的是米西亚不想知道细节，嘉柏丽尔觉得讶异。她想念这个朋友，最终甚至害怕自己必须跨出第一步。米西亚继续在电话里说着话，嘉柏丽尔如释重负。

“我听说伊戈尔·斯特拉文斯基和他家人住在你家里，你真慷慨！你真的能整天忍受四个孩子的叫喊吗？”

嘉柏丽尔笑笑，她的朋友聊着天，好像她们之间从来没有过不满的情绪，一切都好。

“我干活，”她耐心地回答，“因为我整天都在工作室，所以跟孩子们没什么关系。”

“他每天夜里都弹琴吗？你怎么睡觉？”

嘉柏丽尔咬住下嘴唇，免得大声笑出来，好在米西亚看不到她狡黠的坏笑。她尽可能严肃地回答："我喜欢伊戈尔·斯特拉文斯基的音乐。"

"是呢，当然，我也喜欢。"米西亚拖长声音，有点顿住了，短暂犹豫后补充道，"尽管他的作曲很好，但我不可能夜夜听几个小时。"

卡在嘉柏丽尔喉咙里的笑，转为窃笑，然后开心地咯咯笑，她吐露道："虽然斯特拉文斯基和他家人住在我这儿，但我目前没在家住，他们完全是自己住在那里。我晚上住丽兹。"

她故意没说伊戈尔·斯特拉文斯基昨天晚上到酒店，为她试奏向克洛德·德彪西致敬的最新作品。所幸她套房的客厅里有一架三角大钢琴，本来只是摆设，但一直有调校音准。这私人音乐会取悦了嘉柏丽尔这个赞助人，也赋予了她灵感。她在思考还能资助哪些项目，不能只停留在《春之祭》的重演和对作曲家的生活资助上。她有足够的钱，在艺术上资助别人，真的非常好。但有些不开心的是斯特拉文斯基好像夜猫子，与嘉柏丽尔相反，他没有要离开的意思，她得想办法彬彬有礼地送走他。这当然有点尴尬，他看她的目光有点过于深邃了，握手时间有点过长，他的告别词有点过于生硬。一切都只是表达他的感激之情，这一点她很肯定。她坚决地把他赶回他夫人那里，她的家。

"我们的安排很实际，"她向米西亚解释，"我自己在工作室，我早就受够了一直来回跑。"

"庄园换酒店……"米西亚犹豫了一会儿，补充道，"令人关注。"

"这很方便。"嘉柏丽尔重复道。

米西亚在电话的另一头柔声道："跟往常一样，我打电话不是来打探你的房客。"

嘉柏丽尔不由自主地深吸一口气。

“今天早上我翻了翻德鲁奥的新目录，看到了拍卖通知，你可能会感兴趣。”

“他们又在拍卖屏风？”

嘉柏丽尔收藏科罗曼德尔漆面屏风，在她看来，家里没有什么比科罗曼德尔漆面屏风更合适的了。屏风可装饰、观赏，同时还可以遮挡有点杂乱的储藏空间。其中一块甚至从她工作室二楼的私人房间被搬到了马路对面她下榻的丽兹酒店。她的目光不由自主地从书桌转向壁橱前放着这个家具的地方。那儿只有她推过去的一张沙土色丝绒面罩沙发椅，显得有点空荡荡的，她得买个新的收藏品。

但米西亚回答道：“不，不，不是这个，像你这样的好顾客肯定比我先知道这个。不，这跟纸有关，是文件，古老的文字……”

嘉柏丽尔没有继续听下去，因为有人敲她的门，她用手盖住电话听筒，喊道：“请进。”出现的是她的女经理。“请稍等。”她对她的员工说，并用手势明确请她稍等。然后，嘉柏丽尔对米西亚说：“我要去工作室，我们下次再聊，本来我对古董书也没兴趣。”

“我说了，不是书！”米西亚抗议道，“是凯瑟琳王后和玛丽·美第奇的手稿，炼金术的古老分子式。这些纸片是在城堡图书馆修缮中发现的。”

“米西亚，这跟我有什么关系呢？”

“这跟所谓的美第奇家族神奇香水的分子式有关。”她朋友迅速抓住，补充道，“你想要一款特别的香水，不是吗？”

无数念头在嘉柏丽尔脑中盘旋，她不知道米西亚的发现是否值得花拍卖所需的时间和金钱。她对凯瑟琳或玛丽·美第奇了解并不太多，只知道这两位是佛罗伦萨人，曾居法国王位，对里昂的丝织以及格拉斯的手套和香水工业发展有重要贡献。但米西亚的建议从来都不是无用的，所以她不在细节上耽误时间，只问道："拍卖什么时候进行？"

* * *

接下来的几个晚上，嘉柏丽尔都用来阅读，她买了关于两位王后的各种读物，她们的手稿现在可供出售。她坐在沙发上，抬高腿，旁边桌子上放一杯酒。她了解了凯瑟琳·美第奇投向她的堂妹玛丽之前的事迹，知道现代香水生产源于16世纪的意大利。当时炼金术士开始用酒精代替香水精油，那时只知道精油主要来自阿拉伯。人们在修道院建了第一批手工作坊。凯瑟琳·美第奇一生都在寻找"智者之石"，据称那是可治百病和一切不幸的仙丹。非常迷人的玛丽·美第奇则在50年后让人研究一种神奇药水，以期容颜永驻。两位夫人好像跟香水的分子式无关，但如果能发现一个，就能引起轰动。

有人敲门时，嘉柏丽尔正在思考，弗朗索瓦·科蒂的化学家们如何用文艺复兴时期的配方生产现代香水。她吃惊地把书放到一边，她并不期待任何人，一切都已安排好，连客房服务都无须出现，陌生人一般会由门房通报。她想无视这不速之客，可能只是有人敲错了门。可敲门声再次响起，这次坚定有力，而且有旋律。

她起身，赤脚走过客厅和狭小的走廊。

"晚上好，可可小姐。"伊戈尔·斯特拉文斯基问候。

"您来这干吗？"这并非访客时间，她不假思索地让到一边，让作曲家进来。

“我必须跟您谈谈。”

“发生什么事了吗？”她警觉地问道。

她脑海中不由自主地闪过所有可能的灾难，从他孩子生病，到她夫人去世或房子失火。如果是不幸，应该事先电话告知她，而斯特拉文斯基也应该是另外的状态，好奇取代了她内心的不安。

他在客厅中间转向她：“我来是为了向您坦白，我爱您。”他宣布此行的目的，带着斯拉夫式的戏剧性、纨绔子弟式庄重优雅的风度以及对自己声音的一种兴奋。

嘉柏丽尔使劲不让自己当场笑出声来，取笑他：“对此，您夫人怎么说？”

“她对您赞赏不已。”

他大胆的回答令她无语，她不知道是应该继续笑呢还是表示出目瞪口呆，她本来应该毫不犹豫地把他赶出去。他的行为骇人听闻，他是已婚男人，她是单身女性。但他却毫不知耻。

斯特拉文斯基站在她面前，比他们第一次见面时穿着考究一些，明显健康状况也好一些。有规律和良好的饮食、奢华的环境、简单的经济保障，并非没有效果。一个聪明的男人，他知道他在干什么，他专注地眼睛似乎捕获了嘉柏丽尔，她无法逃避这样的眼神。

“叶卡捷琳娜知道，我爱您。”他理直气壮地补充他的告白。

嘉柏丽尔暗自道，这是俄罗斯精神。也许爱对他们来说有完全不同的含义，跟西欧人不同，她的邀请可能被误读了。她希望进一步了解斯特拉文斯基的内心，以及他夫人的内心。她焦虑地左右踱步，在门边犹豫不决，就像一位侍者在耐心等待，不知道是否应该放下已点香槟的托盘。

终于她迟疑地说：“您跟斯特拉文斯卡夫人谈起过我……”

“当然，除了叶卡捷琳娜，我还能跟谁谈起爱您这么重要的事情呢？”

嘉柏丽尔一生认识过很多男人，像她父亲那样堕落的小伙，像她第一个情人那样无聊的军官，像她的挚爱那样优雅的先生。她年轻时在裁缝铺缝补裤子，学会了缝纫，也学会了与顾客打交道。后来在低级舞场唱歌，她能轻松地避开一个又一个纠缠不休的追求者，把自己当作流行的畅销品卖个好价钱。现在她已经是一位成熟的女士，对坠入爱河的小鲜肉来说已经太老了，对冒犯自己的已婚男人来说过于优雅和独立自主。斯特拉文斯基这样勇敢又冒失的人，她从来没有碰到过。当她意识到，鲜有这样伟大的艺术家热烈地追求她时，类似骄傲的感觉油然升起，他爱她……但下一秒钟，她脑海中又激起矛盾，他只是错误地理解了自己对她的好感，他混淆了感激与爱情，混淆了爱情与爱慕。这个误会真的只能用他的文化来解释，不是别的，跟她是否虚荣无关。

有好一阵子，她静静地迎接他迫切的目光，一开始不太确定，之后同样很固执。过了一会儿，她用坚定的声音说：“斯特拉文斯基先生，作为朋友随时欢迎您来。您是我的房客，因此在我生活中占据一个特别的位置。但像爱情这样短暂的感觉，不应该破坏我们之间的深厚友情。”

他想反驳，但她的手势让他缄口。

“我猜您来是为了试奏您美妙的作品，”她的手还停在空中，指向钢琴，“我无法想象您是为了其他的理由而来，斯特拉文斯基先生。”她的眼睛闪耀如黑色钻石，“您不觉得我们应该保持现状吗？”

他轻轻地摇头，似乎这只是个幻象。他说：“是的，香奈儿小姐，我想为您试奏《春之祭》的新版本，我修改了几首赞美歌。”他向她微笑，友好中带着天才的一点点傲慢，没有纠缠或者挖苦。然后他补充道：“在这些改变中，‘美好呼吸’别墅里您的光环并非完全无辜，您本人也是。”

“我不相信，但我把它当作大大的夸奖。”她回应道。

“您自己听。”

他热情洋溢地坐到钢琴边，丽兹酒店的套房里马上充满了悦耳的琴声，比她记忆中的芭蕾音乐感性得多，激情得多。

她跟随他的直觉，从有点距离的沙发上起身走到钢琴旁。她注视着她的客人，心想，钢琴是一个男人最理想的道具。音乐让一个根本没有什么魅力的男人变得很帅，尤其当他只为一个女人演奏时。而且这个男人的手指将自己的乐谱转化成琴声，这是一件扣人心弦的事。这样的灵感，还带着力量、强势和敏感，以及这样的才情，从钢琴的共鸣箱直接涌入聆听者的身体。

虽然嘉柏丽尔不是第一次听斯特拉文斯基演奏，但这一刻出乎意料地令她赞叹。她感到作曲家离她那么近，以前从未有过的近，乐声似乎要将他们两人融化成一体。她想，她的房子充满这样的声音，多么美妙啊！每天，可能日常生活中的每个小时，只有她和他，这样的幻觉紧紧抓住她，险些驱散了现实……

第 11 章　王后的手稿

嘉柏丽尔很想跟米西亚讲讲斯特拉文斯基的“爱情”。但米西亚对所有的暗示都无动于衷，她不提她的绯闻，也从不谈斯特拉文斯基对《春之祭》的修改。也许米西亚根本不会理解，她与斯特拉文斯基的关系只是精神上的，虽然她的身体在他面前也变得很有活力。但这是另一种爱，与她之前生命中的任何一个男人都不同，包括男孩。所以斯特拉文斯基不对死者形成竞争，她的欲望并不能减少她的悲伤。

跟好朋友和好，真的很好，嘉柏丽尔不想在她们的和睦关系中插一杠。她跟米西亚一直走过德鲁奥酒店的展览室，感觉无限美好。德鲁奥在法国拍卖行具有垄断地位，厂房一样的楼里和高高的大厅里存放的东西，可能比博物馆里的还值钱。这里的拍品有古董家具、绘画、雕塑、意大利枝形吊灯、东方地毯，以及古老的手稿和珠宝。嘉柏丽尔自问，有多少俄罗斯人流亡国外时，成功带出了最值钱的财产？这些财产大部分一定是在这个地方拍卖的。

在一个铺着厚厚红地毯的展示间里，窗户被遮住了，微弱的灯光照明下，展示着下次大型拍卖会的货品。嘉柏丽尔和米西亚在一个展示柜前停下，玻璃后面摆着扇形散开的手稿，她们就是为此而来的。

纸上写得密密麻麻，黑色的墨水意外地保留得很好，字母很妥帖。但内容就无法破译了，只有数字在看第二眼时可以看得懂。

“这没人看得懂。”米西亚失望地说。

“总会有人能识别古老的手写体。”嘉柏丽尔认为。

“当然，这我也知道，但我们看不懂，这不是在你客厅里喝着香槟安逸地浏览。”米西亚叹息道，“很费劲！我的意思是，你得先找一个这个特殊领域的历史学家，最后你也不知道，他能否告诉你真相。不，可可，很遗憾，但我认为这些文件对你没用。”

米西亚是对的，跟以往一样，在这样的事上投钱，是荒谬可笑的。嘉柏丽尔不知道这究竟跟什么有关，纯粹是浪费。

但她觉得这些发黄的纸片仿佛有魔力，她看事情不像米西亚那样理智，她现在已经对两位美第奇王后有了更多的了解。凯瑟琳从佛罗伦萨请了一位调香师到巴黎，他被奉为法国香水文化的奠基人。亚历山大·仲马①在他的小说《玛戈王后》中也写到了这位名叫雷内的调香师，嘉柏丽尔完全忘了书中的细节。这已经过去很久了，当时是男孩推荐她看的书。但她最近几天里贪婪地读书，又想起来了。另外她还读到，玛丽·美第奇在南法的格拉斯建了第一个实验室，炼金术士专门在那里生产香水。

嘉柏丽尔把鼻子压到玻璃板上仔细看，数字的排列，还有几个字母，可以明确猜出是分子式。这很有可能与玛丽·美第奇命人研制的神奇香水有关。留住女人美貌的香水，这将是什么样的发现啊！

“我肯定，这是一个配方。”

米西亚同意：“这有可能，但你想想，我们无法识别是面条的配

---

① 即法国著名作家大仲马。

方还是香水的配方。”

这就是米西亚，这一刻理想感性得让人难以置信，下一刻又讲求实际得让人难以忍受。嘉柏丽尔笑笑，她这么了解她的朋友，真好。她在手稿带来的吸引和理智之间来回撕裂，理智悄悄告诉她，米西亚的怀疑是有道理的。

她注视着展示柜，目光停在一张手工纸做的小卡片上。上面标着用于拍卖的物品号码，拍卖员将会先叫号，然后解释是什么。

嘉柏丽尔说："米西亚，我看不清这数字。这儿光线不好，我眼前模糊不清，卡片上面写的什么？"

她的朋友吃惊地皱了皱眉，嘉柏丽尔可能视力不好，但她对此没有发表意见。她顺从地在手袋里翻找，取出银边单片眼镜。"五。"她用放大镜片看后回答道，"这是五号。"

"我的幸运数字。"嘉柏丽尔的心跳开始加快，她看得很准确，只是还需要她朋友的确认。一、二、三、四、五……奥巴齐内修道院的神秘数字，是她孤儿院时期唯一的美好回忆，"我要买这个手稿，不要跟我说这是个错误，我要不惜一切代价买到。这个物品号码是命运的暗示。"

米西亚难以置信地摇摇头："亲爱的，你被恋爱弄得晕头转向了。"

嘉柏丽尔几乎没有听到她的话，她盯着手稿，徒劳地试着辨识哪怕是上面的一个单词。"这跟伊戈尔·斯特拉文斯基有什么关系？"她喃喃着陷入沉思。

"哟，瞧瞧！"

嘉柏丽尔因这惊呼而抬起眼睛："出什么事啦？"

"在我看来，一大堆的事。"她的眼睛在闪耀，看不到米西亚礼貌的微笑，“像绯闻这样重要的事，你却对我缄口不言。可可，这可不好！”

“我没有……”嘉柏丽尔话语中断，咽下后半句，她的喉咙有点沙哑。她渐渐明白，她误解了米西亚可笑的评论，她未加思索地掉进了一个无意识给她挖好的陷阱。

嘉柏丽尔的眼睛紧张地四处张望，来预看拍卖品的人流，像平静秋日的塞纳河，缓缓流淌，毫不激动，千篇一律，每个陈列柜前都聚着一小撮人。在一个陈列铜雕的画廊柱子旁，聚集着一堆人，其他那些潜在的买家并不拥挤和好奇。唯一专注的观察者是保安人员和大厅服务员，他们音量很低，就像河流在朗格高原的源头温柔地呢喃。除了米西亚，这儿没人对流言蜚语感兴趣。

嘉柏丽尔还是降低声调，执拗地重复道：“我没有绯闻。”

她站在钢琴边。倾听斯特拉文斯基演奏钢琴时发生的事，有点像一次小小的死亡，一种眩晕的感觉，就像到了性高潮。她的身体融化了，仿佛在拥抱中，如果拥抱随后真的发生了，对她来说也是水到渠成的事。这无疑是越界的开始。每个夜晚她都把他赶回夫人那里，但她知道，她无法再有这样的力量了，下次将会留他到早晨。

对那一刻欲望的回忆，让嘉柏丽尔全身一阵酥痒。她不由自主地用双臂抱住自己，好像冷得发抖，但其实是米西亚冷淡的脸部表情，令她感到寒冷。

“也许根本不是奇妙香水的分子式，”米西亚用食指指着那个文件，尖酸刻薄地猜测，“而只是爱情仙丹。玛丽·美第奇需要春药，一定像需要美容水一样。她是一个极其伤风败俗的人，几乎跟皇宫里所有男人睡觉，不管是已婚的还是未婚的。”

这谴责让人无法装聋作哑。

“我还是会买。”

“或者正因如此。”

米西亚假装无辜，满面笑容地看着嘉柏丽尔。

第 12 章　首演成功后的狂欢

嘉柏丽尔邀请所有的波希米亚人到她在康朋街的工作室，庆祝新版《春之祭》在香榭丽舍剧院的首演。一开始只是朋友的聚会，向佳吉列夫和他的剧团，以及伊戈尔·斯特拉文斯基和他的音乐致敬，晚上聚会变成了古罗马时期那样的寻欢作乐。自助餐变成了成堆的空水晶碗、成摞的瓷盘和银碗里的剩菜，空酒瓶在地毯上滚动。这个时候留下来的朋友无一例外都醉了，他们放荡不羁，绝望，欢呼，同时又忧伤。

最大的闹剧是佳吉列夫与他的编舞同时也是他当时的情人莱奥尼德·马辛。显然，在排练中马辛与一位女舞蹈演员有了私情，现在暴露了。佳吉列夫因嫉妒暴怒，他气得差点把他的吉祥物——大公夫人的手帕给撕了，幸亏嘉柏丽尔把它安全地藏进了抽屉里。争吵升级了，马辛宣布再也不想为俄罗斯芭蕾舞团工作了，然后离开了派对。

优雅的格雷法勒伯爵夫人把气氛提了起来，让·科克多邀请她跳有伤风化的康康舞[①]。音乐和舞蹈没有辜负其效果，大家鼓掌，放纵跳舞，没有舞伴就用裁缝模特。很多人擦去笑出的眼泪，佳吉列夫

---

① 即大腿舞。

却把眼泪哭进了苦艾酒杯里。大家的注意力则时不时地投向作曲家乔治·奥里克，他在嘉柏丽尔的钢琴旁负责演奏音乐。他演奏了雅克·奥芬巴赫的旋律，热烈狂放，手指都受伤了。血流在象牙琴键上，但等滴到浅色地毯上时才引起注意。米西亚发现这是给指挥埃内斯特·安塞梅剪头发最好的时候，他像只惊起的公鸡似的从她前面跑过。他利用奥里克受伤引起的骚乱，抓了一块剩余的布料，把它缠在头上，没戴帽子和领带。他最后肯定在他的女追随者之前晃悠到了街上。

康康舞跳累了，嘉柏丽尔舒服地坐在扶手椅上，两腿放在旁边的桌子上。她没注意到裙边滑到膝盖上面，她也无所谓，不只是因为醉意。芭蕾舞男演员看女人大腿的眼光是最专业的，而其他在场男性估计已经看不清了，可能看谁都是重影。嘉柏丽尔想起修道院关于四脚人的神秘故事，但她已经记不清传说里讲了什么。她内心暗暗窃笑，奇怪的是她还觉得有点好笑，虽然她更应该哭。

她的思绪都围绕着演出，斯特拉文斯基激情洋溢的音乐不只体现在舞蹈演员的动作上。他的每个音符都深入骨髓，嘉柏丽尔能感受到乐谱，仿佛作曲家用自己的手在她身上书写。没什么可怕的，一切都只是渴望，她的身体颤抖，充满渴望。在她的想象中已经分不清这个男人和他的作曲，她听到更多的是斯特拉文斯基的音乐，而不是看到眼前这个人。她感觉乐声像是温柔的抚摸，仿佛他的手指在她皮肤上游走。渴望得到满足的欲望在剧院里就已经令她心醉神迷，但首演时斯特拉文斯卡夫人在旁陪着的。在叶卡捷琳娜眼皮底下，嘉柏丽尔当然不适合纠缠他。

演出结束后，嘉柏丽尔让司机送斯特拉文斯卡夫人回加尔舍别墅，回到她孩子身边。斯特拉文斯基先生留在巴黎，在嘉柏丽尔的首演庆祝聚会上，他出人意料地喝了很多伏特加，可能还有苦艾酒。她没有一直观察他，他不知道什么时候走了。可能是被酒精这个魔鬼驱赶，可能是因为自己未被满足的渴望，或者是因为意识到一个父亲的义务。

嘉柏丽尔泪流满面，扪心自问，如果她跟他偷偷上床，他夫人和孩子会怎样？这绯闻跟她的好客匹配吗？遇到这样一位处境艰难的出色的贵族艺术家，真是令人悲伤，无法想象的悲伤。为什么所有好男人都结婚了呢？为什么跟别人结婚呢？但如果这些男人在她面前让步，他们性格的缺陷就有点好玩了。如果不那么严肃的话，其实是有趣的。被压抑的啜泣，本来是嘲笑，却变成了打嗝。嘉柏丽尔感到尴尬，用手压住嘴，打嗝，同时窃笑，几乎窒息。

“女士们，先生们！”这声音让嘉柏丽尔吓了一跳，就像奥巴齐内修道院主持嬷嬷的警告声，“我们买了《费加罗报》！”

斯特拉文斯基是从哪儿突然冒出来的呢？他站在房间中央，被朋友们围着，旁边的鲍里斯·科赫诺胳膊下夹着一摞报纸。其他人走向他们俩，或站或跪，如果腿无力支撑，则四肢匍匐在地。声音嘈杂，报纸窸窣作响。很奇怪，米西亚清醒地喊道：“现在请安静！伊戈尔来朗读。”

嘉柏丽尔在椅子上不由自主地直起身来，把脚放到地上，是文艺专栏！她怎么没想到，斯特拉文斯基会想办法尽早看到演出的第一篇评论呢？他喝了那么多酒也没受影响，俄罗斯人酒量好，佳吉列夫的秘书陪他去找卖报员，他没有像她担心的那样回他夫人那里。在这个特别的夜晚，没有离开嘉柏丽尔，她觉得他好像只是为了她回来的，而不是为朋友们。

不知谁在钢琴上敲了一个响亮的声音。

此时，大厅里出现了屏息静气的安静，只听到荷西·赛特粗重的呼吸。

斯特拉文斯基来回摆弄着眼镜，开始读："香榭丽舍剧院昨天的音乐会，以最高质的音乐和舞蹈，证实了这是一个出色的夜晚……"

掌声雷动，欢呼与轻松的话语混合，乐队成员互相拥抱，大家轮流与斯特拉文斯基和佳吉列夫握手和亲吻。令人惊讶的是，所有人好像只有之前一半的醉意。

"昨晚的音乐会突破了这个作品原有的禁锢，"作曲家继续朗诵剧评家的文章，"精彩的音乐处理和编舞的改动，使演出非常庄严崇高……"

嘉柏丽尔跳起来。

"香槟！"她试着盖过大家兴奋的声音，但为时已晚。因为庆祝首演说得太多，唱得太多，感情爆发太多，她的声音已经嘶哑。她挥舞双臂，站到椅子上，在高处嘶哑地喊道："香槟！我们急需香槟！"

没人反对。

斯特拉文斯基忘了报纸文章的剩余部分，推开身边的朋友，走到嘉柏丽尔前面。他伸开双臂，稳稳地接住从椅子上跳下来的她。她才不管是不是每个人都会看她。

* * *

暴风雨声把嘉柏丽尔从昏睡中惊醒，虽然她一般不会被雨滴吵醒，她听着规律的风雨敲击声，狂风紧逼窗户，木框嘎吱作响。她周围是昏暗的，只有通过吹动的门帘透进来窄窄一条灰暗的自然光。她睡的地方是硬的，不像丽兹酒店的床那么软。此外，她感到冷，闻到奇怪的味道，像麝香的甜味，同时又像多维尔港口易北河冲上沙滩的东西那样略带酸味。她全身哆嗦，冷得难受。就像透过浓雾，她觉察到自己是赤裸的，只盖了一块轻薄的丝绸，大腿肌肉因疲劳而紧绷，她的肩像从马上摔下来一样疼。她慢慢意识到，自己的身体不正常地歪扭着，僵硬地躺着。有个金属样的东西戳到了她胳膊，她伸手，抓到了眼镜。

下一刻雾纱掀起，带着厚厚镜片的金属支架从她手中滑落。她不需要转身就知道，嘎吱作响的不是百叶窗，是男人的呼吸，是他酒喝多了后的微微鼾声。她的理智渐渐将碎片拼起来，她虽然不记得昨夜最重要的几个小时，但她也不需要知道发生了什么。她赤裸着躺在一个男人旁边，盖了一块布，她可以确认的环境就这么多。她的身体和整个书房的香味，就像三流妓院里典型的放纵欢爱和喝酒过量的味道，就是她与伊戈尔·斯特拉文斯基睡了的证明。很可能一半的客人知道了，他没有跟其他客人一起离开。

她小心地掀开丝绸，在自己弄清楚之前，她不想吵醒他。该怎么面对他？跟他说，阴沉的早晨，是她处境的象征？他，一个已婚男人和孩子的父亲，不应该与一个单身女人有公开的绯闻；而她还一直全身心地爱着另一个男人，这与那个男人已经死了无关。

文艺专栏突然称，斯特拉文斯基是个天才作曲家，是最重要的音乐现代化改革家。他不但一夜成名，而且地位更加重要，她怎么能跟这样一个男人说，这一切都是误会？身体的放任还要完全秘密地进行，但她不想要发生在朋友眼皮底下而她却感觉不到的爱情。她钦慕斯特拉文斯基的才华，可能还有他的男人味，但这不够。

嘉柏丽尔起身，思考。她绝对不想再次软弱，她要掐灭所有流言蜚语的苗头。

她走向窗前，让房间里再透进一点光线。脚下有什么东西窸窣作响，是报纸，上面是庆贺芭蕾舞剧的重演，多么成功！她弯腰，抚平这一页，拿在手上，走向如雷的雨声。

她走近窗前，发现她捡起的是新闻部分，不是文艺专栏，刺中她眼睛的并不是加粗的“春之祭”字样，而是一张照片。一辆损毁的马车，好几辆汽车，其中一辆停在旁边，有很多惊慌失措的人，大多是男人。照片旁边是显眼的标题：纽约爆炸。她大吃一惊，看这篇短文，摩根银行大楼前华尔街有炸弹爆炸。炸药藏在一辆马车上，38 人不幸身亡，400 多名银行职员和行人受伤。警方猜测此案背后与无政府主义有关。嘉柏丽尔咬紧嘴唇，想到她作为一个女商人，跟每一个前往银行的男人一样，会碰到这样的仇恨。她的商业才干在她这一代女性中是不同寻常的，但勇气和力量是她的本性。她是独立的成功人士，不是骗子，单单因为这，她也不想破坏别人的婚姻。

跟随直觉的召唤，她看到报纸上的日期：1920 年 12 月 15 日，星期三。

天哪！她完全忘记今天是个工作日。几点了？她得去下面的工作室，希望庆祝首演留下的东西已经清理完毕，她通常每天早晨七点就到。但通常她要在丽兹酒店的浴室精心梳妆打扮后才去上班，她不能一丝不挂又一副熬夜缺觉的样子跑进办公室，通常也没有著名作曲家睡在她的地毯上。没有男人这样做，如果很急，男孩喜欢沙发，但这位俄罗斯流亡者可能睡过比昂贵的地毯更糟糕的地方。她的脸上不由自主地掠过伤感的微笑。

“可可！”

嘉柏丽尔转身。

斯特拉文斯基坐起身，背靠在钢琴的一条腿上。他的头发凌乱，脸颊绯红，眼睛充血，看起来因熬夜缺觉和宿醉而憔悴，但他眼中熊熊燃烧的火焰无法忽视。

她的身体依然结实，充盈着像她少年时期那样的男孩子气。在那个以玲珑曲线为理想美人的年代，她靠孩子气的身材俘虏男人。她的身形与斯拉夫人的丰满相反，但看来斯特拉文斯基也喜欢。她注视着他，比起他的手抚摸过她小小的乳房、平坦的小腹和瘦削的大腿，她更享受他这一刻的目光，令人陶醉。

不能将这感觉与爱情混淆，她脑中有个声音在警告她，不可能跟这个男人发展长期关系。

她费劲地冲破这一刻的魔力，把报纸卷起来，甩到旁边，果断决定的手势。

“梦已经过去，斯特拉文斯基先生，您得起床回您家人那儿。”她的声音带着嘲讽，但语调微微颤抖。

他严肃地点点头：“我会跟叶卡捷琳娜说，我要跟你结婚。”

“不！”她的惊呼充满恐惧，慢了半拍她才发觉，这对他可能是多大的伤害，她平静一些后补充道，“你不能离开你夫人，伊戈尔，这不可能。”

“但我们是一对，”他抗议，“你是我生命之所爱，只是我太晚才找……”

“回到你孩子身边去，”她打断他，“回到你孩子身边去，不要再来了。”

她突然背向他。他应该看不到，她如何满眼含泪，继而瞬间泪流满面，犹如窗玻璃上的雨滴。这是个声称要跟她结婚的男人，一个了不起的名人，但又是在错误的时间点。

“可可！”从他嘴里叫出她的昵称，是唯一的恳求，“我爱你。你的房子，现在是我孩子的家。我们以这样或那样的方式紧密相连，请不要扯断我们之间的纽带，没有你我无法活下去。”

他没有跟在她身后，她很感激，最微小的触动都可能会动摇她的决心。她咽下她的多愁善感，用坚定的声音解释：“我不会再回到‘美好呼吸’别墅。你可以跟你家人住在那里，想住多久住多久，但请不要期待我以主人的身份出现。”

“没有你我会死的。”

她默默地摇头。

她的心碎了，但谁会关心呢？

第 13 章　不被祝福的爱情

圣诞节的喧闹渐渐平息，巴黎在节日中进入了安静的冬眠。嘉柏丽尔仿佛又喘过气来。平安夜之前的几天，她感觉每条路都令人窒息，熙熙攘攘的人群拼命拥挤在大林荫道旁的商场和商店里。她工作室和旁边的服装店里，员工们在忙碌地工作。无数男人在最后时刻，来为他们的妻子、情人、母亲、姐妹、女儿或其他女性家庭成员买礼物。法国一般都是大家庭。

对嘉柏丽尔来说，圣诞节在很多方面都不是快乐的节日。每年男孩的祭日，她都要重新经历那可怕的时刻，艾提安·巴勒松来告诉她，他永远不会回来了。那些时刻，她希望没有打发走斯特拉文斯基，被他的爱包围，她也许可以忘却，至少在那一刻。朋友无法代替爱人，虽然米西亚和荷西·赛特竭尽所能，艾提安甚至邀请她去罗亚留，都无济于事。然而她没有让伊戈尔进入她的生活，反而给他夫人和孩子送去礼物。然后她才知道，东正教徒是三圣节那天庆祝圣诞，而不是 12 月 25 日。

而大多数基督教徒会疯狂采购，香水是高档畅销货。圣诞周末后的星期一，嘉柏丽尔走进老佛爷商场的香水部，只看到空空的货架，那里节前还堆满了昂贵的香水和精致的包装。弗朗索瓦·科蒂可能是赚得最多的，保罗·波烈和娇兰兄弟一定也毫不逊色。嘉柏丽尔很生气，其他人在做生意，而她在这期间寻找香水配方已经快绝望了。凯瑟琳和玛丽·美第奇那些6000法郎的珍贵文件没有让她的希望成为现实，跟化学家弗朗索瓦·科蒂一样，请来的一位历史学家也没有发现奇妙仙丹的迹象。米西亚又一次站在了正确的一边，她应该听她这位朋友的。

老佛爷商场大门口，门童为她招来一辆出租车。下冰雹的天气破坏了她散步的兴致，虽然离跟米西亚约好的和平咖啡厅只有一小段路。

大酒店底楼的咖啡厅里，客人也不如平常日子多。有着屋顶壁画和装饰廊柱的巨型大厅，大多数时候都挤不过去。往常，所有桌子都坐了人，座位不够的地方，也会提供椅子，直到通道变得很挤，侍应生都很难来服务。而今天客人寥寥，米西亚虽然隐身在一棵盆栽棕榈树后面，嘉柏丽尔还是在门口就看到了她，香奈儿毡帽是她这位朋友非常显眼的道具。

“你到早了。”嘉柏丽尔亲吻米西亚两颊后强调。

“你来晚了。”米西亚笑着怪她，“我替你点的咖啡还没冷的话，算你运气好。”

嘉柏丽尔遗憾地耸耸肩，然后坐下，侍应生殷勤地把椅子推到位。“我在老佛爷商场的香水部，我忘了时间。”她承认，看了下身后给她拿来菜单的年轻人，摇摇头，“先只要咖啡就够了，谢谢。”

“香槟我们晚点喝。”米西亚自信地解释，当只有她和嘉柏丽尔两个人时，她补充道，“我们应该为你不再受伊戈尔·斯特拉文斯基骚扰而喝一杯。”

“首演后我就没再见过他。”嘉柏丽尔说得有点快，她心情不太好。她不喜欢这个谈话的开场，她不明白好朋友为什么非要在今天谈起伊戈尔·斯特拉文斯基。

自首演庆祝后一直流传着他们俩的谣言，嘉柏丽尔千方百计地消除每个流言蜚语。而且，这几天她没有给人看到轻率行为的任何机会，希望节日的喧闹至少对她的名声有利。这段时间巴黎的每个人都自顾不暇，这样短暂可笑的绯闻很快就会消失？

米西亚补充道："这个男人让人无法容忍。一个天才，但人性上绝对无法容忍，离开他你应该高兴。"

嘉柏丽尔若有所思地搅动杯子，虽然她既没往咖啡里加糖，也没加奶。显然她这位最好朋友的好奇心没有得到满足。"斯特拉文斯基一家还一直住在我的房子里。"她说话的语调仿佛自言自语。过了一会儿，她抬起头："但如果你想为他不再纠缠我而干杯，我们可以喝，他确实远离了我。"她在沉默中自己承认的那些，并不是她所期待的。"你现在满意了吗？"她补充道，情绪不佳。

米西亚做了个甩开的手势，说道："可可，我们只关心你的幸福。你要相信我，为了你，荷西严肃地规劝了他。"

嘉柏丽尔惊讶地瞪大了眼睛。米西亚谈到斯特拉文斯基的话题，是为了让她知道事情的最新进展，而她却对此一无所知？好像总是有新消息。

"荷西做了什么？"

"他明确告诉斯特拉文斯基，男孩把你托付给他——荷西——了，是这样的，不是吗？他觉得对你有责任，我们俩都这么觉得。"

"嗯……是的。"嘉柏丽尔自言自语，觉得有义务这么说。她虽然想不起有这样一个托付，但荷西的热心毕竟是好意，她猜测是米西亚在幕后策划的。

“我亲爱的丈夫称斯特拉文斯基是个……”米西亚停顿，难为情地笑笑，“他用了个说不出口的词，女士不应该重复的词。”但她对伤风败俗似乎不无兴奋，终于低声道：“王八蛋！他叫他王八蛋。”

嘉柏丽尔不知该笑还是该发火。她的声音颤抖，她不清楚是因为好笑还是恼火：“因为荷西觉得对我有责任，所以他对斯特拉文斯基用了这样一个下流的词？”

“不，当然不是。”米西亚笑着，重新靠回椅背，“他这么叫他，是因为这个词合适。很遗憾我们的朋友是个……哎，你知道的，是什么。”

“你们对他的批判是否太狠了点？”

米西亚的笑充满嘲讽和轻蔑：“我求你了，他是已婚男人，四个孩子的父亲。但不管人家想不想听，他对每个人都说，他爱你，要和你结婚。他可能会离开一贫如洗的重病夫人，这样的想象很可怕。”

“我知道。”嘉柏丽尔垂下眼帘，以免通过她的眼神向米西亚泄露，这谈话对她的搅动有多厉害。

原则上她的朋友是对的，这毫无疑问。她不会怪荷西·赛特干涉了她最隐私的事，但她感到烦人的是米西亚和荷西关心她爱情生活的热情。这讨人厌的程度绝不亚于斯特拉文斯基的爱慕，它们同样烦人，简直令人生气。米西亚真的只是关心她嘉柏丽尔？或许是她这个朋友嫉妒了。因为继佳吉列夫之后，她从她的圈子里抢走了第二位艺术家。

“我不爱斯特拉文斯基，所以我绝对不会跟他结婚，但我喜欢跟他上床。”这个表态可能挽救他的名誉。

“如果只是这样……”米西亚叹息道，“对你们的罗曼史，他显然不这么看。佳吉列夫说，斯特拉文斯基真的得了相思病。”

不同寻常的幸福感向嘉柏丽尔袭来，就像两次年度时装秀之后的那种感觉。她向甄选的观众展示服装新品，认可和欣赏是她的灵丹妙药。文艺复兴时期的法国王后追寻智慧和驻颜的香水，而决定嘉柏丽尔存在的是对成功和掌声的永恒追求，不管是在职业生涯还是个人生活中。从她在低级舞场登台唱可笑的歌曲并第一次赢得观众的欣赏开始，到她后来勇敢地跃上马鞍，向艾提安·巴勒松这个马痴证明，她是个完美的女骑手，因而是他真正的伴侣，她一直如此。虽然这两者终究都不值一提。然后是作为时装设计师的成功，她发现自己有精准的洞察力，这成功让她一发不可收拾。面对天才作曲家的追求，顾客的掌声也是苍白的。这个男人这么爱嘉柏丽尔·香奈儿，一个来历不明的孤儿，他可以为她放弃一切。她感觉这就像骑士晋封仪式。

“正经女士将不再踏进你的工作室，”米西亚的声音好像从遥远的地方传来，越来越近，嘉柏丽尔陷入沉思时，她朋友显然还在继续说话，“就是不体面的女人也会鄙视你。斯特拉文斯基只考虑他自己，而不考虑将会给你带来什么影响，假如你偷走了可怜的叶卡捷琳娜的丈夫……”

“从我这边来说，这样的假设真的毫无理由。”

“幸好！”米西亚的喊声在房间里回响，她因松了口气而太大声了，侍应生急忙过来，以为她要点什么。因为被打乱了思路，她不知所措地看着这个年轻人：“怎么啦？”

“请您给我们来一瓶香槟，”嘉柏丽尔为她朋友，也为侍应生解了围，“赛特夫人要致祝酒词。”

她脸上掠过一丝微笑，她想起了他们在威尼斯的相遇，“你知道吗？俄罗斯人喜欢长长的祝酒词。”

“亲爱的，你忘了我是在圣彼得堡出生的？虽然我没在沙皇帝国长大，也没在那儿生活过，但我父亲让我了解了斯拉夫特性的各个方面。”米西亚看着侍应生的背影，他急忙去执行嘉柏丽尔的点单。“我打赌，这个帅气的年轻人有俄罗斯血统，放眼望去，巴黎是移民的海洋。”

“我先为斯拉夫文化热热身，我想起了在奥弗涅的家乡，我们不也是法国人中的东方人吗？”

米西亚笑道：“这我就不了解了，可可。”

谢天谢地，斯特拉文斯基的话题算是揭过去了。嘉柏丽尔酝酿着一个想法，这是她回忆起与德米特里·罗曼诺夫那个美妙的夜晚想到的。“我问自己，是否可以请流亡的俄罗斯人做模特，就像你注意到的，这个城市到处都是他们，而且全都是贵族。”

“可可，你的时装是法兰西优雅的化身，我不知道那些女顾客是否会同意你向沙皇宫廷致敬。”

“我不会把她们打扮成哥萨克人，虽然……”嘉柏丽尔耸耸肩，她停顿，向前看了一会儿，仿佛一道闪电击中了她，“也许加点民族绣花会很漂亮，至少全新的美学将出现在我的下季新品中。”

“想想《春之祭》刚改编成功，这可没有民族元素。”

“这是选择正确时间点的问题，”嘉柏丽尔平静地反驳，“反正很多从俄罗斯来的年轻女子会很感动，因为她们全都上过舞蹈课，学了一定的礼仪。我想，向公主和伯爵夫人们展示我下季的新品，绝对很迷人。”虽然这个想法刚出炉，但嘉柏丽尔非常兴奋，恨不得今天晚上就开始进行面谈，让潜在的模特选手在工作室试走。

侍应生又来到桌边，放好冰筒和香槟杯，瓶塞弹开，冒泡的酒在杯子里翻腾。嘉柏丽尔和米西亚默默地看着年轻人干活，等他离开后，她们才举起酒杯。

“敬没落的沙皇帝国，带给我们很多可能。”嘉柏丽尔说。

米西亚有点不耐烦地回应：“在我看来，只要你不再跟伊戈尔·斯特拉文斯基联系在一起，我敬从‘恐怖伊万’以来所有的沙皇。”

嘉柏丽尔已经举杯到嘴边，但又放下了：“能否请你不要再把我说的一切，跟斯特拉文斯基联系起来？”

“对不起，”米西亚看起来真的有点后悔，“但这个男人确实让我烦恼。因为你拒绝了他，他彻底受了刺激，举止失常，多么可笑。但是大家都这么觉得。”

嘉柏丽尔的眉毛快速往上挑：“大家？大家是谁？”

“所有我们认识的人，甚至毕加索也对此发表了评论。一个38岁的成年人，还是个父亲，行为举止像个害相思病的年轻人，这就是个活笑话。”

“如你所说，我几乎开始同情他。”

“同情也同样不适合他这个年龄的男人，哎，可可，他很固执，这样搞得很糟糕，但这不该你操心，干杯！”说着她将香槟杯里的酒一饮而尽。

嘉柏丽尔估计米西亚会将杯子往背后扔，扔到地上，但并没有。她朋友两眼放光注视着她，嘉柏丽尔只是抿了抿嘶嘶冒泡的美酒。她坦率、友好地回应她的眼神，但她内心深处斗争激烈。

斯特拉文斯基似乎为她疯狂，这让她感到得意。想到他的爱，满足了她的虚荣心，就像他的手抚摸她的身体。

“你要一直想着，你是个女人。”男孩说。

“我的生意是我的生命，我的独立是我的生命，”她坚定地说，然后语调更为温柔，“你是我的生命。”

但这个生命已经被毁了。

嘉柏丽尔自问，拒绝一个热情燃烧的情人，是否太有目的性了。难道爱，即使只是身体上的，不正是对抗痛苦的良药吗？这痛苦不可避免地在她心里燃烧，就像斯特拉文斯基无法抗拒的感情之火在他心里燃烧。

她看到他在眼前，在钢琴边，在指挥台。一个了不起的作曲家，一个内心丰富的男人，一个天才。她不能允许巴黎的波希米亚人取笑他，她必须结束这场闹剧，不管米西亚或荷西·赛特是否同意。对她来说，别人的看法从来没有像现在这一刻这么无所谓，她决定挽救伊戈尔·斯特拉文斯基的名誉。这可能会以她自己的名声为代价，她很快抛开这个念头，虽然米西亚其实一直都是对的。

第 14 章　分离

当然，她不会告诉米西亚她的计划，嘉柏丽尔试着在现有条件允许的情况下得体地处理这件事。虽然伊戈尔住在她的房子里，但出于对他家人的考虑，她不会与他直接联系。虽然她迟早要见到叶卡捷琳娜·斯特拉文斯卡，但至少这之前，她不想让他夫人因她所嫁之人的相思病被世人耻笑。她设法偶遇指挥家埃内斯特·安塞梅，并趁机请他给斯特拉文斯基转达她的口信：“请您告诉他，他可以随时来找我。”

安塞梅扮演爱情的使者，似乎很成功。伊戈尔·斯特拉文斯基在当天晚上出现在丽兹酒店，待到早晨，并且从那之后每天晚上都去她那里。

但是她的新情人强加给她的无眠之夜，很快就令嘉柏丽尔精神崩溃了。斯特拉文斯基的生活节奏跟她的工作方式不匹配，做他的情人极其辛苦。他让她的身体没有一刻放松，他们每个夜晚都放纵而疯狂，但他似乎并不满足，嘉柏丽尔觉得他令她窒息。斯特拉文斯基试图将她收入囊中，对她的独立表现出毫无掩饰的嫉妒，绝望地疯狂地一再向她索取，以便能占有她。作为一个已婚男人和父亲，这是他本来不应该得到的。但他想要嘉柏丽尔的全部，她的身体，她的性格，她的灵魂，她的心，很可能还有她的时间。她有时候觉得，他好像是强迫要她的爱，但嘉柏丽尔对他只是混杂着同情、固执和自豪，她带着这样的情感跟他上了床。

斯特拉文斯基固执地要成为她生命中的男人，他拒绝谈起她与男孩的关系，他把自己看作她的未来，她的过去关他什么事呢？即使如此，她猜想，他迫不及待地在公开场合成为她身边的男人，是为了对抗她伟大爱情的阴影。虽然他的缄默并不能驱散这阴影，嘉柏丽尔理解他的愿望，跟他出去了几次。但是，她像老处女式的家庭教师一样注意，从来不让人看到他们单独在一起。虽然米西亚一直不赞同这段关系，但她这个朋友总是会跟嘉柏丽尔和斯特拉文斯基去听音乐会，嘉柏丽尔很享受这些时光，米西亚也是。由一个音乐天才引导进入古典音乐的秘密，是弥足珍贵的。他让嘉柏丽尔了解了瓦格纳和贝多芬的音乐，告诉她他更多地为理查德·瓦格纳的魅力所吸引，而非路德维希·范·贝多芬的交响乐。他绝对是个愉快的陪伴者，她和米西亚都会原谅他偶尔的刚愎自用和傲慢，但这一切跟爱无关。

“佳吉列夫的芭蕾舞团受邀前往西班牙巡演，”在1月末的一个夜里，他难得让他们俩休息一下的时候，斯特拉文斯基提到，“西班牙人一定要看新版的《春之祭》。”

嘉柏丽尔躺在旁边，转向她的情人，但闭着眼睛，半睡半醒地嘟哝道：“我知道，谢尔盖已经告诉我了。”

“我得跟团队一起去，没人能像我自己一样指挥我的音乐。你想象一下，音乐可能会被错误阐释，难以想象。”

“是的，对的。”她筋疲力尽，无法完全理解他对她说的话。

“但我不能去！”他的惊呼充满痛苦，几乎快要哭了，“我怎么能把你一个人留下，可可？”

她脑海中萌发了一个难以置信的想法，但难得的令人欣慰。她知道，她不会想念这疯狂的爱，但还有她疲惫的脑子无法理解的东西，她嘟哝道："我不明白。"

他先是保持沉默，嘉柏丽尔已经希望可以打个盹了，但他接着宣布："没有你我不去马德里，你陪我去。"

"这不可能。"她不假思索地说。

接下来她会意识到，反驳他是个错误，伊戈尔会把这理解为鼓励他实现愿望。但她明白了一件事，那就是她不打算跟他一起去巡演。因为他夫人，因为流言蜚语，还因为她自己，她突然非常清醒。

她睁开眼睛，透过窗帘的一条缝隙，旺多姆广场一缕明亮的灯光照在伊戈尔因愤怒而扭曲的脸上。显然他在抱怨命运，虽然作为作曲家成功了，但作为情人他得与可可分离。

"我不能就这样离开巴黎，"她强迫自己用柔和的声音说，"我要管时装店，你忘了？如果我离开，需要提前准备，全面的、长期的准备。"

"我不能让我的音乐单独去陌生的剧院。"

"这个我明白。"她直起身，用手肘撑着，"所以你去西班牙，不带我，但带上你的音乐。"想到伊戈尔不在时将会有几个安静的晚上，尤其是几个可以安睡的夜晚，这样的念头令她欢欣雀跃。但她咬住嘴唇，因为她不想伤害他。

"要我在你面前下跪吗？你希望我下跪求你陪我去吗？"

"我的天哪！"她想。

"不。"她平静地说，"不，当然不，别说傻话。"

"我无所谓。"

"但我有所谓。"

他们互相注视，却没有真正看着对方，她听到更多的是他牙齿摩擦的嘎吱声，而不是看到他下颚在动。

她灵机一动，向他保证："我一料理完工作室所有的重要事情，就去找你。"

他有点吃惊，显然他完全没想到这个主意。他用温柔的音乐家之手用力抓住她的上臂，令她尖叫起来。

"你弄疼我了。"

但他忽视她的抗议。

"你属于我，可可，只属于我！你发誓，你会尽快处理好你的事情，然后到马德里来！以圣母的名义发誓。"

她重新闭上眼睛，她的眼帘内出现了一个鹅卵石地面的画面。

一、二、三、四、五……她在脑海中数着。她想，她明天去教堂的时候得为她的谎言忏悔，然后她又抬头看他。

"我答应你。"

第三部分

制香，终未能与大公携手余生

第 1 章　从天而降的大公

嘉柏丽尔熟练地从手腕上的针垫中一根一根地抽出别针，把粗糙的棉质布料打褶固定住。她用怀疑的眼光打量她的作品，取下一根别针，放到紧抿的唇间。在重新给褶裥打褶时，她其实是叼着烟的。她总是先用精坯布打样，然后再决定该选的面料。硬挺的粗棉布是她剪裁的秘密，而褶裥必须从背后开始。嘉柏丽尔相信，身体的活动是从背部开始的，所以那儿必须裁剪得尽可能宽松。

有一阵子她眼前一片模糊，双腿累得快要断了。几个小时一直在设计一件晚礼服，还没有满意的结果，她应该先休息一下。她在模特身上用别针来设计时装，她的模特虽然像画家的模特一样耐心地坚持，但她还是害怕自己失去专注力。她不敢承认这样的弱点，尤其是在她的工作室。

她顽强地继续，把一幅卷成袖子的面料推到高个子年轻女子手臂上。她至少比嘉柏丽尔高出一头，俄罗斯女人大多比她高得多，但惊人地苗条。现在这位宣称自己是公主，也许是的，也可能她就是个伯爵或男爵。嘉柏丽尔已经明白，俄罗斯人在巴黎用的头衔，不一定每一个都与圣彼得堡宫廷的地位相符。但贵族以前的身份对她来说无所谓，关键在于她请的这个或那个模特，能否达成她的目的或做成点什么。另外这些以前的沙皇宫廷成员习惯了列队，可以很有耐心地站很长时间。这位年轻女子跟其他新女同事一样，非常适合可可·香奈儿式的设计方式。她总是先在一个木偶模特或女人身体上设计服装，而不是在画图桌上。可可总是说，只有这样，她的时装才能根据穿衣人的活动来调整。

“哎哟！”模特吓了一跳。“哎呀！”

“对不起。”嘉柏丽尔轻声道，没有抬头看她。

她要缝肩线的地方，成了斜线。她的眼力不行了，她应该休息一下，但她还没有完成今天的工作定额。还没到中午，但她已经觉得筋疲力尽，就像是已经入夜了。

“哎呀！”因为惊吓，香烟从她嘴里掉到了地上，地板上又烫了一个小洞，这次是嘉柏丽尔自己扎到了颤抖的手指，她叹息道，“我们稍稍休息下，艾莲娜，你也可以放松一下。”

嘉柏丽尔观察这年轻的贵族如何一下子瘫倒在地，就像在阅兵场上那样，某些景象在她脑海中一闪而过。这些出身高贵的俄罗斯女子，逃离了俄国，现在受一个小商贩的女儿支使，真是好笑。颠倒的世界，嘉柏丽尔想，她弯腰捡起香烟，重新点燃一支。

她试着放松眼睛，从窗户望出去。这是阴沉的一天，早春二月，康朋街上没什么漂亮的景色，雨点噼噼啪啪地打在窗玻璃上，开始是巴黎典型的毛毛雨，然后突然下得很猛，百叶窗缝上水流成河。

嘉柏丽尔思量着，不管天气如何，晚一点她要散步去奥古斯特·布莱索书店，用阅读来度过一个没有斯特拉文斯基的晚上。终于又可以不受打扰地看书，真是非常美妙的体验。她不知道他从西班牙回来后究竟会发生什么。他不断地来电报和电话，央求和逼迫她跟随他去马德里，她总是回复同样的话：“我还没准备好，给我一点时间，我的工作很重要……”与他相反，她很清楚，任何时刻她都不打算去兑现她的承诺。

一阵窸窸窣窣的声音打断了她的思绪，然后是扑腾声、脚步声、叹息声，她惊讶地转头向后看。

她的女同事、缝纫女工、模特们，不再像蜂房里的蜜蜂一样嗡嗡地围在女王身边，而是全神贯注地看着刚从门口进来的人。这些俄罗斯贵族行宫廷屈膝礼，额头低到快触到地板了。嘉柏丽尔正在她身上设计服装的模特，虽然身上有很多别针，还是完成了最优雅的致敬。受这么隆重致敬的感染，其他员工也放下工作，向工作室的不速之客行屈膝礼或鞠躬。

嘉柏丽尔不由自主地猛吸一口气，香烟熏到了她的眼睛，但她并没有因此眨眼睛。她并不确定自己眼前发生了什么，她是在做梦吗？

她忘了，他的个性多么令人印象深刻，他的外表多么帅气。顶天立地的男人，光芒闪耀，迷人，健壮。他在门框旁停留片刻，微笑着用一个不动声色但非常优雅的手势，请这些年轻女子起身，他说：“我恳求你们，这没必要。”他穿过工作室，走向窗前，仿佛这是他的 T 型台。

他在嘉柏丽尔面前停住，深深鞠躬，仿佛她是沙皇而非他是沙皇储君——就算俄罗斯帝国还存在。

“你好！”德米特里用法语问候她。

她的膝盖在颤抖，她的心狂跳。她没有想到，他又回到她生活中的感情冲击力，会像西伯利亚的风暴一般呼啸。她转向他，她得保持镇静，如果没有那么多双眼睛看着她的一举一动，她会直接投入他的怀抱。

“你好，先生。”她回应。

“对不起，香奈儿小姐，殿下不能久留，因为我想……”接待员——也是位贫困的俄罗斯公主，出现在德米特里身后，气喘吁吁地阻止他们继续交谈。她标志性的高贵苍白的脸颊上出现了红晕，嘉柏丽尔不记得，侯爵夫人来试衣时她的员工曾经这样激动过，法国的贵族也是她的顾客。

嘉柏丽尔的烟灰掉到地上，她一边四处张望着搜寻烟灰缸，一边对她的客人说：“我们应该去我办公室。”她的目光责备地快速扫过接待员，应该马上把德米特里·巴甫洛维奇·罗曼诺夫带到上面去的。

在往上走的楼梯上，他说：“我答应过，我们会再见的，我来了。”

“我看到了，我以前就相信您。”嘉柏丽尔微笑道，“尽管我没料到，您以突袭的方式，侵入了我的工作室。”

他假装的不满，无法掩饰他眼神中不经意的光芒：“您能原谅我一秒钟都不想等吗？我到巴黎后，第一时间就直接来了您这儿，我们才刚刚抵达。”

“我们？”她的心一沉，他在威尼斯、丹麦、伦敦和巴黎之间的某个地方成婚了吗？他的突然造访只是想尽快告诉她新的家庭状况？

“我的用人彼得和我。”

“噢……嗯……是的。”她的脸颊不由得红了，膝盖也软了。我的天哪，她感觉自己的行为举止像个蠢丫头。她尽地主之谊，使她免于继续尴尬。她打开书房门，让他从容地进去，有时间打量一下家具布置，然后礼貌地问道：“您想喝点什么？咖啡？香槟？”

德米特里没有对房间布置发表意见，摇头拒绝了喝点什么的建议。他也不坐，却解释道：“我有1.5万法郎，您觉得够让蒙特卡罗的赌桌输得精光吗？”

这是怎样一个男人啊！舒服，无忧无虑，不听规劝，尤其是不提要求。就算嘉柏丽尔有勇气把德米特里·罗曼诺夫与伊戈尔·斯特拉文斯基进行比较，她也不得不承认，更年轻的这位有一大堆的优点。

她投降地举起胳膊：“如果我也投 1.5 万，我们就有 3 万了，我们至少可以好好玩一阵了。”

他望进她眼睛里，两个人都笑了，仿佛这一刻打破了禁锢。

“我们什么时候出发？”德米特里直截了当地问。

“不能马上，我得处理几件事……”

“您的店，当然。”虽然他的语调充满理解，但他的表情还是投射出失望的阴影。“光顾着重逢的喜悦，忘了给您带来的小礼物，”他从上衣口袋掏出一张便宜纸张写的条子，递给她，“也许这可以加快我们启程。”

她诧异地打开这张小纸片，这肯定不是她不熟悉的地址，位于戛纳附近的工业村博卡。她又抬头看他，不知所措地耸耸肩：“这是什么？”

德米特里像个恶作剧时被逮到的中学男生一样坏笑：“这是恩尼斯·鲍的地址。这个男人是俄罗斯沙皇的宫廷调香师，发明了‘凯瑟琳花束’。”

“但我以为，”嘉柏丽尔猛吸一口气，“我还以为，分子式随着俄罗斯的发明者一起下落不明了……”

“鲍曾在白军服役，但他成功逃离了摩尔曼斯克，不久前开始为奇里斯工作。我听说，奇里斯工厂在格拉斯，但实验室在戛纳附近。如果您想认识恩尼斯·鲍，没什么问题，您只需要和我一起去南法。”

与俄罗斯情人一起度过疲惫的几周后，德米特里充满感染力的漫不经心，正是嘉柏丽尔需要的。而且与斯特拉文斯基不同，他是自由的，展望在里维埃拉共度美好时光，像是一个梦，根本就不需要这特别的劝说艺术。德米特里给她带来了与沙皇调香师见面的礼物，嘉柏丽尔感到非常幸福。不只是因为她深信，在鲍的旧分子式里能找到她自己香水的钥匙；单单想到德米特里经过调查研究，以及费力找到恩尼斯·鲍所花的精力，就已经打开了她的心扉。

夹杂着温柔和感激，她触摸他的手臂："那我们别浪费时间了，我想马上开始为我们的出发做准备。"她稍稍停顿，凝神静气，然后开始有目的地计划："我们需要一辆汽车，如果我们一路上不需要司机，我觉得会很好……"她惊慌地抽回手，因为她突然想起了什么："您会开车吗？"

"小姐，愿意一直为您效劳。"他向她鞠躬，"我会骑马、驾马车，也会开汽车。"

"这太好了，那我们应该马上出发，去买辆合适的汽车。"

他的眉毛上扬："马上？"

"是呀，可能午饭后。您在这儿等着，我让人给您送咖啡来，或者您想要的什么。我只需要快速处理几件工作室的事。"她得完成模特身上的那件衣服。她会更快地将工作脱手，她已经感觉不到累，期待的快乐赋予她意想不到的活力。她觉得，仿佛太阳在她生命中突然升起。

她踮起脚尖，给德米特里脸颊送上一个吻："请您不要走开，我马上回来，然后我们在丽兹共进午餐。"

当她转身离开时，他抓住她的胳膊，把她拉近自己，他的动作有力而激烈。但当他的唇想俯向她的唇时，突然停顿了，小心翼翼，探寻，体贴。他的气息吹拂她的两颊，嘉柏丽尔感受到他亲近的欲望，她靠紧他，感受这一刻他温柔的爱的渴望。这不是想占有的激情，而是触动她内心最深处的温柔。当他与她分开，她的舌头还享受着更多期待的快乐。

多美的享受！

第 2 章　宴会和丑闻

可以预见，他们将在最短的时间内成为头号话题，德米特里·巴甫洛维奇·罗曼诺夫太有名了，与嘉柏丽尔一起露面而不引起关注是不可能的。长舌妇们从社交新闻中认识了他；美国那些非要成为真公主的“美元公主”[①]们，像飞蛾围着灯光飞舞般扑向像他那样的俄罗斯贵族；甚至很多男人第一眼就知道，他是什么人。因为参与了拉斯普京的谋杀案，德米特里被这可疑英雄的神秘光环笼罩。他们在丽兹吃了第二次晚餐后，全巴黎就已经在背后议论嘉柏丽尔和德米特里。何况还有一个多嘴女服务员的添油加醋——大公下午进了香奈儿小姐的套房后，第二天上午才离开。

嘉柏丽尔对酒店餐厅的议论以及顾客和员工的好奇目光置之不理。她早就对别人怎么说完全无所谓了，总有人会说三道四，现在轮到她与德米特里的罗曼史，那又怎样？

她问他，流言蜚语成为别人茶余饭后的消遣，对他有影响吗？

“不会。”他朝她微笑，从椅子上起身，温柔地用手臂搂住她瘦削的双肩。他们正在她套房里吃早餐，餐台推到了窗前，虽然 2 月还

① 源于轻歌剧《美元公主》。

是灰暗的。“除了可可·香奈儿，没有哪个女人是我更愿意和她一起被别人看到的。”

她的心跳不由自主地加快了一点，当他的前额贴近她的头时，她冒险问了个前一天一直在想的问题。米西亚让她想起博蒙伯爵家化装舞会的那个夜晚：“你有兴趣开个大玩笑吗？”

“有，当然，一直。”他吻了下她的头发，直起身，“关于什么？”他回到自己座位上问她。

“关于捍卫我的名誉。”

“用枪还是用剑？”

“我们到场就是我们的武器。”她微微一笑补充道，“米西亚说的。”

“你的朋友这么说，她应该是对的。”德米特里同意，但他高高的额头皱起，惊讶地问，“她为什么这么说？”

“嗯，这说来话长，也许有点可笑，米西亚比我还委屈……”

嘉柏丽尔漫不经心地把牛角面包的尾巴捏碎在盘子里，她突然不再那么确定，她是否真的想反抗社会精英。与米西亚不同，嘉柏丽尔一下子不确定了，因为可可·香奈儿在上流社会的眼里还是个小制帽工而挑起丑闻，真的合适吗？出身低微的女人，凭着受大众认可的创造力和服装创新能力，置身于受欢迎的成功男性商人之中，如保罗·波烈或弗朗索瓦·科蒂，难道她不能与文学天才或顶尖画家平起平坐吗？尤其是，让德米特里卷入这样一个私事中真的好吗？但她脑海中有个淘气鬼出现了，将她的退缩和不确定转变为不顾一切，并做好充分准备不理会传统的习俗，不管付出怎样的代价。

她一开始还有点胆怯，然后用越来越坚定的声音，向德米特里讲述了埃迪特·博蒙委托她为一年一度的化装舞会设计几件服装的事。

“伯爵夫人很喜欢穿我设计的服装，但她的热衷不够给我发个请柬。这种假绅士派头让米西亚感觉受到了侮辱，她出了个主意，准备破坏今天晚上的活动。她因此鼓动了所有我们认识的艺术家朋友，为了不让她失望，我当然也会参与其中。”

“你为什么没说，去参加这个盛会对你来说这么重要？”他显得很震惊，“我可以给我们搞一个请柬来，然后……”

“你是好意，但并不是因为这个。”她插话道，“这关乎我的立场，关乎我作为独立女性的名誉。我只是想，如果我们要搞一个丑闻，你可能愿意参与。”

“嗯……是的……但是……我……”德米特里结结巴巴地说，然后停顿了。他的尴尬和无助几乎令人感动。

两人沉默了一会儿。她看得出，他和他的想法都飘得很远，比她要遥远得多。她刚才在沉默中，把她悲惨的童年、修道院里的青少年时期、在低级舞场的头儿年，与她今天奢侈成功的生活做比较，前者与后者看起来在社会阶层上没有关联。德米特里并不了解这样的境况，即使他流亡时在金钱上依赖于人，他也从来没有失去其特权地位。她得出结论，他无法理解她，同时她恼火自己竟然用这件事烦扰他。为什么要提醒他，他们之间的出身差距呢？如果他现在深受其扰，把米西亚看作滋事捣乱者，虽然她绝对是这样的人；如果他现在因这个计划谴责米西亚，并拒绝参与这个所谓的丑闻，那嘉柏丽尔就得与他分手。她享受与他在一起的时光，说这件事真是愚蠢。

她沉默着等待他的回答，等待他们关系的终结。他们的关系才开始几天，高潮是即将到来的里维埃拉度假。

他长时间看着她的眼睛，然后说出这样让她惊讶的话：“我知道，被排除在外是什么感觉。”他经过短暂犹豫，又继续说：“菲利克斯·菲利克苏维奇·尤苏波夫为谋杀拉斯普京寻找同盟，一开始我也参与其中，他把我看作唯一的出路，把拉斯普京的死看作拯救俄罗斯唯一的机会。这个人给我的沙皇姑姑带来灾难性的影响，给我们深爱的国家带来不可估量的损失。沙皇当然很生气，要把我们处死，但根据当时的法律，沙皇家庭的成员和其他大公都不能被逮捕并送交法庭。尤苏波夫被流放到他家族在俄罗斯南部的封建庄园，沙皇退位后他回到彼得格勒，甚至带着珠宝和珍贵的油画流亡伦敦。他是极少数没有财务问题的流亡者之一，如今他在伦敦被人当作拉斯普京的谋杀者来追捧。”

他的语调变得艰难，嘉柏丽尔屏住呼吸，因为她已经知道会发生什么：“而我不同，虽然我是沙皇家族的直系成员，但我被送交法庭并被审判。因为人民庆祝拉斯普京的结局，我被免于死刑。但我当时想，处死可能比在监狱要好。没人能说服沙皇，把我和其他谋杀者一样处理。其实我本人没伤拉斯普京一根毫毛，我只是为朋友们放哨。但只有我成了我那个社会阶层的‘麻风病患者’。”他泛起苦涩的微笑：“这件事也有好的一面。某一天，我被轻判，剥夺特权调往波斯，在一个军团降级服役。这救了我的命。我离得太远，没被布尔什维克盯上，红军枪杀了我的父亲和异母兄弟，而我逃往德黑兰。后面的故事你已经知道了，现在我在这儿……”他停顿，凝神静气，补充道：“……我真心感激遇到了你。”

她呆呆地点头。至少，他还没有给她的事件致命一击。她的手指挽住他从桌上向她伸过来的手。

“当然，今晚我会陪着你。罗曼诺夫家族的人，从来没有逃避过决斗，无所谓用什么武器。我们俄罗斯人有一句谚语：冒险是件高贵的事。好吧，可可，我们搞个轰动性的丑闻。”

嘉柏丽尔脑海中闪过一个念头：现在那些搬弄是非的人有了更多的话题。丑闻是肯定的了。她感觉到，一种已经被遗忘的幸福感弥漫全身。

＊＊＊

汽车长龙以步行般的速度穿过皮埃尔·德莫尔街，到特恩城堡大门前。从特恩大街开始，车队堵塞了十七区高尚街区所有的支路，小轿车和跑车堵在一起，保险杠挨着保险杠。几十支火把和蜡烛的光芒照耀着中世纪的宫殿，在圆形大门前，不断有上流社会成员和有名的波希米亚人从车上下来。满街都是汽车喇叭声、沉闷的关车门声，人声喧哗，而香槟喝得越来越多的时候，笑声也会变得更加歇斯底里。一扇打开的高高的窗户中，飘来活泼的爵士歌曲旋律。像其他司机一样，赛特夫妇的司机在门口停下，穿着宫廷侍者服装的用人马上跑过来，替他们开门。

“请出示您的请柬。”荷西下车后，一个年轻人转向他行屈膝礼。

“我们没有。”米西亚说得很响，受邀的客人正如之前他们的汽车那样，紧挨着排队往屋内移动，他们肯定每一个字都听明白了。

“这不是米西亚和荷西·赛特吗？”旁边一个女人的声音激动地低语。

“嗨，米西亚，您等下跟我一起喝杯香槟吗？”另一位叫道。

“夫人，没有请柬我不能让您进去。”很显然这个年轻人无法完成任务。埃迪特·博蒙教过用人举止要礼貌，但对米西亚·赛特复仇式的冒失却没有做好准备："对不起，夫人，我奉命执行。"

"我们知道。"荷西息事宁人道，"我们宁愿与司机们在街上庆祝。"

正当这可怜的用人大口喘气时，嘉柏丽尔从车上下来。她扫了一眼，注意到别人没有马上认出她来，有点失望。片刻后她自问，这样不显眼是否比越来越有名更舒服。不知在哪儿看到过，说米西亚在巴黎像协和广场的方尖碑一样有名。米西亚的知名度无疑对计划中的丑闻很重要。

每一位听到米西亚和用人对话的客人，都转向了她，惊讶地低语。这就像个连锁反应，离大门口最近的在等待伯爵和伯爵夫人的女士先生们，开始窃窃私语，把惊讶和猜测传递给离得很远的女士们先生们。继嘉柏丽尔之后，德米特里也下了车，有预谋地走向司机们。他们正聚集在事发地周围，低声议论变成了大声喧哗，就像雷雨前轻轻的雷声。

"您来支烟吗？"他问诺阿耶夫人的司机。

嘉柏丽尔认出了这位用人。因为诺阿耶夫人是让·科克托的赞助人，她有时让她的受助人坐她的汽车穿行巴黎。如果她知道，科克托今晚是受米西亚之邀，而非艾提安·博蒙之邀，她会感到惊讶的。

关照了一个个司机后，德米特里嘴上带着满意的坏笑，把他刚点着的烟递给嘉柏丽尔。然后他重新点燃一根火柴，深吸一口尼古丁后，靠近她耳语："你看看，好像起作用了。"

米西亚站在用人中间，像巴尔扎克小说中的贵族，美丽，自我，不可撼动。旁边的荷西·赛特离开她的影子，跟巴勃罗·毕加索大声打招呼。他也参与其中，让周围站着的人开心得像在莫里哀的喜剧里。来宾队列很慢地往前走，大部分客人觉得大街上明显比城堡的大厅更好玩，嘉柏丽尔的朋友们看起来也非常开心。她旁边的德米特里甚至还变换着角色，他像小男孩一样顽皮，做一些犯忌的事，让他很开心。

她静静地观察，她在客人中发现了男孩的老朋友。只是匆匆一瞥，她就认出她们来。那些挽着有钱男人手臂的漂亮女人，以前见过，但从来没有认识过。男孩让她远离那些花花公子和交际花。

“他们看起来挺和善的，我们为什么不邀请他们?”与男孩在河边闲逛时，嘉柏丽尔问道。离开马克希姆餐厅后，他们遇到两个人，见到他们那两人显然非常开心。但简短问候后，男孩抓着嘉柏丽尔的手，逃也似的冲进皇家大道，硬拽着她经过协和广场，来到塞纳河边。他终于慢下脚步。

“我们永远不会这么做!”

他生硬的声音令她吃惊:“为什么不?”

“因为你不是她们中的一员。”

“这女人比我漂亮多了。”她说。

“可能。但对我来说，没人比你漂亮。而且你不应该与交际花联系，因为我们会结婚的。”

他并没有跟她结婚。交际花在特恩城堡被主人待以飞吻，表示欢迎，而她们的裁缝被排除在外。这位裁缝，不久前刚被《时尚》杂志特别称赞拥有“完美品味”。嘉柏丽尔感觉到怒火从她喉咙升起。

她从眼角观察德米特里，他欢快地与两个司机讨论不同汽车品牌中更喜欢哪个，仿佛他是他们中的一员。最高贵的那些人吃惊地不断朝他看，大公把自己弄成了傻瓜。完全没有问题，嘉柏丽尔想，这是为了我，他这么做是为了我，为了一个不够高雅、不能被巴黎上流社会接纳来共同庆祝的小裁缝。一想到他的倾心爱慕，她全身和内心都充满了温暖。

德米特里感受到了她的目光，带着灿烂的笑容转向她："你好吗？"

"我不知道。"她没有承认，她经常被周围的人无视，在这样的时刻她是多么遗憾。此时是极少数的她希望的样子。但她的那些顾客，也像是不认识她似的。"我想喝点什么。"

德米特里犹豫了一会儿，他深深凝视她的眼睛，仿佛在看一本书，然后转身，向人群喊道："香槟！我能为可可·香奈儿小姐要一杯香槟吗？"

"哦！哎呀！"客人们又开始窃窃私语，好像所有的眼睛都转向了嘉柏丽尔。惊讶的目光瞟向她，她听到了惊讶的声音，有几位女士似有似无地交头接耳："香奈儿小姐设计了这么优雅的服装……为什么没邀请她？可可·香奈儿现在真的跟大公在一起了？我的天哪！这多尴尬！"

嘉柏丽尔听到了这位女士的声音，但看不到她，她很想朝她大喊，她说得完全对。这一切是很尴尬。对嘉柏丽尔，对其他客人，但主要是对博蒙伯爵和伯爵夫人，一如米西亚计划的那样。

尽管迷惑，嘉柏丽尔还是因为整个事情而开始开心起来。荷西早有准备，他的汽车后备厢里存了冰凉的香槟，现在在大街中央喝上了。这真是个欢乐的夜晚，更妙的是，一些受邀的客人加入"捣乱者"，跟后来拥入的波希米亚人以及司机们一起兴高采烈地庆祝。越来越多的窗户在他们上面打开，越来越多的观众看到，在汽车大灯下，嘉柏丽尔如何先是与让·科克托，然后与毕加索，伴着大厅里飘来的音乐跳查尔斯顿舞。后来，她在铺石路面上，在德米特里的臂弯里旋转。虽然在这个季节，这算是温和的夜晚，虽然欢闹、兴奋，她还是突然冷得发抖。

“我们是时候去南方了。”她在他耳边低语。

他把她搂得更紧。

这对她来说就是很好的回答了。

第3章　一封紧急电报

米西亚每次走进波艾蒂路23号的房子，总是惊讶于巴勃罗·毕加索身上的变化。他的家跟那个有点缺人照管的工作室不能相比，一个野心勃勃画家的工作室，不断变换的绯闻和喜欢讨论的朋友，有一些算是成功的和经济上不可靠的朋友，有时还有运气不好的朋友。他的家是个顶尖画家该有的体面居所。三年前，他的绘画经营人和资助人保罗·罗森堡在他画廊附近租下这个住所，当作结婚礼物送给他。这是毕加索作为美丽的奥尔加的丈夫，开始新生活的象征。

他的高产并没有给他的居住条件带来什么变化，他的私人生活则不同，已经引起了各种各样的流言蜚语。有人说艺术家开始疏远他的妻子，这也许跟纽约来的墨菲夫妇新近加入这个小团体有关，因为萨拉·墨菲想收服毕加索。但是也许是因为奥尔加怀孕了，月初她生了个儿子。这对年轻夫妇的幸福应该更加圆满，但朋友们意见不一。新生儿是令他们更加疏远，还是真的唤起了毕加索出乎意料的情感？他可是以毫无顾忌著称的。

米西亚觉得自己有责任亲自去确认一下气氛，另外她也想去探望一下这个初生的婴儿。

女用人给米西亚开门，帮她脱下大衣。

米西亚带着无数的小盒子，是给奥尔加和小保罗的礼物。她跟着女佣走进客厅，这是产妇待的地方，米西亚只能这么描述。因为这位芭蕾舞女演员不只是陷在一堆丝绸枕头中，而且陷入戏剧性的母亲角色。

奥尔加·毕加索坐在贵妃椅上，风姿绰约，脸色苍白，筋疲力尽，但眼睛闪闪发光。她几乎无法抬起她雪白的小手打招呼，她用手指示意，然后指指角落里壁炉边的婴儿车。

那噼噼啪啪的炉火，投影在白色花边的床上用品和孩子的小脸蛋上。按俄罗斯传统，小婴儿被整幅布料紧紧包裹着，让人想起俄罗斯套娃。米西亚知道，这与法国人安顿婴儿不一样。她在想这小孩会不会大汗淋漓，她只看到紧闭的眼睛和细嫩的脸蛋，在火光前闪着安达卢西亚橙子那样的粉红色。

“真是个迷人的小家伙。”米西亚觉得有义务赞扬，她能看到婴儿的机会太少，很难做出真正的评价。

她紧张地张望着那张桌子，上面可以摆放她带来的小礼物。但唯一的桌子上摆放着各种私人物品，如一个小圣像、一本书，还有儿童用品。她全身出汗，在这暖气十足的房间里她觉得太热了。她终于把这些小盒子搁到扶手椅上，叹息着从脖子上取下围巾，又转向年轻的妈妈。

“您不觉得保罗是世界上最漂亮的小男孩吗？”奥尔加问。

“当然是啊！”米西亚保证。

“他漂亮极了！”奥尔加继续夸赞，好像她没有听到米西亚的确认似的，“他一定会成为一个聪明的孩子，他现在看起来就很聪明，是吗？”

“是的，奥尔加。”

“如果您能看到他的手，就会知道，他将成为伟大的艺术家。这样的手就得用来画画或指挥，当然他天生就有创造力。”

“是的，当然，奥尔加。”

米西亚越来越不安，她应该走吗？她感觉并不受欢迎，谈话是单方面进行的，但她其实对奥尔加·毕加索已经习惯了。米西亚很想坐下来，而年轻的母亲显然忘了请客人坐下，这个房间也无处可坐。第二张扶手椅上，一件女式长睡衣扔得很巧妙，仿佛雷诺阿画作中的静物。米西亚对奥古斯特·雷诺阿的画很熟悉，年少时他给她画过肖像。当时她可能也很恼火，像今天一样毫无意义地闲站着。

她不耐烦地走到窗前，从那里的椅子上拿起书，放到有她礼物的扶手椅上，然后把椅子移到奥尔加旁边坐下。

“我从来不认为可以这么爱一个小家伙！您没有孩子，所以一定无法想象，女人生了孩子后将会发生什么……”

米西亚坚决地转换话题：“巴勃罗他怎么样？”

“保罗的爸爸？”奥尔加显得有点迷惘，仿佛才想起来，这个“他”是她的丈夫，“我很少见到他，他大部分时间用来画画或做新的雕塑。他在尝试创作雕塑，我其实并不知道他怎么样。对巴勃罗的状况，可能赛特先生比我知道得多。”

奥尔加的言下之意，米西亚并不能很明确地分辨，听起来像是受伤、羞愧还是恼火？巴勃罗·毕加索疏远妻子的传言看来是真的。在特恩城堡前的那个晚上，米西亚问起奥尔加时，巴勃罗的反应也是为自己辩护。对这个俄罗斯美女，她内心充满了同情，即使产妇的表演有点夸张，但这场景也不是一个新晋父亲忽视奥尔加的理由。

“我相信，巴勃罗得先适应新的状况，男人有时很难扮演父亲这个新角色。”米西亚试着安慰。

“您肯定知道。”奥尔加嘘声道。

她会跟共同的密友佳吉列夫说，她已经什么都试了，但失败于奥尔加的冥顽不灵。如果奥尔加对毕加索也是这样，那米西亚其实不能责怪他把更多时间花在工作上，而不是他的妻子和孩子身上。她决定最晚五分钟后出发，是的，她想再待五分钟，这应该够了。这样她就尽了她的责任。

她最后试着将奥尔加的注意力转到别的方面，以便能稍微愉快地度过剩下的时间。米西亚向这位不幸的人谈起了最新的流言蜚语：“可可·香奈儿想与她的新男朋友去里维埃拉……”

“我想，斯特拉文斯基正在西班牙巡演。”奥尔加打断她。

“哦，不是。”米西亚笑道，“她已经放弃斯特拉文斯基了，您无法相信，谁是她的新男友。”

奥尔加警觉道：“毕加索？”

“当然不是，小傻瓜！不，不是毕加索，如果您先生在大庭广众之下跟其他女人调情，我很希望您知道。”米西亚自问，她脖子上流下的汗珠是否只是因为房间太热，“不，亲爱的！可可是跟德米特里·巴甫洛维奇·罗曼诺夫大公出门，整个巴黎都在谈论这件事。”

“噢！”奥尔加终于印象深刻了。

米西亚对这个反应非常满意，她终于自在了：“一个星期以来，他们公开露面，一起在丽兹用餐。当然每个人都知道，夜晚并不止于甜点，针对博蒙伯爵名誉的那个小丑闻事件，他也在场。”

奥尔加没有询问丑闻的事，她好像对这些事的另一个角度更感兴趣：“我想，康斯薇露·范德比尔特会坚决地与马尔博罗公爵离婚。因为她跟殿下在一起，她的好胜心并不在于她丈夫的绯闻。”

最后的评论令米西亚恼火，但她无法反驳奥尔加，她是干净、清晰关系的捍卫者。在第一次婚姻，以及她与第二个男人分开时，她都是这么坚持的。在她这里不存在三角关系，所以她也激烈反对她的朋友可可与斯特拉文斯基的关系。

她的声音带着一定的满意度，宣布道："不，不不。德米特里·巴甫洛维奇是自由身，他可以做他喜欢的事，而康斯薇露·范德比尔特，或者好听点叫斯宾塞·丘吉尔夫人，早就对路易斯·雅克·巴勒松另眼相看了。"

她没有补充，这个美国著名亿万女富婆的新爱情跟艾提安·巴勒松的兄弟有关。她想，我们生活的世界，这么小。然后她有了一个念头，斯特拉文斯基是否已经知道，他因为一个未婚的大公而失去了可可？

"康斯薇露·范德比尔特早就已经对路易斯·雅克·巴勒松另眼相看了，"奥尔加叹息着重复，"唉，自从我生了孩子，就什么也不知道了，完全不知道。您知道西班牙巡演怎么样吗？我真希望佳吉列夫、斯特拉文斯基和舞团庆祝胜利。"

米西亚惊愕地看着她，她把对斯特拉文斯基的想法大声说出来了吗？如果是，那她太操之过急了。奥尔加或巴勃罗·毕加索绝不是那种满世界嚷嚷可可新恋情的人，透露秘密这么有诱惑力的事情她愿意自己来做。谣言传播是很快速的，米西亚最恨担任幕后角色。至少奥尔加认为她很重要，向她打听巡演成功的情况。

"是的，掌声接连不断。"她回应道。

"掌声这么热烈？多好啊！"

米西亚不再倾听，与奥尔加的谈话开始令她感到无聊。她又开始出汗，她确定，她已经尽责了。

她热脸贴了冷屁股，不太高兴："亲爱的，我现在得走了。"

“答应我您下次再来，看看保罗的变化。您得知道，我们的儿子每天都有进步。”

米西亚回答以灿烂的笑容和亲切的握手，她不准备给予更多了。然后她离开这个住所，回想起来是以逃跑的速度，而不是与一位熟人告别的速度。

到了街上，她深深吸了口冬季湿润的空气。走出燥热的室内，这冰冷也显得特别舒服，她也没扣上毛皮大衣，让冰冷的风吹进衣服；太阳穴一阵紧绷地疼，好像绑了个铁箍。摆脱了奥尔加·毕加索令人窒息的环境，她感到轻松，又吐出所吸入的空气，看着她温暖的呼吸冷凝为小小的云雾。

她行走在八区漂亮的砂岩建筑中，这里带着城市规划师乔治·欧仁·奥斯曼的强烈风格。她永远看不够，最后她看到了一个邮局的蓝白牌子。

她仿佛不再是她行为的主人，行动像是被一只陌生的手操控，无法解释她的计划。她只知道她要干点什么，来结束她认为是罪过的事。好像她这样做，对所有相关者都只有好处。

她不再究根问底，在柜台要了一张电报表和笔。一个中年男人刚好清理了专门为顾客预留的桌子，这样她就可以马上展开。

米西亚走近柜台，把表格放在前面，把手袋从手腕推到左臂的手肘处，以便更好地支撑，然后写道：

可可·香奈儿更喜欢大公，而非艺术家！

她快速转身，以免改变主意，像是被跟踪者追赶似的走到柜台前，把一位原本先轮到她而愤怒抗议的女子挤到旁边。

“对不起，这是紧急情况。”她声称，并且发现，这也并非谎言。

“请您将这个信息立即发往马德里的皇宫酒店，伊戈尔·斯特拉文斯基先生亲收。”她对邮局工作人员说。

第4章　一起去度假

劳斯莱斯银鬼轿车，特别的暗蓝色漆，发动机发出均匀的像缝纫机的嗡嗡声。冬天还光秃秃的树在街边飞驰而过，从打开的车窗吹来凉爽的风，牵扯着合上的顶棚布，吹拂着嘉柏丽尔皮帽子下面闪闪发光的头发。灰暗云朵后面闪耀着的阳光，像里维埃拉报春的使者，投射在冷却罩上的汽车徽标和铝制仪表盘上。

从昨天开始，天气就很好了。德米特里试驾新车前往鲁昂，他被晒伤了。回到巴黎，门童一开始不让他进酒店，因为把他晒红的脸当成了有酒瘾的标记。后来事情解释清楚了，嘉柏丽尔和德米特里笑话这个小插曲。但她希望，不要再给她高贵的情人带来这样的尴尬了。

她一时冲动，指尖触摸他的脸庞。

“禁止触摸司机。”他开玩笑，目光仍然直直地看着路面，“你正在引发危险，让我放开方向盘去吻你。”

她用手臂环绕他上半身：“我无法忍受，到芒通才能触摸你。”

“我也不能，所以我们最晚在路程的一半时休息一下。”

那可能会在奥弗涅，她脑海中闪过这个地方。虽然她跟男孩去过南边，但从来没在她家乡所在的地区停留过。说来也奇怪，她突然觉得需要回到那个地方，那个她长大的地方，她母亲去世的地方。仿佛想对火山岩和起伏的草地、玄武岩建成的中世纪城市和通风的农舍大声呼喊，一个腼腆的小女孩，在穷困潦倒中长大，后来成为富有成功的女人。她现在可以负担得起跟一位大公在蔚蓝海岸度一个长假。

他们想先在芒通的酒店待几天，那儿没有人认识他们。芒通够不上上流社会，在那儿他们不会成为谈资。喜欢嚼舌根的人，更喜欢在蒙特卡罗、戛纳或昂蒂布享受。尤其是德米特里喜欢隐姓埋名，这不只跟他的社会地位有关。他跟嘉柏丽尔说过，他注意到，他不但被警察，而且好像被法国间谍和布尔什维克的间谍跟踪。通过法国内政部一个熟人，他知道有一个卷宗记录了他的所有行踪。

"各个国家控制我的动机不同，但其实他们都一样，都想知道我有什么政治目的。"德米特里坏笑道，"其实我就只想和你在一起，可可，还有享受一点阳光。"

在奥弗涅你也跟在芒通一样无名，她想。

"我们应该在……"她开口说话。

同时，德米特里也在问她："你想要……什么？"

两人都停下来，有一点尴尬。因为他们同时开始说话，他们在一起的时间还太短，无法猜中对方的想法。嘉柏丽尔自问，她跟德米特里某个时候会有这样的默契吗？跟男孩曾经有的，但这有点不一样。

"你先说。"德米特里决定。

她忘了要说什么，对男孩的回忆险些压倒一切，她在奥弗涅的童年也忘了。她上一次去南法，艾提安·巴勒松走的是另外一条路。那是在夜里，跟这次没什么可比性。但她突然感觉像是在一个黑暗的隧道里，让她想起生命中最可怕的时刻。

"你想说什么？"德米特里打断了她的沉默。

她吓了一跳，仿佛从噩梦中惊醒，她低声说："我不记得了。"

好长一会儿，只有汽车马达声和行驶中的风声。嘉柏丽尔犹豫地看了下德米特里，因为她的注意力显然在另外的事、另外的人身上，他生气了吗？他们的关系还很脆弱，就像仓促别拢起来的裁剪样衣，在一起的时间还不够长。但他的表情她看不透，他的眼睛盯着路，没有什么迹象表明，他感觉受了委屈。她垂下眼帘，希望已经到目的地了。

他突然说话了："我想起来，你还一直没告诉我，你究竟想从恩尼斯·鲍那儿得到什么。我跟他约了个时间，跟他说，一位女士陪我一起去看他，她对特别的香水'凯瑟琳花束'感兴趣，但我不知道究竟为什么。"

"哦，我想，我在威尼斯就已经告诉过你，我想要生产'香奈儿水'。"

"你只是暗示了。"

"这也只是件小事。我想生产一百瓶，作为给我最佳顾客的圣诞礼物。"

德米特里把头转向她："你为这些女士费这么大劲，你在特恩城堡就是向她们表明，什么是倒打一耙？"

她承认："是的，是这样。正因如此，我要展示在实验室能合成的最好的东西。"

他向她绽开大大的笑容："我很高兴在这件事上能帮上你一点。"

"你应该专心看路，这样你才能真的帮上忙。"

他笑着遵命。

第 5 章　暴怒的作曲家

指挥棒折断在乐谱架上，发出令人难受的咔嚓声。伊戈尔·斯特拉文斯基目瞪口呆地盯着他赖以为生的工具，原本约 30 厘米长的木棍，只剩下了还握在手里的几厘米。

然后他向乐手喊道:“您识谱吗？这个地方变为 6/4 拍，请您按总谱上的演奏!”他挥舞着手上的木棍，用未加控制的手势扔向乐队。

幸好没有砸中任何人。

谢尔盖·佳吉列夫不由自主地深吸一口气。他刚悄悄走进皇家剧院舞台前部的侧包厢，在后排椅子上坐下，没有看到乐队排练，倒是正好看到了作曲家发火。当然，他已经预计到斯特拉文斯基对巴黎电报的愤怒反应，所以来观察他，但没想到斯特拉文斯基会挫败失意到这个程度。

“他已经精神崩溃。”布罗尼斯拉娃·尼金斯卡在佳吉列夫旁边轻声断言，这位芭蕾舞女演员最近也在尝试编舞。她非常清醒地下了诊断，好像这个状况是无法改变的。

“斯特拉文斯基是嫉妒。”佳吉列夫低语。

他的思绪不由得回到几年前。当时他跟布罗尼斯拉娃的兄弟瓦斯拉夫·尼金斯基意气相投，但他们之间的合作，因恋爱关系引起的精神错乱结束了。

是的，说起精神崩溃，布罗尼斯拉娃知道她在说什么。两年前在圣莫里茨的一次私人芭蕾表演中，瓦斯拉夫精神崩溃，后来被送进苏黎世的一家精神病院。当佳吉列夫知道瓦斯拉夫患精神分裂症时，震惊程度比几年前的绝望更强烈。当时瓦斯拉夫离开了他，投入一个女人的怀抱，后来还真的跟她结婚了。瓦斯拉夫为斯特拉文斯基的芭蕾舞剧《彼得鲁什卡》注入了生命，世界上最好的芭蕾舞演员，一直无法摆脱精神错乱，现在还在一家疗养院里。

因为失望的爱情，现在作曲家自己也要面临同样的命运吗？佳吉列夫抽出插巾，惊恐地摁在嘴上。

斯特拉文斯基大声斥责一个西班牙舞台工人，要工人给他一根新的指挥棒。布罗尼斯拉娃问道："是因为香奈儿小姐吗？"

佳吉列夫担心地看着，不安在乐手中间蔓延，他们没人演奏得不对，他现在真的不希望乐队反抗指挥。目前为止，巡演一直很成功，然而在酒店收到这么一封无法形容的电报。因为发报人匿名，掌门人建议斯特拉文斯基马上忘掉里面的内容，但似乎被戴了绿帽子的情人什么也不想听。

"他让人在巴黎调查，"去世大公夫人玛丽亚·巴甫洛芙娜的手帕压低了他的声音，"查出每个字都是真的，这并不困难。伊戈尔·费奥多罗维奇·斯特拉文斯基只需给可可位于加尔舍的房子打电话。叶卡捷琳娜在电话中告诉他，最近有一个彼得搬进了'美好呼吸'别墅，他是德米特里·巴甫洛维奇·罗曼诺夫的用人。像熊一样的男人，对孩子非常有耐心。西奥多、路德米拉斯维亚托斯拉夫、米莱娜应该非常兴奋，他们经常跟用人夫妇的小女儿一起玩，至少几个小孩都很开心。"

“但用人住在她的房子里，并不能证明可可小姐与殿下在一起。”

佳吉列夫忧伤地摇摇头，他终于把手帕塞回他上衣的专属口袋：“是的，但这个彼得住在那儿，是因为可可和她的新男友去里维埃拉单独旅行了。”

“看来是这么回事。”布罗尼斯拉娃表示同意，“那伊戈尔·斯特拉文斯基和可可·香奈儿结束了。”

“我喜欢你的理智。”佳吉列夫叹息道。

歌剧院的音响效果，把斯特拉文斯基提高的嗓音传递到最上面一排最后面的座位。“走！走！”他对第一小提琴手喊道，“您看总谱，好好练习！音乐听起来要按我写的那样，而不是您想要的声音。”

因为抗议音乐大师的辱骂，其他弦乐手用他们的弓敲击乐器或乐谱架，本来表示鼓掌的动作，变为最前面几排小提琴、中提琴和大提琴手们不可忽视的反抗。因为这是全体合奏排练，吹奏乐手也加入了抗议，他们用指关节敲击乐谱架。

“革命！”斯特拉文斯基咆哮道，“我是作曲，我是唯一正确阐释乐谱的人。你们所有人都搞错了，错了！错了！错了！”

谢尔盖·佳吉列夫把椅子往后推：“在演变成乐队抵制前，我得去管管伊戈尔。”

* * *

斯特拉文斯基转动手中倒满了伏特加的水杯，下午的阳光透过穹顶彩色玻璃投下来，折射在杯中，洒下蓝色、黄色和红色的斑点。在柱子支撑的酒店圆形大厅里，他跟佳吉列夫坐在其中一张桌子旁。

不，斯特拉文斯基不是坐着，他算是半躺在一张巴洛克椅子上。

像活的受难的基督，佳吉列夫想，抿了一口香槟，仿佛想喝出勇气来面对即将开始的谈话。他想让作曲家振作起来，但他真的不知道应该说什么。“可可不值得”或者“可可是个荡妇”之类的话，他说不出口，即使这些话也许能安慰他。他觉得对他的赞助人应该有这样的忠心。

“她说谎！”斯特拉文斯基愤怒地说，“她说谎，她是个骗子！”

“说什么呀！”佳吉列夫反击，“所有女人都反复无常，今天她们想要这个，明天想要那个，永远不一样。”或者要另外的人，他在脑海中补充。

“我要杀了这个背叛者。”斯特拉文斯基威胁地嘀咕道，他举杯，喝了一大口。

“如果这对你有帮助，那就做，但只是在脑子里想想吧。”

“什么意思？我当然要杀了她。”斯特拉文斯基向他投来凶狠的目光，他把杯子放在桌子上，伸出手指张开颤抖的手，“我要把手放在她瘦弱白皙的脖子上，杀了她。我要掐死她。”

斯特拉文斯基说话时认真的样子，吓坏了佳吉列夫。

当然佳吉列夫也知道被抛弃的痛苦，他因为嫉妒赶走了瓦斯拉夫·尼金斯基；莱奥尼德·马辛也离开了，他与女舞蹈演员的私情，让他——谢尔盖·佳吉列夫——太受伤了。对这两次分手，他一直觉得很遗憾，但他还能接受，不只是私人原因，而是作为芭蕾舞团掌门人。如果他杀了其中一个男人，那他就该怀疑自己了。

“别再纠缠可可了。”他无力地回应，“这改变不了……”

他停了下来，因为钢琴演奏者开始履行职责，摆放在圆形建筑边上的三角钢琴琴声在大厅上空飘荡。奇怪的是，乐手没有给酒店的客人弹奏规定的爵士乐，而是民歌音乐。他即兴演奏了一首弗拉门戈曲，然后是歌剧《卡门》中的一首歌曲。佳吉列夫自忖，很奇怪，最具西班牙特色的歌剧却是由法国人乔治·比才写的。

斯特拉文斯基无视佳吉列夫的反对，他明显感到被乐曲激发了灵感。他表示：“当然我也可以刺死她。”他重新端起杯子，往里面凝视，好像他能在里面找到他思考的答案似的。

“我的朋友，你的经历很有戏剧性，但你现在不是站在舞台上。”

“刀口得多长，才能真的刺进去？”

“伊戈尔，我求你了！你在想什么呢？这是一个人，一个柔弱的女人。杀人是件非常血腥的事情，真的血可比我们在戏剧中使用的甘油、凝胶和品红混合物令人难受得多。”

斯特拉文斯基又喝了一口伏特加，然后说：“那不用刀。你说得对，谢尔盖，我会掐死她。”接着他又端起酒杯。

佳吉列夫脑海中闪念：“我的神啊！他确实是认真的。”

第 6 章　死亡威胁

事实证明芒通之旅是个错误的决定。嘉柏丽尔挑选的里维埃拉宫酒店很有代表性，像中世纪城堡的庄园。它紧靠山崖，台阶两边是栽在巨大陶盆里的棕榈树和柠檬树，还有一个富丽堂皇的花园。但建筑有点阴沉，这阴沉可能跟苏格兰城堡相配，但与嘉柏丽尔想象的蔚蓝海岸的轻松不匹配。而轻松正是她在德米特里身边要寻找的。也许这忧郁来自很多北欧客人，他们因为里维埃拉特别温和的天气而来，来治愈“西班牙流感”、肺结核或风湿病。

嘉柏丽尔感觉白天被疾病包围，晚上被恶魔追逐。经历噩梦后，她在黎明终于有点困意，于是在床上待到中午。德米特里并不抱怨，早上起床后一个人去打高尔夫或在海边消磨时光；回来告诉她，他如何观察一个渔夫或意大利家庭的小孩，在沙滩上用石子玩游戏。度假时他们不能时时刻刻在一起，这一事实令嘉柏丽尔恼火。他必须顾虑她休息的需求，她不觉得这是理所当然的。

“我们共同的旅行开头并不好，是吗？”在酒店大阳台上共进午餐时，她问道。从她的位置可以看到宝蓝色大海，闪闪发光，反射着特别温暖的春日阳光。“我想让你快乐，但我担心自己做得不够好。”

他笑着握住她的手：“不，可可，你让我很快乐，我体会到了。

有人为我考虑这么多，费了这么大劲，令我感动至深……”

“夫人？”一位侍应生走近桌子。

“是小姐。”她不假思索地纠正道。

过了一会儿她想起来，她在这儿登记的是另一个名字，叫德沃勒。这是她母亲尤金少女时的名字，在这儿她不是巴黎有名的时装设计师。她作为罗曼诺夫大公的陪同人员，是公众人物，得到了比女裁缝可可·香奈儿更多的尊重。

“对不起，小姐，我想……”小伙子不只是觉得困惑，也为弄错而尴尬，他无助地说道，“您有一个巴黎来的电话，他说很急。”

德米特里抬起眉毛，“店里的麻烦？”

“打电话的人说名字了吗？”嘉柏丽尔问道，已经开始起身。

“是的，夫人……呃……小姐，他的名字是约瑟夫·勒克莱。”

“家里的麻烦事。”她概括道。

她用手势阻止德米特里陪她去酒店的电话中心。

“发生了什么事？”当她来到电话间，把听筒摁到耳边，她没有客套直接问道。

回复她的是一阵沙沙声，然后是约瑟夫熟悉的声音：“对不起，打扰您了小姐。但佳吉列夫先生坚决要求尽快告诉您，不管您在哪儿。”

“谢尔盖·佳吉列夫？”嘉柏丽尔坐在一个嵌进墙上的小凳子上，各种不同的场景在她脑海中掠过，但她想不出有什么事这么紧急，需要以这样的方式告知惊人的消息。“他病了？他还好吧？”

“我想是的，小姐，佳吉列夫先生先是发了个电报，然后又打了电话来。”忠诚的用人向嘉柏丽尔汇报。她听到窸窸的响声，然后他继续，“我最好还是给您念吧。”约瑟夫清了清嗓子，“不要来马德里，不要。斯特拉文斯基要杀了你。”

她一开始觉得没听明白："什么？您说'杀人'？"

"佳吉列夫在电话中重复了他的警告。但我请他放心，告诉他您根本不想去马德里，而是有其他的安排。希望这么说是对的。"

"对，约瑟夫，当然。"

她开始紧张地啃太阳镜镜腿，她走进半明半暗的酒店大厅时，把太阳镜拿了下来。斯特拉文斯基离开这么久了，他当然应该明白，她不会再去追随他了。他这么为她疯狂，以至于因为没有信守承诺而要以杀人威胁？或者他知道她跟德米特里·罗曼诺夫在一起了？他们在巴黎也没有隐瞒，很有可能流言蜚语已经传到了马德里。但是她前情人的报复欲望，她还是很难把它当真。

"如果佳吉列夫再来联系，您告诉他，我很健康，也会继续保持；也告诉他，我从来没有去马德里的打算。"

"照您说的办，小姐，但是……"约瑟夫顿住了，然后轻声补充道，"请您多保重。"

"我当然会的。"可惜她高兴的笑声听起来很不自然，也确实是不自然，"还有其他事吗？"

"佳吉列夫提到了一封匿名电报，从第八区的邮局发给马德里皇宫酒店的斯特拉文斯基先生。上面说，小姐现在……"约瑟夫停顿，又清了清嗓子，"小姐现在更喜欢大公。"

米西亚！

发电报的人除了米西亚不可能是别的人，嘉柏丽尔确定。她认识的人中，没有人像她这个朋友那样喜欢玩弄别人的命运。这个蛇一样的女人。

"谢谢，约瑟夫。"她停顿了好长时间，竭力让自己镇定下来，"狗狗们都好吧？"

“非常好，小姐，这儿一切都好。您也许还应该知道，斯特拉文斯基先生几天前来过电话，从马德里来的长途。他跟斯特拉文斯卡夫人打了好长时间电话，这不太正常，因为一般不会这样。”

他向她详细盘问，嘉柏丽尔想。

“我明白。”她说，“请您代我问候斯特拉文斯卡夫人和玛丽，再见，约瑟夫。”

她放下电话，在电话间里盯着无声的电话机又坐了一会儿，然后站起来，打开门，指示柜台后面的女服务员，给她接通巴黎的电话。

* * *

“米西亚推得一干二净。”嘉柏丽尔总结道。她把玩着一支还未点上的香烟，靠在柳条安乐椅上。在她讲电话期间，德米特里从大阳台上的餐桌换到了花园里更舒服的座位。“我认为她是给斯特拉文斯基发电报的人，她很恼火，不想跟我再聊了，永远不想。我猜，这意味着，在我们度假的剩余时间里，她不会再联系我了。”她暗笑道，“等我回到巴黎，一切都会好的。”

“你认为斯特拉文斯基的威胁是认真的吗？”他点燃一根火柴，弯下腰，为她点火。

她把烟深深地吸进肺里，心不在焉地望着吐出的一个小烟圈，它随着春天的微风消散了。然后她注视着德米特里，承认：“是的。不，说实话，我不知道。伊戈尔·斯特拉文斯基可能会很霸道，另外他占有欲很强。但他是个艺术家，作曲家从来不会很残忍的，不是吗？我想，音乐家会过于担心他们的手，不会用自己的手去杀人的。”

下一刻，她想，不知道人什么时候会成为凶手。那个刚刚与她无忧无虑同床共枕的男人，甚至跟她发誓说，没有杀死拉斯普京，但他参与了谋杀他的密谋。德米特里非常优雅，彬彬有礼，体贴周到，却是谋害拉斯普京的同谋之一。而且显然，他至今没有为四年前的行为后悔。突然意识到这一点，她不寒而栗。春天的风还是没那么暖和，她用双臂抱住自己。

“你怕他吗？”

“不。”她本能地回答。

德米特里向她提问的时候，她的思绪还停留在他过去的经历中。她当然不会怕他，谋杀拉斯普京只是出于政治动机，跟误以为的爱情无关。德米特里指的当然是斯特拉文斯基，这位作曲家是个天才，激情澎湃的男人。

她吸了口烟，考虑了一下，坦率地再次承认道：“不。”

“但你担心。”德米特里步步紧逼。

她叹息着把烟蒂摁在烟灰缸里：“如果你一定想知道，是的。我担心，担心伊戈尔，不是担心我自己。我担心他又做傻事，我不希望像他这样的男人成为别人同情的对象。”

“有个俄罗斯谚语，大意是，人有理智是好的，但更好的是有一个理智的朋友。”他调皮地朝她坏笑道，“当伊戈尔·斯特拉文斯基碰到一个聪明女人的时候，他会恢复理智的。”

“德米特里，他已经结婚了。”她认真地提醒他。

“那我们希望你的朋友米西亚能成功，斯特拉文斯基能回归家庭。现在这种状况下，你还让他们继续住在你那里吗？”

她点头：“当然，叶卡捷琳娜和孩子们能去哪儿呢？”

“那你呢？当斯特拉文斯基回到巴黎，你还想跟他在一个屋檐下生活吗？”

她的第一个回答是耸耸肩。苦思冥想了好一会儿后，她轻轻补充道：“我认为，购买‘美好呼吸’别墅并不是个好主意，虽然我喜欢丽兹的套房，但巴黎市区公寓可能比郊区庄园实用得多。”她惊讶地停了下来，这个评论很奇怪地从她嘴里轻松地说了出来，加尔舍的庄园是男孩为他们俩买的，还能是为谁呢？难道她真的又要离开吗？回头想想，那儿未曾有过一天是幸福的。

她继续说：“如果我好好考虑，我宁愿要里维埃拉附近的别墅……”她停顿，她究竟在对眼前的德米特里说什么呢？她朝他笑笑，有点太大声了，“但对芒通的不动产市场我不怎么感兴趣。”她说完，笑得更不自然了。

她的笑容并不快活，并不是对他，更多的是对她自己。她笑自己的错误和追逐她的魔鬼。她知道，斯特拉文斯基的死亡威胁会让自己夜里失眠，她感到一阵苦涩。

“我们应该去蒙特卡罗。”德米特里断言，仿佛读懂了她的心思。“我们搬进那儿的里维埃拉宫，你觉得怎么样？那我们就不需要再记新酒店的名字了。”他向她俯下身，点头示意一对英国老年夫妇，他们在听力可及的范围内，翻看不一定是最新一期的《泰晤士报》。他低语道：“摩纳哥人会更友善些，希望能帮你获得安宁，另外我们如果想去戛纳拜访恩尼斯·鲍，从那儿去并不远。”

“我完全同意你的想法。”她回应道，眼睛闪闪发光。

第 7 章　富足的生活和卑微的内心

在芒通，嘉柏丽尔和德米特里尚可隐匿在另一个名字下，在公众场合隐姓埋名。但在蒙特卡罗逗留的上流社会成员都认识德米特里，他属于显贵阶层，所以不适合用别的身份。

嘉柏丽尔虽然在巴黎已经有了与情人的名人圈交往的经验，但这是第一次成为大众兴趣的中心。在公开场合的每一步都被好奇地观察，与她和德米特里在摩纳哥引起的关注相比，他们在丽兹共进晚餐的流言只能算是小巫见大巫。摩纳哥里维埃拉宫酒店其他客人的眼睛，以及赌场里游手好闲的人和玩家的眼睛，都密切关注着这对社会阶层不平等的情侣。德米特里建议在酒店套房里吃饭，以免被围观。嘉柏丽尔没有理由反对，但她突然内心摇摆，也许她更愿意跟他一起被看到，被接受。

看看！一个奥弗涅流动商贩和洗衣女的私生女成了什么，在巴黎上流社会不被接受的女人，被德米特里大公爱慕。

但这些她没跟他说。从根本上说，她的身体里还是跳动着一颗平凡含蓄女孩的心，她宁愿是安静的倾听者，所以她毫无异议地接受躲在房间里的晚餐。他们看着城市和港口在黑暗中如萤火虫般闪烁的灯光，服务员拿来了带白色蜡烛的枝形烛台，灯光投射在水晶杯里的勃艮第葡萄酒里。他们在享用牡蛎和鱼子酱，嘉柏丽尔很少考虑费用，就像她刚开始成为制帽工时一样，对财务一无所知，或者说只懂简单的账目。

那时她充满热情地工作，全情投入于她的帽子、员工、顾客，无暇顾及其他。与今天相比，她那时对账户情况一无所知，不知道谁用了钱，不知道账户是否有余额。

巴黎经常下雨。在圣日耳曼区的一家小餐馆，雨点打在窗上，她和男孩在吸食这个季节最后的牡蛎。嘉柏丽尔在康朋街的第一家店开张了，她很开心。她生命中第一次感觉自己被认真对待，感觉到自己的重要。没人再只是用名字或可可来称呼她，对每个人来说，她都是小姐，是被尊重和尊敬的人。最高贵的女士们在选择合适的帽子时，都会重视她的意见。

她满怀热情，心情很好，喊道："我赚了很多钱，生意非常好，一切都很简单！我只需要在支票上签字然后去兑钱。"

"是的，这很好。只是……"男孩压低了声音，带着预警，他犹豫，然后说，"你在银行欠债了。"

她呆呆地盯着他好一会儿，然后她发怒了。她的眼睛如黑色钻石般闪烁："这什么意思？我赚钱了，很多钱，我很清楚！如果钱不够了，银行什么也不会给我的……或者还是会给？"在他恳切的目光下，她最后的问题成了小心的低语。

"银行给你钱，是因为我交了保证金。"

她倒吸一口气："你是想说，我花出去的钱，不是我自己赚的？"

“是银行的。”他越过桌子抓住她的手，他的手指温柔地握着她的，“经理昨天给我打了电话，说你取的钱有点多，你应该知道。但我不想你担心，这并不重要。”

他的手势应该起安抚的作用，但他的关心只起了相反的作用。嘉柏丽尔情绪失控，新境况带来的喜悦破碎了。她想，谎言，纯粹是谎言！她仍然只是个小裁缝，没有价值，农村来的幼稚女孩，需要靠一个有钱的家伙养活。这一切都不是她想要的，她工作是为了独立，获得认可，而钱是关键。对她这样的女子来说，钱意味着自由，想做什么、想成为什么样的人的自由。男孩本人就是支持嘉柏丽尔论点的活生生的证明。

“银行的人为什么给你打电话，而不是给我？毕竟账户是在我的名下，或者是我搞错了？”这次她不再胆怯地提问，她因愤怒而声音颤抖，生硬地从他那里抽回自己的手。

“因为我用有价证券押金为你担保，”他轻声回答，“我跟你说过的。”

这一晚剩下的时间她都在默默地思索，几乎没跟男孩说话，她觉得被他欺骗了。为什么让她开店，却没跟她说在经营方面什么是重要的？她做帽子可不是为了打发时间。

这样一个激烈的夜晚后，第二天早晨她比平时更早到工作室。她清空了一张桌子，把所有能找到的账本和账单都放在上面。在接下来的时间里她一直在研究数字，开始她看不明白那些记录，但后来慢慢理解了一点表格中的意思。算账时她不只依赖头脑，还用手指帮忙：一、二、三、四、五……

她到工作室后马上跟她的得力助手安吉拉进行了秘密谈话。“我开店不是为了寻开心，”嘉柏丽尔声明，“钱不能乱花。从今天起，没有我的允许，谁也不能花一分钱。我会掌控所有钱款的进出，我要每天看账本。”

六年后她还清了男孩为她开店的投资。在他的帮助下，她学了很多经营和财务方面的事务，以后她很注意收入和支出，在战时她就已经没有债务了，还雇了300个裁缝。如今她完全靠自己，甚至可以供养沙皇皇储。

德米特里也做了贡献，用他的方式。他给了她社会声誉，她现在知道，用钱无法收买这个世界……

“可可！”德米特里声音温柔，“你在哪儿？”

她中断思绪，微笑道：“这儿，在你这儿。”她举起香槟杯，跟对面的人碰杯。

“不，不不。刚才你不在我这儿。”

她不想向他讲述过往。“我在想康朋街，我的店。”她回避道，“我从来没有休过这么长时间的假。像我们现在计划的那样，很不寻常。”

他也举杯：“那我们应该为无忧无虑的时光干杯。”他喝了一口，继续说道：“我想到一个参观路线，我们明天去尼斯怎么样？我想带你看看俄罗斯东正教教堂。”

她想问他，他的出现是否会在俄罗斯社区引起太多关注。但她咽下了她的顾虑，这跟他们平时去附近郊游不同，和她一起去他信仰的宗教教堂，显然这对他来说很重要。

这令她感动至深。

第 8 章　圣尼古拉大教堂

因这温暖的春日天气，他们可以打开敞篷，沿着滨海大道向尼斯疾驰。德米特里非常兴奋地驾驶汽车通过海滨大道的急弯，嘉柏丽尔则享受眼前的风景。崎岖的山崖和蔚蓝的大海，空气中弥漫着槐树和柏树的清香味，迎面而来的车很少，嘉柏丽尔时不时闭上眼睛，沉醉在想象中。只有她和德米特里两个人，在这美妙的一小块地方，非常惬意地想象。当她再次睁开眼睛时，他们正沿着费拉角行驶。她发现了一艘白色的船，穿过大海和晴空万里的天际线，因为距离，她看不出是科西嘉岛的渡船，或是一艘商船，还是一艘大游艇。她不由地梦想在船上的情景，她决定有机会时问问德米特里，他是否喜欢驾驶帆船。

一开始她感到惊奇，德米特里那么自然地熟悉尼斯的道路，然后她想起，他并不是第一次在里维埃拉停留。他非常自信地行驶在宽阔的大道上，路过辉煌的黄色砂岩建筑和里面有茂盛棕榈花园的天然石头围墙，穿过狭窄的小巷，两旁是倾斜阴暗的房子，仿佛他就属于这儿。他早就离开了海滨大道，在罗马时期的废墟、中世纪建筑和古典主义别墅的纷乱中，海滨大道是唯一能帮嘉柏丽尔定位的。德米特里也已经离开了老城，驾驶汽车穿过一片住宅区。路边有优雅的房子，车子都停在人行道边。步行街上的人穿着考究，这儿并不热闹，但一眼就可以看出这里居民的高雅。一辆有轨电车叮叮当当驶过，售票员恼火地按铃，因为劳斯莱斯在他前面穿过轨道。德米特里不动声色地拐进一条小街，这是嘉柏丽尔以前没来过的区域，她对尼斯的认识主要就是英国大街。

她屏住了呼吸，德米特里驶过有柏树、棕榈、洋槐和高高月桂树篱的花园。街道转了个弯，嘉柏丽尔远远地就看到了五个金色的圆顶，高耸在天空中。

“这是圣尼古拉大教堂，”她的司机骄傲地解释道，“俄罗斯境外最大的东正教教堂。”

气势雄伟的教堂看起来真是无与伦比，异国风情的尖塔装饰着天空。整个建筑在高高的铸铁栅栏后面，在一个类似公园的地皮上，掩映在软木橡树和橄榄树旁，有一条宽阔的路通向教堂。

德米特里在门前停下：“你想要开到前面去吗？”

显然车子是不允许开进去的，但对沙皇皇储可能没有这个限制。如果他按喇叭，一定会出现一个修士，把大门打开。这样的特权突然让嘉柏丽尔觉得不舒服。她想起了自己在修道院的生活，对神职人员信仰的尊敬占了上风：“我愿意走几步。”

他毫无异议地倒车，停到路边。然后绕过车来，为她开门，向她伸出手，帮她下车。

“教堂所在的地皮曾经是贝尔蒙别墅，沙皇家族以前在这儿度假。”她下车时，他介绍道：“我的堂哥，不幸的沙皇尼古拉二世，10年或12年前把这整块地方给了教会，大战前不久才举行了落成典礼。一直以来，我的很多老乡来尼斯，是因为地中海气候以及来消夏避暑。”他没有提及革命以来涌向蔚蓝海岸的逃亡者。讲到荣耀的过去和俄罗斯曾经的辉煌，他的声音带着悲伤。

嘉柏丽尔握住他的手，她理解他的失落，所以沉默。她担心评论听起来会有点古怪，而且总归是无法表达她的感觉。

门没有锁，德米特里推开时发出刺耳的嘎吱声。一棵雪松上，麻雀叽叽喳喳地叫，除此之外，好像整个地方只有他们俩。

“圣尼古拉是仿照莫斯科的圣瓦西里主教教堂建造的。”德米特里讲述道，“近 70 年前，我的曾祖母，亚历山德拉·费奥多罗芙娜让人在这儿建了第一个俄罗斯教堂，那就是后面的白色圆顶。她身体不好，因为战争离开克里米亚的皇宫后，她经常住在尼斯。”他指了指方向，“然后又建了新的，但那是很久以后。”

“我的曾祖母……”他说起统治俄罗斯的家族，那样理所当然。就像嘉柏丽尔提起祖先时，马上想到的是她的洗衣女母亲。因为圣尼古拉大教堂，在这个时刻她意识到，他们家庭出身的差别是多么巨大。跟他们在里维埃拉宫酒店套房喝香槟时的逗趣不同，这个奢华的建筑是德米特里的世界。但难得的是，她感觉跟他还从来没有这么近过。

她看了看这座亚历山德拉·费奥多罗芙娜皇后时期建的漂亮建筑，和后面高高的台阶。有尖塔、城垛和柱子加固的彩色外立面令人印象深刻，她的目光在小一点的教堂上短暂停留，又很快飞走。大教堂的装饰色彩华丽，嘉柏丽尔见过的其他教堂无一可及。单单那巨大的木雕双扇大门就值得长时间驻足，为其手工艺术惊艳。她跟随德米特里的脚步走进一个很小的前厅，从铅玻璃窗投进的阳光和墙上金色的圣像，令她眼花缭乱。桌子旁边坐着一位老妇人，衣着像一位俄罗斯农民，在售卖宗教祭祀品。

“您好！”德米特里友好地问候，又用俄语说，“下午好。”

老人一开始只是匆匆一看，然后就呆住了。她僵硬地把椅子猛地往后推，发出“嘎吱”的声音，随即趴在黑白马赛克铺就的地板上，趴在德米特里脚下。她僵硬的手指拽着德米特里的裤脚，费力地向前匍匐，去亲吻裤边。

“Mat……”德米特里开始说话，然后就是滔滔不绝的俄语，嘉柏丽尔当然听不懂。

最后她男朋友让那位妇人离开他，跪回到她的椅子前。

“传统意义上，俄罗斯沙皇与东正教会联系紧密。”他对嘉柏丽尔耳语，“比作为圣公会首领的英国国王更甚，也比德国皇帝或哈布斯堡皇帝更紧密，当然也比拿破仑·波拿巴更紧密。所以我的家族对信徒来说更为重要。”

她默默点头，感动，也有一点不知所措。虽然她已经在巴黎经历了活着的俄罗斯人对他们大公的反应，她的模特们也不习惯他出现在她的工作室，但像这个老妇人这样的恭敬她从来没有经历过。

“来，”德米特里轻轻推着她，“咱们进去吧。”

教徒室也跟整个建筑一样美轮美奂，嘉柏丽尔不由得想起奥巴齐内的修道院教堂，当然也想起了巨大的巴黎圣母院。但这里闪耀的辉煌，在那儿连类似的也找不到。

大门对面几乎整面墙都装饰着金色的圣像，上面有一扇门可以进去。前面柱子上是不同的耶稣十字受难像，十字架的形状与平日见到的不同。这里的十字架与垂直线交叉的横线不是一条，而是两条，在底部末端还有第三条。在几十支蜡烛的照耀下，光线很亮，但奇怪的是没有祭坛。嘉柏丽尔四处搜寻，没有找到祭台，也看不到祈祷椅，只有一面墙边有一个小凳子，没有其他坐的地方。教堂中殿按传统建筑的样式修建，但侧殿比较短，嘉柏丽尔感觉像是在一个正方形大厅里。

她从眼角注意到德米特里在画十字。他用手指轻点额头，然后是胸前，最后是右肩和左肩，跟以前别人教给她的顺序不一样。

“我们有自己的传统。”德米特里好像注意到了她惊讶、探寻的目光，轻声道。他的手放在心上，然后指着宏伟的圣像墙说：“这在我们那里也是不一样的。祭坛室用画像与信徒分开，这些画像是按一定顺序排列的，称为圣幛；弥撒的每一个字都可以听到，但看不到牧师。我们用这样的方式让教徒看到，不通过耶稣是无法接触到上帝的。”

她不懂东正教的礼拜仪式，但她不想再追问了。她问道：“祈祷的时候教徒待在哪儿？”

“他们站着。”他微笑道，“就像我们现在这样。”

她不由得想起在奥巴齐内的场景。长达几小时站在忏悔室前，以及在弥撒时同样长时间地跪着，但这圣幛的彩色图像远比修道院的马赛克地板有趣。她徒劳地用眼睛寻找数字五的暗示。

德米特里打断了她的回忆，他温柔地亲吻她的嘴角：“你的思绪又到别处去了。”他怜爱地责怪她。

“注意你的行为。”她回以微笑，玩笑地补充道，“我信天主教。对我来说，在这样的地方亲吻可能是个承诺。”

他犹豫了很长时间，最后严肃地回答：“我知道。这一点上，俄罗斯东正教和罗马天主教没有区别。”

在这样妙不可言的时刻，她的目光深深陷入他海洋一样的蓝绿色眼睛里，沉醉在德米特里和她有一天可能会成为夫妻的想象中。一个真正的王子，这是每个女孩的梦想。虽然她很独立，是非常成功的时装设计师。但嘉柏丽尔最内心深处，从来不想成为一个男人的后宫女眷，她想做他的妻子。她没有放弃对民事关系的期待。

但内心一个声音把她带回了现实：这只是幻想。德米特里一直想要的，她不能说；对她来说什么是最好的，无论如何还不能说。男孩死后，她的感情世界从根基上坍塌了，似乎一直是一片混乱。有一个共同的未来，就可以在一个男人身边感到幸福？可以对他全然信任？嘉柏丽尔想：如果我知道这点，可能会感到安全些。

他们在圣尼古拉大教堂又待了一会儿。嘉柏丽尔感受拜占庭仪式，更仔细地端详彩色的圣像。德米特里在前厅的老妇人那里买了祭祀的蜡烛，他们点燃蜡烛，插在圣幛前已经准备好的烛台上，默默地看着烛光闪烁，各自沉浸在自己的心事里。

嘉柏丽尔感觉被无名的魔力吸引，眼前景色变幻，圆顶上蓝金色的装饰变成了长袍、长外套和大衣上的绣花。教堂的传统装饰吸引着她，唤醒了她的想象，点亮了她的创造力，就像烛光点亮了基督门徒圣马可的画像，以及他的象征——狮子，那是嘉柏丽尔的星座。

德米特里按他的方式画十字，嘉柏丽尔按天主教的传统进行，这表示要离开了。

他们在温和的阳光下手牵手走向汽车，他突然建议："今天晚上我们应该在蒙特卡罗西餐厅吃饭，你觉得如何？"

她惊讶地看着他："你不担心我们在这么奢华的餐厅太引人注目吗？每个人都认识你，也可能认识我。"

"有什么关系吗？反正玩捉迷藏为时已晚，不是吗？"他不假思索地回答，重复他短促温柔的亲吻，"我们应该享受这儿的时光。可可，我们就当给这剩余的世界提供晚上消遣的谈资。"

他的微笑表明，他对此是多么认真。

* * *

嘉柏丽尔用斯拉夫元素设计新品的想法越来越具体，虽然离德米特里安排的与调香师恩尼斯·鲍见面的日子越来越近了，但她更多地忙于她的时装，而不是香水。也许正是因为临近约定，她才有意识地将思绪飘向另外的方向。从根本上说，她紧张得就像第一次约会前的少女。想着这是挑战她的创造力，而不是老想着最终能否达成心愿，找到“香奈儿水”的配方，对她来说更有好处。

德米特里尽情享受着打高尔夫的乐趣，而她一直无法感受这种乐趣。她安静地在房间里画了几张草图：一条黑色窄裙；一件喇叭袖的俄罗斯式衬衫，前襟和袖口绣俄罗斯民族服装的传统十字；一件有老式军官服样式的高立领上衣，镶斯拉夫风格的宽绲边。虽然这不符合可可·香奈儿式的简约优雅，但她相信，她情人的异国风情，通过自己的巧妙设计，会符合她顾客的品位。

完成后她坐在阳台上，享受着明媚的阳光温暖地投在她抽紧的肩膀上。她的草图是在漂亮小巧的书桌上快速完成的，但比起专注地工作，这个家具应该更适合看书，或快速写信息。她的颈椎和手臂肌肉酸疼，阳光让她觉得很舒服。她打着盹，想象着模特展示她的新款式，手上拿着像伏特加瓶子的香水瓶。

“我回来了！”德米特里的话语和亲吻唤醒了她，“对不起，我晚了。我获得了惊人的分数，因为‘一杆进洞’需要在酒吧请一轮客。我在蒙特卡罗高尔夫俱乐部载入史册时，你干什么了呀？”

她站起身，把太阳镜推正：“我画了几张设计图。你知道，我很想做有斯拉夫图案绣花的衣服……”

他的笑声打断了她："我以为你想推出一款香水。"

"是的，当然，这也要。但我要继续做衣服，为什么不做跟你家乡传统相应的新品呢？"

他坐到她身边，握住她的手："真好，你对俄罗斯手工艺感兴趣，这让我内心深深感动。你一定得认识一下我的姐姐。"他把她的手举到唇边，温柔的微笑，不是针对嘉柏丽尔，而是玛丽亚·巴甫洛芙娜·罗曼诺娃。他补充道："对绣花的了解，没人能超过她，我们回巴黎，我就介绍你们认识。"

他们融洽地坐在一起，嘉柏丽尔在思考，谢尔盖·佳吉列夫会对她的新想法说什么。她做这么多与俄罗斯民族有关的事，她将来作为俄罗斯芭蕾舞团的服装设计肯定不会有问题，舞台上的可可·香奈儿，有点像晋封仪式上的骑士。问题只有一个：伊戈尔·斯特拉文斯基对她的野心会怎么说。他的音乐与舞团紧密相连，斯特拉文斯基和佳吉列夫之间受艺术激发的男人间的友谊，形成了一个惊人多产的团体。

这期间约瑟夫给她转发了掌门人的电报，她的旧情人显然还是怀有强烈的杀人欲望。她越公开与德米特里一起活动，流言蜚语就越有可能传到马德里，伊戈尔可能知晓她新罗曼史的每一步。她想，然后他也可能知道，我现在多么幸福。在德米特里身边这种安宁又富有生气的幸福，他永远不可能给她，他太自我了；另外，他跟他的音乐一样，暴躁、强劲、非同寻常。她想，希望他能明白，我不是那个对的人。

她惊讶地注意到，自从男孩出事后，她第一次想到了幸福，一种转瞬即逝的感觉，肯定的。谁能比她自己更了解呢？但这种感觉那么令人满足，难以放弃。她与德米特里十指缠绕，感谢命运将这个男人送到她身边，让她不再流泪。

第9章　香奈儿5号

“男士香水‘拿破仑花束’是恩尼斯·鲍第一款成功的香水，”德米特里说，“我当时作为年轻小伙爱极了这款香水。它像科隆香水，是用花熬制的，我作为骑马代表队的一员，到斯德哥尔摩参加奥运会时带了这款香水。然后‘凯瑟琳花束’上市，我更喜欢了，因为它闻起来有家乡的味道，有我婶婶的味道，她对我来说就像母亲。”

德米特里讲述的历史，嘉柏丽尔已经了解，但这无妨。他注意到了她的不安，她知道，他想用聊天缓解她的紧张。随着拜访恩尼斯·鲍实验室时间的临近，她越来越紧张。她平静地对自己说，只是个化学实验室而已，没有比弗朗索瓦·科蒂在叙雷讷的香水工厂更重要的事了。

但是有一个问题不可抗拒地钻进她的脑子：如果在恩尼斯·鲍那里还是找不到她想要的，她该怎么办？她应该放弃这极其特别的香水的梦想？她伟大爱情的香水？这是她和男孩最后的策划，现在是他们共同计划的结束？这是她永失所爱的时刻？嘉柏丽尔思考她更害怕什么，是寻找香水本身的失败，还是心爱项目的最终放弃？她找不到答案。

“糟糕！”德米特里脱口而出，“我开过头了。我们已在戛纳航空俱乐部附近了，开过头了，我肯定是错过了一个拐弯。”

她安慰地把手放在他手臂上：“没关系，那我们就往回开吧。”

又一次走错路后他们找到了实验室，位于博卡一个不起眼的小房子里，跟弗朗索瓦·科蒂工厂所在的雄伟建筑没有一点相似。

德米特里沮丧地说：“你应该看看莫斯科的拉勒特工厂，很大，这个小工厂无法相比。我知道奇里斯买了拉勒特，但不明白为什么把实验室放在这么个不起眼的房子里。在这里怎么能产生享誉世界的香水呢？希望在格拉斯的店会大一点。”

他摇摇头跟随嘉柏丽尔进入里面，里面看起来同样平淡，并无辉煌过去的迹象。

“莱昂·奇里斯是香水产业的伟大人物和重要的政治家，”她为她的老乡辩护，“我相信他在格拉斯的工厂有不一样的辉煌。”但暗地里她也惊讶于博卡这儿的平静悠闲。

入口处挂着一幅小画，德米特里在前面生了根似的停住了，只说：“你看！”她就明白，这幅画展示了他家族的光荣历史。

画上是看起来很大的工业区，甚至与科蒂的帝国相比也不逊色，而且一目了然。几十幢多层的楼房环绕着超大的工厂大厅，内院是一个正方形建筑，三层的外立面是古典主义风格。建筑显然被刷白了，跟高耸入云的烟囱一样，其他部分都是砖砌的。园区周边是精心打理的花园，另一边是绿树成荫的公园；草地让人想起宽阔路边的装饰图案，好到都可以与凡尔赛宫相配。

在古老的俄罗斯，一切都是那么巨大，德米特里在流亡时肯定觉得其他地方像是一个玩具店。她脑海中闪过这个念头，所以他找了一个她这样娇小的女子？她微微一笑，突然觉察到他的目光，她深深地看着他的眼睛，她的微笑投射在那里面。

这样安静融洽的时刻，被恩尼斯·鲍打断了。他用惯常的恭敬欢迎德米特里，这段时间来嘉柏丽尔已经习惯了。

调香师是个有魅力的男人，四十来岁，一头浓密的黑发，是那种很黑的类型，就像她兄弟似的。他矫健、礼貌，显然思维敏捷，他的西装一定是见过好时光的，但是大部分被一件白罩衫盖住了。嘉柏丽尔第一眼就对恩尼斯·鲍充满了信任，他看起来完全知道自己在做什么。当他说，他从她大量的信件中推断出信息，并据此做了几个样品时，她感觉终于胜利在望了。

鲍带着客人进实验室。这是个长长的房间，白色占主导，墙边排列着白色的柜子，墙是用石灰刷白的，天花板上的木梁也刷成了白色。那些开放式柜子里和一个玻璃柜里，是密密麻麻的棕色和白色的药瓶、金属罐和陶瓷罐，看来放着香精和花，每个容器都贴着标签。一张浅色木制修道院长条餐桌占据了房间中央，不同大小的玻璃瓶、梨形瓶、量杯、试管、圆底烧瓶整齐地分类摆放在桌子上，中间是一个老式的托盘天平。跟第一次拜访科蒂时一样，嘉柏丽尔注意到这里很干净，要是没有空气中飘来的淡淡花香，这里也仿佛是一家医院。两位助手，一位男士和一位年轻女士，站在安在墙上的水池边，热烈讨论着似乎很复杂的问题。他们的领导带着客人走进来，两人都没作声，礼貌地点头致意，然后继续干活。

“香奈儿小姐，请您到这边来。”鲍带她来到房间另一头的茶几边，上面金属架上的试管在等着她，“我准备了10个样品，两个五……”

嘉柏丽尔突然愣住了，为什么他说了这个数字？这个神秘的数字贯穿了她的修道院生活，而且在一定程度上使得那段时间变得可以忍受一些。“哦！”她脱口而出，没有再说什么。

“这儿是1至5号样品，这儿是20号至24号。”调香师指着那些小瓶子，他突然尴尬地向她伸出手，“我忘了帮您脱大衣了，殿下和小姐您的来访，让我很激动，对不起。”

“您只需要照顾小姐，”在嘉柏丽尔身后的德米特里回应，“我在这儿完全不重要，您最好对我熟视无睹，鲍先生。”

嘉柏丽尔向鲍笑道：“是我激动得忘了脱大衣。”

一番礼仪客套后，他们的大衣已挂好，嘉柏丽尔的手袋也放到桌子底下。鲍递给她一个装着咖啡豆的罐子，她已经知道规矩，按照他的要求，除去停留在鼻子里的路上的味道。她注意到德米特里惊讶的目光，但她没有为他打消疑惑。这个做法的含义她会晚一些再跟他解释，任何事都不能打扰这个对她来说这么重要的仪式。

调香师打开第一个容器时，她心跳加快，玫瑰和茉莉的香味向她涌来。嘉柏丽尔试着集中注意力，同时尽可能保持表情不动。鲍应该没有注意到，她内心如何翻滚，她也不想太早让他知道，香水是否合她的意。耐心绝非她的优点，但这种情况下是必须的。她从弗朗索瓦·科蒂那里学到，要等一等再决定，因为香水经常需要时间散发。

对于1号样品，她无须费力掩饰感情。这不是她要寻找的香水，太甜，太过时。虽然一定程度上符合嘉柏丽尔预设的香水系列，但这款香水与“凯瑟琳花束”相去甚远。

嘉柏丽尔没有表态，面无表情地把闻过的瓶塞放回去。同样的程序她又重复了三遍，然后又拿起了咖啡豆罐子。这段时间以来，她的鼻子已经训练有素，但闻了四个样品后她急需休息一下才能再继续。

周围传来细小的声音。两位助理在后面轻声交谈，玻璃叮当响，不知哪儿有个钟在滴答滴答地走，窗外传来“嗒嗒”的马蹄声，还有一辆车快速驶过。

嘉柏丽尔感觉到德米特里在她身后，但她没有转身。他的呼吸很平，按军人的纪律站在一个地方，她几乎听不到他的呼吸声。单单感觉到他的存在，就给了她安全感，这可以帮助她做正确的事。

手伸向第五个样品，她必须强迫自己压抑嘴角泛起的笑容。

这就是“凯瑟琳花束”。

不，嘉柏丽尔在脑海中纠正，不完全是，闻起来跟佳吉列夫的手帕有一点不同。

更现代。

更清新。

更清澈。

还有些别的。这款香水可能更匹配她们这个时代的女人？

手帕被大公夫人送出后，可能被佳吉列夫和其他人的手指摸得太多了，包括嘉柏丽尔的手。原本的味道肯定又加入了身体的味道，细软的麻纱原先喷上的味道，可能只剩下想象了，嘉柏丽尔想。奇怪的是她以前从来没这样想过。

她尽可能不露声色地把香水样品还给恩尼斯·鲍，她感觉到被人观察，不是德米特里，是一个陌生人在急迫地打量她。

她不由得转过头，向后望过去。实验室一个女助理在德米特里后面走进来，她几乎被他高大的身材挡住。但嘉柏丽尔接收到了这个女子投向她的充满期待又胆怯的目光。助理的目光很快移开了，她的脸像她工作场所旁边的墙那么苍白。

接着是样品 20 号和 21 号，然后嘉柏丽尔又用一点儿咖啡中和她的鼻子。然后她转向最后三个试剂瓶，这些香水也属于同一个香味系列，但总体来说与前面五个组成的原料不同。嘉柏丽尔犹豫了一两次，但没有一个像 5 号香水那样让她确信。

“您要做标记吗？”当她把最后的样品递还给他时，鲍询问道。

她摇摇头："不，不，我不需要。我想再试一下第一个系列。"

他递给她1号样品时建议："香奈儿小姐，您随时可以做些改动，设计香水是个拼图游戏，单个的成分需要不断地挪动调整，才能完美匹配。如果您想要其他某种成分，我们很愿意尝试，整个实验室都供您使用。"

"那真的太好了。"德米特里说，他寥寥数语中带着沙皇皇储的尊严，一位来参观宫廷供货工厂的皇储。

嘉柏丽尔非常喜欢实验，她感激地接受了鲍提供的机会。

德米特里走开，到外面抽烟，其实她也特别想这样做，但她强迫自己抵制诱惑。尼古丁会改变嗅觉，嘴里叼根烟，她不可能找到香水中的香水。虽然她觉得已经找到了，但还要满足探索欲。

她与恩尼斯·鲍一起检测各种可能性，嘉柏丽尔发现，调香师有与她一样独一无二的想象。他们站在长条桌旁，他一个接一个地递给她装着不同香精的小瓶子，香水的中调便来自这些香精。

他向她解释："这个香水系列由世界上最奢侈的香料组成，玫瑰、茉莉、依兰、檀香，它们与那些更甜的成分形成反差，这是用传统的芳香化合物进行的不同寻常的组合。"

她默默地闻，静静倾听，最后她请他修改这一种或那一种成分，但没有一个结果像5号样品当时给她的印象那样合她的意。在实验桌上的工作，让她忘了时间。过了一会儿，她问鲍，令她倾心的那款香水跟其他的有什么不同之处。

"乙醛成分高。"他回答道。

" 是人工合成的分子，不是吗？"她问道，暗中向弗朗索瓦·科蒂致谢，是他引导她进入了香水生产的秘密之门。

恩尼斯·鲍点头，他的目光匆匆扫过那个实验室女助理，她站在嘉柏丽尔身旁帮助她："香奈儿小姐，您完全知道您在这儿干什么。"

"这是一种错觉，"她承认，"我知道有人工原料，但更多的就不知道了。"

"您肯定已经体验过，葡萄酒在空气中时间过长会发生什么。酒会变成醋和乙醇。葡萄酒中的酒精，其中的氢与氧结合，通过有机反应，先产生乙醛，然后是乙酸，也就是醋。简单来说，在这个过程中的某个时刻，酒精变成了乙醛。化学家的任务，是人为中断反应链，用这种方式分离出乙醛。这种技术可能在世界大战前几年才出现，所以香水的组合总是依赖于化学家的研究成果。在花束中添加乙醛，跟在新鲜的草莓中加几滴柠檬，结果是一样的，香味得到了完善。"

"我听说，提取乙醛很费劲，所以香水变得很贵。"

恩尼斯·鲍耸耸肩："第五个样品中有世界上最奢侈的原料，是否再加一种人工分子，成本几乎没什么区别。圣彼得堡皇宫从来不需要节俭，小姐，我们在生产'凯瑟琳花束'和设计'香奈儿水'时都没有节俭。"

"一分价钱一分货，这我知道。"她向他微笑道。

然后她又低下头，鼻子凑到一个试管上，里面的东西是如此令人着迷。她吸着香味，就像一个窒息的人吸着新鲜空气。她的肺无法装满这个独一无二的香味；她的内心仿佛有个香槟泡泡破裂了；她的感官反应是一阵酥痒；她的心脏不再因为充满激动重击她的胸部，而是完全平静地跳动，按照她吸进新鲜空气的节律跳动。

"这正是我期待的，与众不同的香水，现代香味的女士香水。"

后来德米特里也加入他们的讨论。嘉柏丽尔告诉他，她找到了自己要找的。于是德米特里请求测试，她带着等待的喜悦和担心的期待，观察他的反应。

“闻起来像圣彼得堡刚落在屋顶的雪。”他自言自语，额头皱起，眼神飘向远方。他的思绪仿佛停留在永远无法回来的雪球和雪橇上。

“我也有相似的灵感。”恩尼斯·鲍惊讶于大公的洞察力，“在白军服役时，我曾在摩尔曼斯克附近驻扎，指挥科拉岛上一个有红军战俘的营地。极地夜晚的味道我永远无法忘怀，所以我试着设计了一款带有这种特别清澈气质的香水。”

“您怎么做到的？”德米特里问。

嘉柏丽尔身边的年轻女子清了清嗓子，红着脸垂下眼帘。

“玫瑰、茉莉和人工合成的乙醛组合，已经决定了‘凯瑟琳花束’的特别之处。但在 5 号样品中，这个组合超过了我们老的分子式。”他看了一眼他的女同事，“要怪我助理的一个错误，小姐混合的比例是一比一，并不是原先想要的稀释。”

德米特里仁慈地朝犯错者点点头，她的脸庞已经变成了深红色。“多幸运啊！”

“分子还有一个优点。”鲍继续说，然后问道，“对不起，可以吗？”他请求她，但并没有等待答复，就抓起嘉柏丽尔的手，把它翻过来，在她的脉搏处滴了几滴香水。她还没明白他的目的，她太惊讶了，还没来得及抵抗，就被迫允许他这样做了。“您稍等，再闻。”鲍说，“您会体会到，这香水比一般的香水附在身上的时间要长。”

像玛丽亚大公夫人洒在她手帕上的香水那么长，嘉柏丽尔想。

“在皮肤上比在瓶子里更棒。”德米特里握着她的手臂，抬起，鼻子亲密地凑近她的手腕，赞叹，然后放开她，“我想，我们现在应该为你的‘香奈儿水’诞生庆祝一下，可可。”

“我想，我不会用这个名字。”嘉柏丽尔迅速回道，并没有意识到她说了什么。她想了想，补充道：“我想为我的香水命名为 5 号。

样品的号码是个好兆头，我每年 5 月 5 号会展示服装新品，五这个数字跟我时装店的香水太匹配了。”

她没告诉他，“五”还有什么特别的含义。维纳斯的数字，她突然回忆起在忏悔室前几个小时的等待。在这一刻，她没有想起西笃教教义中的象征意义，没有想起数墙上和地上马赛克石块的画面。在这个意义非凡的时刻，她只想着，五是爱情的神秘数字，是男人的三和女人的二组成的质数。

“香奈儿小姐，数字五属于您。”成功的喜悦令恩尼斯 · 鲍容光焕发。

就是它!

鲍无意中选择的词语组合，激发了嘉柏丽尔的热情。她仿佛被一道闪电击中，也可能是调香师得到灵感的一道极光，赋予原来的分子式现代的中调。

香奈儿 5 号。

第 10 章　聚会上的谈资

这是谢尔盖·佳吉列夫通常聚会的小圈子，大约二十来个最崇拜他的人和最忠诚的同事，庆祝芭蕾舞团返回巴黎。男人比女人多，不只是因为佳吉列夫对女人不太感兴趣，还因为他的很多客人没有带女伴来。米西亚注意到，奥尔加·毕加索又缺席了。她想，如果可可爱上的是巴勃罗·毕加索而不是伊戈尔·斯特拉文斯基，那么是否从一开始，对所有相关的人都会简单一些。这两人会成为著名的、高雅的一对，毕加索在感情上不像作曲家那样大起大落，另外他也有个固定居所。米西亚想，这会是完全符合她风格的疯狂的爱。首先奥尔加不会特别痛苦，可可觉得毕加索很迷人，这是她自己说过的。

米西亚的眼睛越过餐桌瞟向斯特拉文斯基。他闷闷不乐地坐在另一头，面前的盘子上是他的特别菜谱——生的土豆片和西红柿，洒了一点点油和柠檬汁。大教堂餐厅服务员收到斯特拉文斯基的点单时几乎失态，米西亚则暗暗地幸灾乐祸，等着服务员把他带到圆形大厅里。那儿没那么雅致，食物也不会那么照顾客人的口味。

另一方面，这个餐厅多年来都是波希米亚人喜欢的聚会点，工作人员肯定已经习惯了最古怪的要求。

佳吉列夫如往常一样选了米西亚作为他的餐桌女伴，他注意到她的目光："我可没有失恋心碎，而去吃生土豆，以至于引起胃痉挛，让自己情绪糟糕至极。"他对她低语，然后开始享受他满盘的海鲜。

"可可现在跟别人在一起了，他看起来一直不满意。"

"真的，他没有。"佳吉列夫专心弄出熟龙虾弯曲尾巴上的肉，他犹豫了一会儿补充道，"伊戈尔回到加尔舍后得知，可可还在里维埃拉流连，要几个星期后才会回来时，他完全张皇失措。他希望和好，或者希望致命一击，我哪知道？如果他热衷于自己认为的健康食品，那么看来他至少不想自杀了。"

米西亚自忖，佳吉列夫自己倒应该多注意身体。他有糖尿病，他盘子里这些甲壳类食物，会加重他的病情。但她决定不批评他，让他尽情享受，这个桌上再有一个不快乐的男人会败坏她的胃口。

"可可跟您联系了吗？"她想知道，虽然她表示她们已经好久没联系了。

"我也正想问您呢。"佳吉列夫有点责怪的意思，"亲爱的，您是说您不知道我们的朋友怎么样了？"

"她不跟我说。"

"真糟糕！"单片眼镜掉下来，掌门人大叫，好几个受到惊吓的人转向他，"谁能告诉我，她与大公的恋情怎么样了？"

米西亚叹气，恼火，因为她只有二手消息："这您不需要问我，谢尔盖，全巴黎都在谈论这两人。所有人都在蒙特卡罗看到他们了，我听说他们郊游了好多次，开着跑车到处跑，晚上会在著名的餐厅或赌场碰到他们。大公如果有罗曼诺夫家族的皇家珠宝，他也会输掉的，当然他下赌注用的是可可的钱。"

"您会同意跟您的朋友分享同一个男人的爱慕吗？"佳吉列夫理解地朝她笑笑，"我觉得您在嫉妒，亲爱的。我不敢妄下评断，是嫉妒那个情人，还是嫉妒您没能成为媒人。”

米西亚不可能容忍其他人的影射挖苦，但她选择原谅谢尔盖·佳吉列夫的一切，包括这令她满脸通红的放肆。她用餐巾扇风让自己冷静下来，戏谑地指责他：“谢尔盖，您真是个调皮鬼！”

“我知道。”他微微一笑，但马上又严肃道，“另外我也听说了一些对可可新恋人今后发展比较有意思的事。我那些还留在家乡的老乡，他们曾经帮助红军开辟道路，他们说现在的俄罗斯饥荒肆虐，部分水兵叛乱，祖国母亲仍无宁日。”

米西亚正要将香槟杯送到嘴边，又停下来：“您觉得罗曼诺夫家族还能夺回皇位吗？”

“传言是这么说的，德米特里·巴甫洛维奇可能会成为新沙皇，那样的话他必须屈服于罗曼诺夫家族的家规。在这样的情况下，跟可可结婚是绝对不可能的。”佳吉列夫抽出大公夫人的手帕，鼻子埋在麻纱中，“一个想着坏事的调皮鬼。”他放回他的护身符，引用她的话。

不要再来一个符合社会阶层要求的婚姻，米西亚脑海中闪过这句话，可可肯定不能再一次忍受卡柏男孩结婚后的状况。如果她朋友需要，她必须马上给她打电话，安慰她。她想起了什么：“德米特里大公的父亲，与他所爱女人的第二次婚姻并不门当户对，她比他的阶层低得多。”

“然后保罗·亚历山德罗维奇大公怎么样了呢？他被迫流亡，几年后被允许回到巴黎，很长时间无法回到家乡。革命爆发后，他被布尔什维克枪杀，还有德米特里的异母兄弟和沙皇家族的其他很多人。不，我真的不知道，我是否希望可可成为未来沙皇的情妇……”他停顿，震惊地盯着长桌另一头的动作。

谢尔盖·苏德金一只手拿着餐盘，另一只手拿着餐具，经过共同的朋友，冲向佳吉列夫："先生，救救我！"在大家的笑声中，他装腔作势地大喊道。

米西亚熟悉这位画家，跟在支持俄罗斯芭蕾舞团期间，或在某一场演出时合作过的其他所有人一样熟悉。谢尔盖·苏德金在八年前的首演中就参与了舞台设计。跟很多俄罗斯人一样，这位艺术家在革命前从克里米亚逃到了巴黎。去年他和他夫人到巴黎后，当然在佳吉列夫这儿寻找家乡和落脚的地方，维拉·苏德金和奥尔加·毕加索都曾经是他的舞蹈演员。

"斯特拉文斯基直接从我盘子里把我的肉排拿走吃了！"苏德金站在佳吉列夫椅子旁向他汇报，"就这样，一点也不给我剩！"他执拗得像个被偷了最心爱玩具的小男孩。

"也许他无法抗拒煎肉的香味。"米西亚咯咯地笑，无法掩饰她的开心。她的眼睛瞟向斯特拉文斯基，他正埋头享用食物，明显比之前吃生土豆和西红柿时愉快得多。

"他说，他要让他的胃吃惊。"苏德金诉苦道。

"真是令人惊讶！"米西亚爆发出响亮的笑声。

佳吉列夫在对话中沉默，若有所思地看向桌子另一头。斯特拉文斯基旁边的座位现在空着，米西亚从眼角注意到，他用目光扫视正愉快地聊天吃饭的客人们。过了一会儿，他的目光集中在维拉身上。她跟她丈夫和斯特拉文斯基隔了几个座位。虽然维拉坚称，她父亲来自智利，但大多数朋友都知道，爱德华·博斯是从波罗的海国家来圣彼得堡的，虽然她看起来完全像纯种的南美人。她的鼻子大得不成比例，但她还是个美人。不管怎么说，她跟可可·香奈儿一样是深色皮肤。

“对不起，我离开一会儿。”佳吉列夫向他的女伴低语道，把单片眼镜戴到正确的位置，“我要请维拉用牌给斯特拉文斯基算个命。如果她给他预测了美妙的未来，就可能成功地将他从病态的情绪中解救出来，他会变得随和一点。”他把椅子往后推开，对谢尔盖·苏德金说：“我的朋友，您坐到这里来，点您想吃的，您在音乐方面做了很大的贡献。”

米西亚满怀钦佩地看着他，多好的主意！她觉得，在撮合人这件事上，她还能从佳吉列夫身上学到一些。她带着亲切的笑容，转向在她身边坐下的舞台设计师：“您想吃什么？如果您喜欢吃鱼，我推荐您吃鲷鱼……”

第 11 章　再入伤心之地

他们离开实验室，嘉柏丽尔热情地拥抱德米特里，在车上亲吻他。他们到达海滨大道卡尔顿酒店酒吧后，她点了香槟。一位深色皮肤的女爵士乐手在演唱夜幕降临时最合适的歌曲，她高兴地跟着和唱。

她因为新的香水喜形于色。德米特里还保持着神志，他把喝醉了的嘉柏丽尔扛在肩上，带回劳斯莱斯车上。

她收腿，闭上眼睛，享受着迎面吹来的风，享受着德米特里给她带来的安全感。自从威尼斯第一次相遇，她就对他心怀感激。在恩尼斯·鲍那里寻到宝后，这个感觉更加强烈。这感觉像疾风骤雨向她心头袭来，她觉得她的心脏要因此爆炸了。她无法说清这是不是爱，但这一定是她所能想象的友情式爱慕最深的形式。

之后在里维埃拉宫酒店，她满怀信任，在德米特里的臂弯里入睡。

回到巴黎之前，嘉柏丽尔又去了几次博卡。她借口是去跟恩尼斯·鲍做实验，来寻找可能更好的香水。但实际上她一再请求德米特里去戛纳郊游，只是想离香水更近些。她喜欢吸收那些精华，被这些芳香包裹着走进餐厅。她研究这味道的每一个细节，这味道吸附在她衣服上、头发上、皮肤上，与她融为一体。

最后他们不得不分离。出发在即，德米特里必须在 4 月中旬回到巴黎，为他姐姐玛丽亚庆祝生日。

嘉柏丽尔也是时候结束长长的休假了。她的工作室需要她，她的香水在奇里斯位于格拉斯的工厂投产前，还有很多只能在巴黎解决的事情。她需要香水瓶和包装。虽然有专业人士，他们肯定能完成出色的设计，但在“香奈儿5号”的创造历史中，嘉柏丽尔决定不假他人之手。设计一个特别的玻璃瓶和漂亮的包装，倒并不比设计一顶帽子或一件衣服难多少。至少嘉柏丽尔想试试，为这款她寻觅了这么久的香水，烙上她自己的风格。如果失败了，才会请乔治·奇里斯或弗朗索瓦·科蒂推荐。

蒙特卡罗的天气让他们的分别容易了一些。大雨倾盆，蔚蓝海岸成了煤灰色，天空灰蒙蒙一片，乌云密布。地中海上闪烁着各种深浅不一的灰色调，上面漂浮着海浪的白色泡沫。

“山上下雪了。”门童说，嘉柏丽尔从酒店台阶走向车里，门童为她撑伞。

“幸好我们没选择拿破仑的回程路线。”德米特里坐在车上，在顶棚的支架上搜索可能漏水的地方，“往西边可能天气好些，那出发去马赛！”他挂挡，启动汽车。轮胎有点打滑，水溅成水柱，然后汽车平稳匀速地转弯驶往滨海路。

嘉柏丽尔沉默，注视着车窗上淌下的水流。街边的别墅在眼前模糊成灰蒙蒙的一片，眼前的情景正合她的感觉。离别令她伤感，只能努力忍住眼泪；无忧无虑的幸福假期结束了，令她苦恼。不过跟德米特里在一起的日子还有几天，因为他们说好回程途中经过普罗旺斯和罗纳河谷，可以多住几个晚上。而且也没有理由认为，他们的关系会在巴黎的日常生活中断绝。但是嘉柏丽尔担心，不知什么东西、什么人会破坏他们俩的关系。

房子、岩石、树木，不太诱人的大海飞驰而过，嘉柏丽尔想起，她忘了问德米特里，他是否喜欢驾船。虽然春天的空气温和，但他们停留的大多数日子还是太冷，不适合租艘游艇去玩。不过反正她的情人喜欢开车，这是肯定的。他有时开得鲁莽，大多数时候还是安全地驰骋，她已经对他完全信任了。她脑中闪念，在一定程度上，她甚至可以将自己的生命托付给他。一个浅浅的笑容终于悄悄浮现。

尼斯、昂蒂布、戛纳，他们经过这些熟悉的地名路牌，天气没有变好，他们没有因为来到西边而逃离雨天。雨不断地打在车窗上，打在车顶上，噼啪作响。虽然嘉柏丽尔坐在车里，车里是干的，但她感觉到，潮湿的空气泛起在她衣服下，渗透了她的四肢。她把手伸进上衣宽大的衣袖里，眼睛追随着雨刷摆动的节奏，来来回回，来来回回。景色几乎没什么变化，一切都是一个色调，各种不同的灰色。

她的眼皮沉重起来，她打了一会儿盹，然后睡着了。

不知道睡了多久，她突然吓醒了。

非常费解，为什么她会醒？德米特里跟之前一样开得很平稳，路面有一点上坡，又在山谷中往下。他驾驶着劳斯莱斯，平静地驶在被雨淋湿的柏油路上。对面没有来车，也没有货车与他们交汇，寒冷的阴雨天气让农民和牲口也被迫留在厩棚里了。

嘉柏丽尔从旁边的车窗望去，透过雨帘看到岩石上长满石楠花，松树围绕着山谷，浅灰色的尤加利树枝伸出悬崖峭壁，耸立在雨雾迷漫的天空下。她突然愣住了。

“我们到哪了？”她轻声问。

“不知道，”德米特里不假思索地回应，视线没有离开蜿蜒的路面，“7 号国道线，不到圣拉斐尔的某个地方……”

仿佛一盆冰水浇下，她的叫喊，像一头掉进陷阱的受伤动物的嘶叫。

德米特里惊恐地刹住车。车子打滑，但他熟练地转向，车子又回到车道，最后停下。

嘉柏丽尔紧紧抓住仪表盘，绝望的叫喊之后没再出声。她呆呆地盯着路边紧挨他们停车位置标记着的十字，泪流满面。眼泪如同湍急的河流，如同倾盆大雨，从天空奔流而下。

“可可？”

她无声地摇头。

“你怎么啦？”

她如何跟德米特里解释，她的心被撕碎了？

他停车的地方，正是一年半前男孩姐姐的司机停车的地方。他带嘉柏丽尔和艾提安·巴勒松到事故发生地，她也像现在一样崩溃。不管时间过去多久，都没有什么不同。在这一刻，甚至她身边新的情人，都不能让她以某种方式感到一点安慰。痛苦依然那么强烈，丝毫没有减少，仿佛她昨夜才得知，男孩已经永远离她而去。

> 一路上都开得太快了，但他不是谨小慎微、慢条斯理的人。马达的轰鸣是他耳边的音乐，时而是诙谐曲，时而是回旋曲。突然，刹车片发出刺耳的声音，钢铁摩擦着钢铁，橡胶摩擦着沥青，然后车子悬空，折断灌木和树枝，最后撞向岩石，在一团火球中爆炸。

德米特里犹豫片刻，打开车门，下车。

她看到，他在顷刻之间全淋湿了，旅行套装的浅色围巾上显示出深色的条纹，头发湿成绺垂下。他大跨步走向路边的纪念碑，在围成一圈的中空铸铁栏杆上弯下腰。雨流进他的衣领，但显然未能阻止他去看石头上凿刻的字：

纪念亚瑟·卡柏上尉

1919年12月22日在此不幸遇难

嘉柏丽尔一个字母或日期都不用看，就知道那是什么。她认识纪念碑上的字，因为是她让人立的这个小纪念碑。她连米西亚也没告诉，她最亲近的朋友也不知道。嘉柏丽尔付钱给弗雷瑞斯的一个花商，让他定期送花束到这里，今天十字架脚下是白色的郁金香，吸饱了这倾盆大雨，都低垂着头。她以这样的方式为她心爱的男人建了个墓，只属于她一个人，而不是他的遗孀和其他人。但过去这段时间里，她很少来这里，就像她也很少去安葬亚瑟·卡柏的蒙马特墓地。

嘉柏丽尔为了对抗悲伤而架设的保护壳，就像蚍在挡风玻璃上的水珠，碎了一地。她哭泣，哭得停不下来。

德米特里回到车上，无助地、温柔地搂住她肩膀。但她都无力去触摸他的手，她无法动弹，眼泪是她还有生命的唯一迹象。

他静静地抽回手，手指抓住方向盘，垂下头。嘉柏丽尔的绝望传染给了德米特里，虽然原因未必相同。

他当然知道，亚瑟·卡柏在她生命里扮演的角色，她跟他说起过。现在她感激他的体谅，她内心感激他，没有用问题或好心的建议来逼迫她。她会找个时间跟他说，他所做的一切都是对的。

终于他的身体猛地一震，行程继续。

除了噼噼啪啪的雨声，发动机的轰鸣声，以及嘉柏丽尔令人窒息的抽泣声，直到马赛，车里再没有其他声音。

第 12 章　旅途中的惬意时光

“对不起。”德米特里耳语，嘴唇抚过她的耳朵，“我们本来应该先说好走哪条路线，我应该先问你的。”

嘉柏丽尔依偎在他身上，将泪脸埋在他的臂弯里。什么也不用说，她只想让他明白，不是他的错。如果她考虑周到，当他跟她说想走 7 号国道线时，她应该提醒他一下。她以为自己已经足够坚强，可以忍受看到男孩去世的地方。几个小时后，在马赛一个舒服的酒店大床上，她知道并非如此。

第二天他们继续往普罗旺斯地区艾克斯行驶，天气确实晴朗起来了。明亮的颜色让嘉柏丽尔的情绪开朗了一点，蜜黄色、松果绿、嫩紫色和白色构成一幅画，果树开花了，路边新长的药草弥漫着强烈的芳香。

她和德米特里手牵着手，沿米拉波大道在法国梧桐树下散步，在“两个男孩”咖啡馆吃了点东西。他们惊讶于文艺复兴时期辉煌的外墙和罗马时期的废墟。在带着满满的印象和平静的满足，共同度过幸福的一夜后，他们出发前往阿尔勒。

看到闪着银色光芒的橄榄树的时候，他们知道已经到达这个城市了。这里有古罗马的圆形竞技场、罗马大教堂等风景名胜，他们笑着探索古老圆形建筑的音效，参观不同的建筑，把最后一个参观景点留给了大教堂。嘉柏丽尔似乎知道，这次参观会令她深深感动。

圣托菲姆教堂和毗邻的本笃会修道院令嘉柏丽尔深深感动，无其他建筑可及。直指天际的建筑，里面巨大的柱子，十字形回廊上历经几百年踩踏的马赛克，都让她回忆起奥巴齐内修道院。这种刻在石头上的信仰，让她回到了25年前的时光，那时嘉柏丽尔在修道院过着困苦的生活。她突然有个疑惑：如果她重新接受它们，过往的沉重阴影，是否会消失？

在这个地方，她感觉德米特里比平时离她更近。他们静静地穿过这中世纪的教堂，一起点亮蜡烛，像在尼斯的俄罗斯教堂里一样手牵着手。当管风琴在教堂回响时，她想低声告诉他，这一刻她多么幸福。他们在倾听琴声时，她和他默契地十指交缠。

乐声带嘉柏丽尔回到了少女时期，她不知道那时是否有人演奏《幻想交响曲》。即使有，她当时也不知道埃克托·柏辽兹的这一作品。她的音乐知识是斯特拉文斯基传授给她的。虽然奥巴齐内修道院也有赞美诗，也会演奏其他作品，但那里所有跟她相关的一切，都被她无情地甩开了。可能正因如此，她会如此喜欢这些时髦的香颂，这些她曾经在低级舞场唱过，现在回看却相当幼稚的歌曲。

她心里有了个模糊的想法，她应该去做吗？或许去奥弗涅这个想法跟那些歌曲一样可笑，那时在穆朗和维希主要为了取悦男客人的那些歌曲。沙皇皇储真的是那个她可以敞开心扉，让他看到过往的男人吗？她童年和少年时期生活的地方，甚至男孩都没有跟她一起去过。她突然觉得愧疚，她没让男孩看到她内心最隐秘最重要的部分，却在考虑允许另外一个人去。这可能是不对的，她放开了德米特里的手。

她深深地沉浸在自己的思绪中，然后离开了教堂。

他们下榻的地方就在罗纳河边的老城，一栋有着蓝色百叶窗的黄色小楼，房间出乎意料地豪华。嘉柏丽尔和德米特里的房间不是像他们希望的那样，以一道门相连，而是通过前面的阳台。他们在阳台上喝香槟，直至华灯初上。他们看着太阳最后的余晖照亮铁路桥，看着落日慢慢沉入河里，看着夜幕降临，将屋顶的红瓦淹没在奇特的紫色光芒中。

接着嘉柏丽尔和德米特里走进附近的餐厅，那儿没人认识他们。他们非常享受地品尝普罗旺斯地区的家常菜，如普罗旺斯蔬菜杂烩、香料烤羊排，两人互相喂食，心情大好。饭后他们在安静的小巷消食散步，小巷里只有一位孤独的街头乐手，在演奏《卡门》小提琴曲。

“这音乐很适合这里。”嘉柏丽尔站了一会儿，倾听小提琴手演奏。她用自己的话复述了一遍音乐会上斯特拉文斯基给她讲的知识：“为乔治·比才的歌剧写了剧本的普罗斯佩·梅里美，是阿尔勒的美女赋予了他《卡门》故事的灵感。”

“美丽的阿尔勒姑娘[①]并没有吸引我。”德米特里认真且无丝毫恭维地回应道，“可可，我眼中只有你。”

她想，他值得我敞开心扉。

她吸了口气，又觉得心里一阵刺痛，就像下午在教堂时她觉得愧疚，因为她没有让男孩了解她的童年和少年。跟对其他人一样，她向他胡编了骇人听闻的故事，包括抚养她长大的两个市侩、严厉的姨妈，以及她的商人父亲逃往美国赚了大钱，却显然不打算与他的孩子分享。这样一个比亚瑟·卡柏在社会地位上与她更不匹配的男人，为什么她就想跟他说实话呢？这样一个男人，可能只是像漂亮蝴蝶的翅

① 比才配乐的舞台剧中的角色。

膀拂过她的生命。谁知道回到巴黎后，他们的关系是否能战胜日常生活的烦琐？

嘉柏丽尔又陷入沉默，这次不是因为男孩而伤心，而是因为对德米特里·巴甫洛维奇·罗曼诺夫越来越强烈的好感挣扎纠结。她本来以为自己要的艳遇，跟爱情没多大关系，不过是跟她生命中其他男人有过的绯闻一样，一场并不触动灵魂的感官盛宴。她在斯特拉文斯基身上寻找和找到的也是这些，她没有预计到她情人德米特里的可爱与完美。她并没有期待这样的吸引力，这已经远远超越了他漂亮的运动员身材。她早就明白了，她想要的不仅是德米特里的性和社会地位，比这多得多。这不再是一个幼稚小女孩爱上一个王子的梦想。

虽然这是一个温暖的夜晚，但她回到酒店房间后，锁上了阳台门。

＊＊＊

第二天早上，嘉柏丽尔坐在车上，让德米特里开车穿过古老的罗马人街道，前往阿维尼翁。她没有看飞驰而过的漂亮风景。因为太关注自己，当德米特里在能看到著名罗马高架水渠的地方停车时，她才注意到顺路来参观的加尔水道桥。他们下车，沿着河岸散步，往水里扔小石子，观察石子荡起的涟漪。

嘉柏丽尔深吸一口这风景里的香气："闻起来几乎像我的香水。"她确定，她很高兴找到一个可以充满热情的话题。跟自己的身世相比，这话题完全不那么令人困惑。

德米特里认为："在普罗旺斯，这清新的味道只有春天可以闻到，等天气很热就不行了。"

她皱起鼻子，点点头。

“你香水的特别之处在于香味的清新，不只是‘香奈儿 5 号’或‘凯瑟琳花束’，圣彼得堡的‘白色之夜’也是。”他犹豫，然后低下头，轻轻补充道，“我希望，我能带你看看我的家乡。”

“我也希望。”不想让自己心里刚刚消除的伤感唤起德米特里的忧郁，她转换了话题，“鲍先生跟我说，他在合成时会用一种特别的茉莉花，只长在南非，世界上其他地方都没有。”

他看着她：“所以‘香奈儿 5 号’会那么贵。”

“我不管价格。”

因为昂贵的香料和合成原料，生产成本会特别高，这于她无碍。恩尼斯·鲍虽然向她特别指出，但她可以承担。她要用这笔钱来宠爱她的最佳顾客。这只是一次性的支出，用来做她时装店的广告。

“你是我认识的所有女子中最不寻常的。”德米特里用亲密的动作轻抚她耳后的一绺头发。

“我只是个来自奥弗涅的普通女孩。”她的回答完全是下意识的，但这又引发了藏在心里的问题。她再次考虑，是否与德米特里一起去看她的过去。

比起今天旅行的第一阶段，她的情绪明显要好得多。在阿维尼翁，他们住进了浪漫的欧洲酒店。这原是 18 世纪的城市宫殿，有一个迷人的小小内院，里面的喷泉水潺潺流动。跟所有游客一样，他们计划先在老城墙内走一圈，然后去参观教皇宫；回程路上再绕道经过市政厅市场，经过钟表广场——虽然嘉柏丽尔的脚已经开始痛了。

“这几天走了太多铺石路，这鞋并不合适。”她挑剔地看了一眼鞋跟确认道，“也许我应该设计更舒服的鞋子。”

“这儿有很多咖啡馆，我们进去喝杯酒，休息一下。”

有着16—18世纪漂亮建筑的广场上，华灯初上，在绛紫色背景下，夜幕将这些街灯变成了金色的点点。当地人拥向回家的路，或者像嘉柏丽尔和德米特里一样，在街边咖啡馆喝杯开胃酒。这个季节，阿维尼翁的旅游者不多，游客跟他们做同样的事，或闲站着，或为钟楼、市政厅和广场上的歌剧院惊叹。柱子装饰的剧院前聚集了几个年轻的乐手，一个手风琴手，一个小提琴手，一个单簧管演奏者。几分钟后响起了古老民谣《在阿维尼翁桥上》开头的节拍，可可非常自然地跟着哼唱。

德米特里倾听歌词：

在阿维尼翁桥上，
人们跳舞，人们跳舞
……

他微微一笑："你知道我想干什么吗？我想和你在阿维尼翁桥上跳舞。"

嘉柏丽尔示意他看看她的脚，调皮地表示："我不知道我今天还行不行，可能你得扛着我穿城而过。"

"机不可失。"他举杯，杯中闪烁着罗纳河谷的浅色葡萄酒。

"我们随时可以再来普罗旺斯……"

他若有所思："但是永远不会像今天一样，可可。"

她默默地摇头，是的，不会的，她想。随着他们在一起时间的增长，最好的情况是信任度也在增长。但是如果她继续坚持自己出身的传说，信任情况会如何呢？就算他跟她一样为她父亲和孤儿院的经历感到耻辱，现在不会马上离开她，当他知道自己隐瞒了真相时，也会因为受伤而离开。

大广场上飘来的音乐像是一个提示。这音乐，嘉柏丽尔比大多数听众更熟悉，她刚刚还沉浸在童年和少年时期的思绪中。街头乐手演奏的活泼歌曲，如同她无法复制的服装风格，都属于嘉柏丽尔的生命。虽然她已经很长时间没唱这首歌了，但她的嘴唇像是自己就蹦出了歌词，旋律从她的喉咙冲出，不需要真的去想，她就跟着这些歌词哼唱。这些年来，她一个字也没有忘记：

我失去了我可怜的可可，
可可我爱的狗，
非常接近特罗卡德罗。
尽管时间很短，它已经跑远。

您没有看到可可吗？
特罗卡德罗的可可，
特罗的可，
特罗的可，
特罗卡德罗的可可。
谁看见了可可？
哎！可可！
哎！可可！
谁看见了可可？
哎！可可！

她注意到德米特里诧异的脸，但没有噤声。当她意识到自己引起别人关注时，也没有停止。她以为只是轻声和唱，但显然足够大声，令邻桌的客人转过身来看她。平时这样是有些难堪的，但这时并没有影响她。她把这当作是一个标志，这一天，她比平时更多地与过去做斗争。正好在这一天结束时演奏这首歌，这首歌现在早就不流行了，但对她意义重大。受她的歌声激发，一些其他的客人也加入了副歌的和唱，有男高音和女高音。结束时掌声雷动，一张张笑脸向嘉柏丽尔的方向赞同地点头。

“我完全无法想象，一首关于在巴黎特罗卡德罗跑丢小狗的流行歌曲，可以引起这么多的欢闹。”德米特里似乎特别开心，“这狗正好叫可可，而不是菲菲或这一类的名字，多有趣啊！你这么熟悉这歌词，是因为你也叫这个名字吗？我亲爱的可可？”

“不，不，正好相反。”

“我不明白……”

她深吸一口气，然后说道：“德米特里，我想带你看点东西。我们再推迟一两天回巴黎，改变一下行程，你会反对吗？”她没等他回答，急促地补充道：“我想带你去奥弗涅，看看我童年和少女时期生活的地方。在那儿你会知道，嘉柏丽尔是怎么变成可可的。”

“我会很乐意的。”他握住她的手。

她与他十指交缠：“晚饭后我们去圣贝内泽桥上跳舞，不管我的脚怎么样，我答应你。这可能是唯一的机会，我们真的不应该失去。这儿没人认识我们，我们可以做很多傻事。”

他们溜达到桥上时，已经是子夜。那首民谣写的就是这座桥。几百年来，这座中世纪的桥经历了多次洪水，桥身结构已损坏，桥的大部分被冲毁。这曾经是欧洲最长的桥，如今只留下四座桥拱。事实上，相当狭窄的步行路是条断头路，而且桥上也没有栏杆。这对每个参观者来说都是危险的，白天如此，夜晚尤甚。

只有微弱的光线，月光折射在轻轻晃到岸边的波浪里；城里还没熄灭的灯光倒影，在黑暗的水面上跳舞，像闪闪发光的萤火虫。热闹的蛙鸣，被沿河驶过的一辆汽车发动机声音打断；汽车大灯扫过头两个桥拱，轰隆声逐渐消失，只留下爱的欢歌。除了嘉柏丽尔和德米特里，小巷路上几乎没有别人。圣贝内泽桥上没有人敢走进黑暗，这儿只有他们俩。

在一家小餐厅里吃了丰盛的晚餐并喝足了酒后，嘉柏丽尔对这缺乏安全的地方并不害怕，只是觉得好玩："我们得注意，别掉进水里。"她在旋转时咯咯地笑。

她险些失去平衡，踉踉跄跄，在她跌倒前，德米特里接住她。他想抓紧她，但她挣脱他的拥抱，挽住他的手臂。

"现在该跳康康舞了。"她叫喊着，用空着的手左右摆动，仿佛在指挥想象中的乐队，"你知道雅克·奥芬巴赫的轻歌剧《巴塔部落》吗？"

德米特里摇摇头："从来没听过。"

"那请注意了。"她松开他，在他面前站好，以舞台上的动作鞠躬，然后两腿跃向空中，忘乎所以地跳起康康舞。她用因为酒精而有点尖的声音，高声歌唱奥芬巴赫的歌："可—可—里—可……"歌词她记得很清楚，跟关于跑丢的狗可可的歌词一样，她年轻时的演出都没有像今天这样狂热。

她唯一的听众给她热烈鼓掌。

她气喘吁吁地投向他的怀抱。

"我觉得，你就别再跳哥萨克舞了。"他揶揄道。

"我也这么觉得。"她同意这句话，然后想起了什么，仰起头，额头皱起，看着他，“你想逃避，哥萨克舞只有男人才跳。”

他笑着让她快速转圈：“对的，康康舞则是只有女士跳。但在英国，华尔兹是男女一起跳的。”

这个词唤醒了嘉柏丽尔的记忆。虽然在男孩活着的时候，几乎没人跳慢华尔兹，那时这种舞刚刚流行起来。但是单单是“英国”这个词，就足够让人想到死去的情人。

她跟德米特里用 3/4 拍慢慢摇摆，她跟上他的动作，让他带领自己。他们拥有的地方没多大，但够跳一支舞，她出神地倾听他轻声哼唱的旋律。

过了一会儿，她把额头靠在他肩上，沉浸在关于另一个男人的梦中。她跟他从来没有这样亲密地跳过舞，也再不可能了。

第 13 章　惨淡的童年

在里昂待了一晚后，他们在清早上路，前往她的过去。之前她从来没有回来过，自己一个人也没有。她坐在劳斯莱斯里，德米特里旁边，自问，她是否已经准备好重逢？

虽然她从来没有坐车穿过法国中央高地，那时她没车。但她似乎非常熟悉这弯弯曲曲的路，他们穿过春天绿色的草地、农民的石头小屋和奔涌的河流，草地上粗壮的奥布拉牛在吃草。温度明显下降了，火山上的圆顶已经白雪皑皑。虽然车上是暖和的，嘉柏丽尔还是裹紧了大衣。她止不住地发抖，因为她想不起来，在这儿是否有过不受冻的时候。

蒂耶尔是座小城，没有游客，甚至大多数旅游指南都不会提及。通常，这儿的居民都自顾不暇，甚少对遥远的巴黎发生的事感兴趣，也完全不关心首都的名人。虽然这名贵的车引人注目，但没人认识驾车人和他的随行女士，市民的好奇心最多只是针对耀眼的汽车挡泥板和嘉柏丽尔大衣上的皮毛领子，而不是人。这样不被关注，嘉柏丽尔挽着德米特里的胳膊，像在其他地方一样，沉默寡言。她带着他穿过弯弯曲曲的小巷，两边都是漂亮的桁架小屋，小巷自中世纪以来就没怎么变过。这里咖啡馆很少，但手工作坊特别多，叮当声、锤打声和锻造声在回响，他们漫步到多尔河和杜罗勒河汇流的地方。这里，两条河流的潺潺水声更响了，老式磨坊的嘎吱声也更清晰了。

嘉柏丽尔靠在桥栏上往下看，她期待着自己激动起来。但让人惊讶的是，与蒂耶尔的相遇很冷静，她什么感觉也没有，最多只是惊奇这世界是多么小。小女孩时，这里令她激动万分，那时的世界对她来说很大很大。这里是童年时期唯一给她温暖和安全的地方，当时是在祖父母的庇佑下。那段时间过得太快了。

“这儿有很多铁匠铺，因为这个小城是刀具生产中心。”她突然开口，没有转向德米特里，而是盯着下面小小的漩涡和泡沫。

德米特里仔细聆听：“你父亲做刀具和武器生意吗？”

他的兴趣可以理解，他生命中的大多数时间在当兵。嘉柏丽尔考虑编造一个新的传说，声称附近的查塞涅城堡是她童年时期的家。话已经在她嘴边了，对一位大公来说，一个漂亮的中世纪小城堡，一定比同时期歪斜的农房更好接受一些，也许他们可以散步穿过公园……

但她来这里，是为了接受真相，即使这远比重逢本身更麻烦。“我家在这附近的一个村子，我父亲去城里，只是为了去买他自用的刀。”她说。

德米特里显然不知道如何回答，显得有点不知所措。“那么说你是出生在刀具之城……”过了一会儿，他接话，声音听起来很开心，“魄力来自刀刃，不是吗？可可，我现在终于知道，你的魄力是哪来的了。”

她朝他微微一笑，但眼神忧郁：“我在这儿长大，但我不在蒂耶尔出生，而是在索米尔。”

“多美啊！你为什么不早说，卢瓦尔河是你的家乡？我喜欢索米尔的城堡、马场和葡萄酒，我一定得去那儿。”

她克制自己：“我母亲出生在索米尔附近的村子，是个洗衣工。”

跟她母亲以前一样。

“哦。”这是他唯一的评论。

他脸上毫无表情，专注地看着她，嘉柏丽尔自问，他是否在她表情里寻找开玩笑的提示，但她并没有说笑的意思。

她的声音很固执：“也许我父亲在这儿或那儿卖过他家乡的刀具，我不知道，反正他是个在南方碰运气的流动小商贩，他不是商人。”

天上的云越来越密，遮住了本来就微弱的阳光，光线变幻，脚下的河流不再蔚蓝，而是变成了灰色。一股冷风吹起，不只是嘉柏丽尔，德米特里也冷得发抖。

他用双臂抱紧自己，过了一会儿，他问道：“他们是怎么在一起的？我是指你的父母。”他显得不是特别好奇，只是寻找些能打破他们之间沉默的东西，以免气氛更加沉重。

“阿尔伯特·香奈儿是个无赖，长得帅，迷人，风趣。我想他们是在一个年度集市上遇见的，那时的普通人都在那里寻开心。可惜我父亲是个流氓，主要是不负责任。他不想受束缚，迫于他父母的压力，有了两个孩子后才跟我母亲结婚，对我们来说他从来都是缺席的。”

“那你是亲戚抚养长大的。”德米特里确认。

他语调中的客观冷静让嘉柏丽尔不安，因为他的声音里听不出他的态度，厌恶或是理解，她不知道他内心怎么想的。她只能猜测或等待，他们之间社会阶层不同，最好的情况是他能看到他们的共同点。不管出身如何，小孩子的伤心和被抛弃的害怕，应该是一样的，这是他们原本就互相了解的。

阵风刮进山谷，磨坊水轮的嘎吱声更大了，河面上的泡沫更稠密了。嘉柏丽尔把钟形帽子紧紧摁在头上，德米特里没戴帽子，他捋了一下头发。他们先是匆匆看了对方一眼，然后互相凝视，两人用同样的姿势手扶额头。阴影变暗时，德米特里脸上的微笑突然点亮，他的手指握住她的手。

“除了两个孩子，你父母还生了其他的孩子吗？”他问。

“妈妈，我好饿。”

“嘉柏丽尔，别说了，我们什么也没有。我们得等爸爸回来，然后我们才有钱，这之前你只能满足于我能搞到的这些，没有更多的了。”

“求求你，妈妈，只要半杯牛奶……”

“没有，我的小嘉柏丽尔，牛奶是给你弟弟们的。你和姐妹们只能喝水。”

“我们有六个，三个女孩三个男孩，其中小奥古斯特只活了几个月。”嘉柏丽尔摸了摸脸颊，不知道擦的是眼泪，还是雪。小片雪花开始在这惨淡的光线中飞舞，摔碎在桥栏上和她的皮肤上。她握住德米特里的手，又松开，把他们的手埋进她大衣口袋里。她忽略了脸上的潮湿，攒起所有的勇气来告诉他，她的出身中还有哪些令她感到羞耻：“母亲死时，我 12 岁，姐姐朱莉 13 岁，妹妹安托瓦内特 8 岁，弟弟阿尔方斯 10 岁，吕西安才 6 岁。父亲将男孩送去了孤儿院，在那儿，他们被卖去当童工；我和姐妹们去了孤儿院当修女。”

“所以你在威尼斯哭了。”这不是个问题，而是确认，他下意识地说出这句话，丝毫不带无名的怨愤。德米特里取出手帕，温柔地轻轻擦拭她的眼睛：“你无须解释，小孩子有多孤单。我很清楚你的心路历程。”

“嗯。”她只能这样简单回应。如果她开口说话，试图用语言来描述此刻的感觉，她真的害怕眼泪会夺眶而出。她沉浸在回忆中，回忆起朱莉和安托瓦内特，她们已经不在了。她感受着对弟弟们的伤心，她不知道他们后来怎么样了。单单这些还没事儿，是德米特里的温柔和理解令她深深感动。虽然她已经不是第一次感觉到，跨越所有的社会藩篱，他们是那么相似，他们的童年都有重大的缺失，但他如此淡定而温和地接受她出身的真相，超出了她的预期。

他仿佛猜出了她的想法，德米特里严肃地说："在圣彼得堡和莫斯科，当然也在巴黎、伦敦和其他我到过的城市，我碰到过很多出身高贵的女士。但认识的人中，没有一个像你一样，对优雅和风格有这么灵敏的感觉。可可，我印象深刻，一个女孩有你这样的过去，成了上流社会的顾问，这是多么难得。"

雪下得更猛了，透过漫天飞雪，她凝视着他，内心充满感激。这么心心相印的男人，是命运或是男孩从天上送给她的吗？

他回应她的眼神。过了一会儿，他开心地朝她笑道："我们现在去车上好吗？你不是还想去穆朗和维希么，我们得在大雪封路前出发。"

"我们肯定不会被雪封住的。"她安慰他，这冬季壮观的白雪并没有积起来，雪花只在湿滑的路面留下了薄薄一层。鹅卵石上闪着金属一样的蓝灰色，如同用来制造蒂耶尔刀具的金属。"尽管如此，我们应该出发了。你说得对，一切都说了。"

至少这一刻是（一切都说了），她脑海中补充道。

* * *

城墙的另一边，雪积起来了，汽车轮胎在白色路面上留下了深色的印迹，德米特里专注而小心地开车，以免打滑。他沉默，嘉柏丽尔觉得舒服，因为她确信，他的沉默不是因为她的身世，而是因为 4 月里却是冬天的天气，这安静不是负担，而是此时所需。

德米特里如此从容淡定地接受她的童年身世，对她来说非同寻常。仿佛他已经知道，关于她的传说有些不是真的。她陷入沉思，想想有可能是哪里出了漏洞，发动机和雨刷器单调的声音令她昏昏欲睡。说出真相的轻松之后，是沉沉的疲倦，她的眼皮越来越沉重，她睡着了……

“你好，小姐！”熟悉的声音唤醒了她，德米特里小心翼翼地轻轻推她，“我们到维希了。”

嘉柏丽尔用两个手指按摩鼻根，消除因不舒服的睡姿带来的头痛。她疑惑地从雨点斑驳的车窗向外望去，认出了赌场新巴洛克式的外墙。前面是一片修剪得整齐的草坪，雨水在横穿源泉公园的石子路上形成了水洼，游人多少都得巧妙地应付。几十把黑伞笼罩着衣着优雅的行人，女士们先生们一定是径直朝着公园另一头的饮水厅去，在东方风情的蓝色和金色瓷砖圆顶下，喝一杯温泉水。虽然嘉柏丽尔有 15 年没去那里了，但她眼前依然有清晰的画面。她确信随着时间推移，一切都没变。

维希是法国最大的矿泉疗养地，旺季时全世界的人都来这儿，包括世界大战的时候。嘉柏丽尔在巴黎时总是听说，它的吸引力反弹了，就像雨滴在她的车身上弹起。虽然现在早就不是旺季了，但很显然，不管是什么季节、什么天气，这里都很热闹。可能他们一脚跨出车外，就会引起轰动，至少德米特里会马上被贵族认出来。

“我们下车吗?”他问，显然渴望去参观，他表现出来的快乐，令嘉柏丽尔惊奇，也无法掩盖他内心的紧张。

他是担心她会让他丢面子吗？她为自己的想法吓着了。

在蒂耶尔，他耐心而充满理解地倾听，对她身世的反应满是温柔，她为此很开心。35千米的车程后，为什么他的看法就会有改变呢？她甚至在车上睡过了头。熟悉的环境一定不会在一个小时内，将他变成最令人恶心的那类附庸风雅的假绅士。

或者真的会？她看错他了？如果不是这样，在蒂耶尔他能如何反应呢？毕竟他总不能当场将她扔在那里。

嘉柏丽尔心中的小恶魔折磨着她，这恶魔让她相信，德米特里·巴甫洛维奇·罗曼诺夫并非淡然，而是完全没有感情。他良好的教养当然不会把她赶出自己的汽车，他一定会友好地把她送回巴黎。这样做也是因为他自己的利益，但他们的浪漫到此为止了。她告知他身世后，他看轻了她，要不然他应该做什么呢？她自己都鄙视她的童年，她并非没有理由为真相感到羞耻。

她拿手袋，取出烟盒："我觉得，我们不用下车了。维希对我并不那么重要，只是回巴黎的最后一站。我们去穆朗吧，回家也顺路。"

她自问，她为什么要拐一下请德米特里去穆朗。在那个小城的时光，是她生命中重要的里程碑，但是让他进入她人生的这一部分有意义吗？或许，他应该并且愿意知道，那儿发生了什么，让她有了"可可"这个绰号？那里虽然没有像孤儿院的童年那样成为她的负担，但也是跟沙皇皇储完全不同的世界。如果她的过去侮辱了他，那一切都完了。她是否这样做，对他们的关系无关紧要，对她自己却不是无所谓。她只是因为自己想去穆朗，而不是想带他看什么。

他没有发动汽车，而是给她点火，自己也点了一支烟，"可可，你怎么了？"

她深吸一口烟后说："对不起，我搞错了。维希什么也没有，除了一两家帽子店的橱窗，它们当时启发我尝试自己去设计。这并不值得冒雨过去。”

从根本上说是这样的，起点是在穆朗，在更贵族化的维希，她曾经希望能在著名的歌剧院幸运地成为一名歌手，想成为新的密斯丹格苔，但远没成功。回过头来可以看明白，要成为女高音，她的天赋远远不够。但没有成为歌手并不是她现在伤心的原因。在维希，她曾经最好的朋友离开了她。想到这儿，她脸上掠过一丝微笑。不，米西亚无法跟阿德里安娜相比。嘉柏丽尔与阿德里安娜的故事其实从蒂耶尔就开始了，因为阿德里安娜·香奈儿是她的姑姑。但是她们亲如姐妹，她是嘉柏丽尔祖父母最小的女儿，她父亲的妹妹，跟她年龄相仿。在奥巴齐内几年后，她又在穆朗见到了她。这对嘉柏丽尔来说，仿佛她生命中的太阳升起了。

“我好想去茶会。”阿德里安娜梦幻般地盯着圣母慈善堂简陋的餐桌，“就像一位精致的夫人。”

“像一位精致的老夫人。”嘉柏丽尔咯咯地笑，但女友严肃的表情让她犹豫，她小心翼翼地问，“除了精致的老夫人，谁还会去茶会？”

“优雅的先生。他们不用工作，看起来比那些工作的男人好看得多。”

嘉柏丽尔快速睁开眼睛：“他们什么也不做？”

“他们做点这个那个的。我总想着，认识一个不工作的先生，比从事有报酬职业的先生更好。好吧，你自己会注意到，哪些男人更好闻。”

“在维希这儿，我第一次知道风格意味着什么。”嘉柏丽尔在回忆中微微一笑，她的思绪还停留在阿德里安娜和穆朗，而不是维希的疗养公园。“那时候，女士散步时头上戴的东西，真让人难以置信。大部分女人看起来都像浓妆艳抹的蠢驴。”

“很遗憾，我们不想去确认，维希制帽女工的品位是否有提高。只能说，男人对女士的帽子有洞察力。”他向她眨眨眼，显然，他想用好心情驱散笼罩在他们之间低落的情绪。

“你的品位不是退缩的理由。”她回应道。她放松下来，找到了他们可以热情评论，但不会像她的过去那样深深触及她的内心的话题。她说：“那时的帽子手工很好，这方面无可非议。帽子与时装相配，巨大的阔边帽，加很多网眼纱和布做的花、羽毛和鸟。鸟，我的天哪！到处是用最荒唐的材料做的花和鸟。”

“我还能清晰地记得亚里山德拉皇后的帽子，我的婶婶也一直戴这种看起来像整个森林的帽子。”

他这么说肯定没有经过深思熟虑。但是，今天他提到亲戚的地位，无意识地刺了她一下。

“对我来说，这些极其昂贵的构造从来不是优雅的标志。去繁就简的艺术才是真的艺术，你明白吗？”

当他注意到这个侮辱，他选择一笑了之：“然后你去了巴黎，所有女人立刻就爱上了你的帽子。”

她回应他的微笑，“没那么快，也没那么简单，但差不多是这样。我在巴黎北边罗亚留的一个城堡，认识了女演员艾米莉安·德·阿伦松。她喜欢我的设计，在舞台上和很多社交场合都戴我的帽子。她的朋友们也喜欢，很快她们都想要同样的款式。”她摇下车窗，把还在闪烁的烟头扔进一个小水洼。

“基本上现在也没什么两样。”她把车窗摇上，继续说，“你知道吗，我为什么把最漂亮的衣服免费给我的模特穿？这些你家乡来的公主和伯爵夫人们晚上比我出门多，她们活跃在上流圈子。人们在餐馆、招待会或舞会上看到她们，就像一场时装秀。她们到处走动，很开心，顺便为我做最好的广告。”

“这是个聪明的主意。可可，你是个了不起的商人！另外，你愿意透露，你为什么叫可可吗？我还等着答案呢。”

除了目前知道的一切，他真的还对她的生活细节感兴趣吗？他显得那么高兴，让她全心全意地相信，是时候驱除恶魔了。

“与‘可可’有关的事，我到穆朗告诉你。这个故事从那儿开始。”

* * *

文艺复兴的光芒和力量，在20世纪的穆朗并没有恢复。漂亮的中世纪外墙装饰已经剥落，这个小城看起来睡眼惺忪，而这不只是因为糟糕的天气。

德米特里驶入阿列河边安静的街道。“以前有驻防部队在维持。”嘉柏丽尔解释道，“此外，过去和现在，这儿住的都是官员及其家人，没什么特别惊人之处。”

“有什么特别的东西吸引你来这儿呢?”德米特里想知道。

“修道院的修女把我送进穆朗的圣母慈善堂，就像丢掉一个没用的累赘，没有其他人愿意接收一个18岁的孤儿。”想起当时的遭遇，她现在还倍感辛酸。她决定不告诉德米特里，作为所谓的受恩赐学生，她的衣服与父母付费在这儿生活的女孩不一样，她跟她们坐的桌子也不同，她要做更低级的工作。不过至少她能以这样的方式离开奥巴齐内，如果被送去农场当劳力，情况可能会更糟糕。所以她以更理智的声调说："慈善堂修女给我上课，提供吃、住……"话音刚落，她的声音又变了，变得更柔和："……而且我又见到了阿德里安娜，这是我经历的最好的事。"

德米特里眉毛上挑："阿德里安娜是谁？你的朋友中我不认识有叫这个名字的。"

"她是我的姑姑。"嘉柏丽尔回忆起她，微微一笑，"她是我父亲的妹妹，我们年龄相仿。其实除了朱莉和安托瓦内特外，她曾经是我的第三个姐妹。"

"曾经？"

嘉柏丽尔深深叹了口气："阿德里安娜已经不在了，跟朱莉和安托瓦内特一样，跟我的母亲一样。我是香奈儿家族最后一个女性，我是剩下的，仅剩的……早早死去，好像这是我们的命运。"

他沉默，也许她对短命的担心，吓着他了；也许他也想起了他的母亲，她只活到21岁。他不动声色，平稳驾车，虽然只是漫无目的地穿行在老城狭窄的小巷。

静默变得沉重，嘉柏丽尔说："别担心，我打算直面不幸，与之抗争……小心！"她尖叫道。

下坡路上一个急转弯处，汽车偏离了车道，在后轮碰到一盏街灯前，德米特里紧急刹车。嘉柏丽尔被甩向前，她快速反应过来，在仪表盘上撑住。

车子差点没停住，她发表意见："如果你继续这样的话，香奈儿家族的女性传统倒是要继续了。"

对她的评论，他显然笑不出来。他下颚肌肉紧绷，没有说话，挂倒挡，掉头，小心地倒车。

她的黑色幽默当然不合适。这是他们没剩多少路程的旅行中，第一次出事。“目前为止，你一直开得特别好。”嘉柏丽尔急着这么说。

“在我能力范围内，我将竭尽所能让你活着。”德米特里平静地回应，劳斯莱斯以悠闲地速度穿城，德米特里突然往右转，把车停到路边。“我们下车吧，走路去。”

“下雨呢。”她简短地回答。

他嘴角一撇：“我们有伞。”

“我会感冒的。”她微微一笑。

“这不会要你命的。”

仿佛得了提示似的，天空突然云开雾散，一束阳光反射在冷却罩上，照亮了车上的两个乘客。

“命运好像逼我们动身呢。”德米特里表示。

“我希望，大咖啡馆还能跟以前一样有好吃的。”

德米特里还是未雨绸缪，把伞挂在胳膊上，但没有用到，因为雨真的停了。太阳下，湿漉漉的路面像铅一样闪闪发光，小水洼里异彩闪烁，这个城市好像在慢慢苏醒。穿着工作服的手工艺人，以及穿着西装的办公室人员，都涌向街角的小卖部喝开胃酒；一位保姆提醒两个穿着校服的小男孩，让他们别去蹚小水滩；一位拎着购物篮的女子快步走过；一个戴着钟形帽子、留着深色波波头短发的漂亮女孩走出一家商店……

嘉柏丽尔的目光追随着这个女孩，她想起了自己。只是她当时戴圆形帽，长发在脑后盘成发髻，她的裙子也明显长些。但如果今天嘉柏丽尔跟20年前处在同样的境况，这个陌生女孩看起来就像是另一个自己。

“我们去钟表街，”她建议，“看看格兰佩尔店还在不在。这是家小商品店，我和阿德里安娜在那里当过售货员。当时丝绸、花边、带子卖得很好，还有衣服修改业务。有时候，我要在缝纫机前坐几个小时，可能穆朗城的每条裤子都经过我的手。”这调笑带双关语。

“如今出自你手的是巴黎的裙子和裤子。”德米特里忽略这言外之意，中规中矩地回应。

“还不是所有的。”她笑着回应。

“但是很多，很多。”

她点头，为现在而骄傲，但思绪还停留在过去。她想起了艾提安·巴勒松，在格兰佩尔店的里屋，她无数次给他的裤子缝边或钉新的纽扣。他当时在穆朗服兵役，这个男人为她开辟了从罗亚留城堡到巴黎的路。她不会跟德米特里说起他的，如果他没从某个好心的朋友那里听说她过去的这一部分。他不需要了解她那个时期的男女关系。不管是因遗产而富的艾提安，还是其他军官，他们都不只是作为小商品店的顾客与她相遇，还偷偷去过她的房间。德米特里不需要了解这些。嘉柏丽尔不是为当时有人称之为轻浮的自由而羞耻，她只是觉得，向情人透露前任的情况并不明智。

“先生，您有赛马吗？”

“有，有很多。打马球的马驹我也有。”

“您真是个幸运儿！”嘉柏丽尔假装兴奋，虽然她对马一点儿也不了解，她把刚钉好纽扣的制服递给客户。

她缝补时，艾提安·巴勒松站在她旁边看着，讲他自己和他热衷的事。

“小姐，您想来看训练吗？”

“那可太好啦。”

他们约好第二天去，嘉柏丽尔之前从来没去过河后边的草地。去干吗呢？她喜欢在城里，她逃离了农村生活，但这儿跟她家乡不一样。直抵河岸的绿地精心修剪过，雪白的栅栏围着草地，精瘦的骏马在阳光下悠闲地吃草，皮毛闪闪发光。这情景看起来那么富足，一切都被精心养护。嘉柏丽尔深深叹了口气，真是太棒了！这纯种马的生活，毫无疑问比奥巴齐内或其他什么地方的孤儿好得多。

“在我贡比涅的家里，全年都可以享受这样的景象。”艾提安用胳膊搂住嘉柏丽尔的肩膀，“怎么样？您也喜欢？”

这一刻她并不知道，他的邀请只因当时的情境，而非出自本心。她也不知道，有一天她会随他前往巴黎北边。她只知道，这样的农村生活可以让她快乐。

时间好像静止了，穆朗的购物街没有任何改变。嘉柏丽尔和德米特里并肩而行，既着迷又仿佛很疏离地沿着熟悉的橱窗闲逛。她在格兰佩尔店前停下，仰起头，指着商店上面几层的那个屋顶小窗：“我和阿德里安娜住在那上面。在另一个区找到房间前，这是第一个属于我们自己的地盘。”

“为什么这个阿德里安娜住在穆朗，而不是在蒂耶尔？”

钱，嘉柏丽尔在心里说，结果总是因为经费。她姑姑的条件比她好一些。

她回答：“我祖父母把最小的女儿送进圣母慈善堂，因为这学堂名声好。他们为阿德里安娜付钱，这样她就比我这个恩赐学生受尊重。即使如此，从一开始我们就非常亲近。我们甚至演过二重唱。”

“在这儿，在穆朗?”德米特里惊讶地环顾四周，他似乎无法想象，在这个庸俗的市侩世界还有歌舞表演。

“当然，”嘉柏丽尔笑笑，“要不然我们去哪儿呢？巴黎像月亮那么遥远。”

“那这样看来，这个地方当时也并不那么无聊。”

“上帝与世界在大咖啡馆相遇。好吧，主要是驻防部队的军官。这儿娱乐的地方确实不多，我猜现在也没什么变化。大咖啡馆是个漂亮的餐馆，有很多桌子，二十年前就已经安装了电话，还有高高的镜子和天花板。阿德里安娜和我负责这儿的音乐娱乐。”

“我明白了，你们唱‘可可去哪了’，是吗?”德米特里想起来。

“是的，也唱。这首歌某种程度上成了我的商标……”她停顿，陷入回忆，“就像‘可—可—里—可’的香颂，”她看着他的眼睛，“这样嘉柏丽尔终于成了‘可可’。”

“雅克·奥芬巴赫是不是写了一个关于调香师的轻歌剧？亲爱的，音乐充实了你的生活。”他搂着她，“我们该去看看‘可可·香奈儿’的诞生地。说实话，我现在饿了。”

* * *

傍晚，他们终于抵达巴黎，中间还下了雨夹雪，一直下到首都。雪在昏黄的街灯下飞舞，德米特里将劳斯莱斯驶向旺多姆广场，径直开到丽兹酒店门口。但嘉柏丽尔并没下车，门童撑着伞跑过来，打开车门，她还是坐着不动。

“我现在不能一个人待着。”她对德米特里说，“跟你在一起好几个礼拜之后，今天夜里你能待在我这儿吗？”

“今夜和你希望的每一天。”他回答。

她认真地点头，德米特里的声音美妙，非常郑重。但说来奇怪，还是有个阴影笼罩在她头顶。

即使他后来搂着她，也一样挥之不去。

第 14 章　装香水的瓶子

两天后，嘉柏丽尔跟德米特里一起前往“美好呼吸”。以后，她不打算待在加尔舍了，丽兹酒店到她工作室那么近，一如既往地对她很有吸引力。但她想回家看看狗狗们，也回到对男孩的追忆中。而且，她早晚要跟伊戈尔·斯特拉文斯基见面的。

但约瑟夫在问候时告知，她的旧情人不在。必须承认，她并不特别想念他。

自她离开巴黎前往法国南部，这个庄园看起来没什么变化。叶卡捷琳娜·斯特拉文斯卡大多数时候卧病在床，她丈夫不在，孩子们在整栋房子和泥泞的花园里嬉闹。用人夫妇负责家里的顺利运转，为闪亮的枝形吊灯和柜子里的大开本古书除尘。但嘉柏丽尔在自己家里并不舒服，好像与德米特里共同入住的酒店比“美好呼吸”更让她愉快。这原因自然不是她的客人们，也不是勤快的勒克莱夫妇，更不是现在搬进她那里的男人。是庄园的气息令她不自在。仔细想想，其实从一开始就是如此——她在这房子里寻找男孩，却没有找到。

她在浴室的镜子里端详自己，看到自己眼里闪着悲伤。她一直没有从失去这个男人的悲痛中走出来，这太荒唐了。她为过去哭得太多了，现在刚刚为将来展开可能，有太多事要做。她终于找到了自己的香水，但光有香水组合还不够，还得打开通往世界的道路。此外，还有一位可爱的伴侣陪伴她。她的朋友们也等着跟她见面，首先是米西亚。她并不孤单，为什么她还是如此愁苦？

她做了个决定。但去实施的时候，她开始发抖，她必须强迫自己冷静下来。

把男孩的私人物品从洗手池旁边的柜子里清走，她感觉像是在犯罪。她仿佛在这儿为男孩建了个神龛，搁板上是他当时留在“米兰人”别墅的私人物品：一个剃须刀、一个獾毛修面刷、几瓶他喜欢的香水、一块雅得利香皂和一把随时待用的梳子，仿佛他随时会回到她这里。她还看到他的一个老式旅行用品包，典型的一家之主洗漱用品，仿佛他只是短暂离开，而不是永远离开。把这里换成其他人的物品，她感觉很残忍，好像要将男孩的记忆从她生命中抹去。她承认，这样的想法很荒谬。但现在，最重要的是这些她心里眷恋的小东西，她首饰盒里或客厅里值钱的东西对她来说根本无所谓。

在深深的绝望中，嘉柏丽尔举起手，她要将男孩的东西从她生命中永久剔除。她要把这些东西清除掉，扔到地上。

但是，她的动作停止了。

手还在空中，她又看向镜子，看到一个流露毁灭怒火的女人。她只是想剔除唯一的痛苦回忆？

她爱的男人的每一件物品，都是一个故事，是一段共同的经历。纵使毁掉这些平时紧紧抓住的东西，她也不想抛掉这些记忆。如果她失去了让她以某种方式感觉到他还活着的东西，她会更加悲伤。

她小心翼翼地抓起小皮包，就像条件反射，她把这些必需品按在心口，又把它们摆放在瓷盆的宽沿上。他在多次旅行中都带着这个化妆包，最后一次却没带。她完全不知道，他什么时候换了个新的。

嘉柏丽尔从门缝中看到，亚瑟·卡柏在整理行李。她已经习惯在罗亚留城堡到处看，到处听，这样可以让她尽可能多地了解艾提安招待的客人。并不是嘉柏丽尔特别好奇，她只是对上层社会女士们的风格和男士们的品位感兴趣。她想吸收能了解到的、比她优越得多的社会阶层的一切，并加以利用。这个魅力四射的英国人，有着山间湖泊那样清澈和深邃的绿色眼睛。显然他准备离开了，这刺痛了她。

嘉柏丽尔小心翼翼地用脚尖踢门。门开了，她不由自主地搜寻用人。但令人吃惊的是这位绅士自己在整理行李箱，他正要将手中的日用品放进去，抬起头惊讶地看着这位闯入者。

嘉柏丽尔明知故问："您要离开？"同时她暗自懊恼，应该说点更聪明的话。

"是的。"他看着她的眼睛，"很遗憾。"

"您何时出发？"

"我乘去巴黎的早班火车。"

"那我现在也得去整理行李。"

她转身离开，没有再置一词。

男孩没有回应。

第二天早晨，他们在火车站相遇。

嘉柏丽尔解开箱子扣环，打开这件小行李。他的香水是"男士手帕"，那独特的柠檬味立刻飘向她。当男孩碰到艾提安这帮人时，娇兰的这个作品在花花公子中非常流行。这个螺旋形的香水瓶中还有剩余。香水瓶与其他一大堆不同形状和大小的玻璃和银质容器，都放在红色丝绒上。他的刷子还在，还有剃须刀和一堆刀片，唯独他存放手表的那个格子空了。这件私人物品的缺失，深深触动了嘉柏丽尔的心。她并不感到奇怪。因为她猜想，当生命的指针停止转动的时刻，男孩应该戴着手表。为了转移痛苦，她从原先固定的位置一个个地拿起这些小瓶子，端详一下，又放回去。

突然，她愣住了。

她手上拿着一个方形的白色玻璃药瓶，窄瓶颈，用一个圆塞塞住。嘉柏丽尔不知道男孩用这个容器来做什么，她立刻确认，里面什么也没有，什么味道也没有。真希望自己当时就注意到，他用来放什么液体，是放药、颜料，还是护发水。瓶子的形状引起了她的兴趣，简洁的方形瓶身与圆瓶口结合，很优雅，不同寻常。一个不露声色的漂亮瓶子，像是为某种更加特别的内容量身定制的。

她想着不要让东西掉下来，于是把这个小瓶子放到镜子下面的储物架上，然后合上旅行包，放回原处。她会请约瑟夫为德米特里的化妆包搞个边桌或柜子。浴室够大，容得下一个新家具，一如一个新男人。但男孩的东西不能让别人触碰。

只是这个属于他的容器应该有新的位置。她离开浴室，带走了这个瓶子。

第 15 章　旧情人的新恋情

怯生生的敲门声传来，嘉柏丽尔说："请进！"然后，叶卡捷琳娜·斯特拉文斯卡出现在客厅。

嘉柏丽尔吃惊地从一堆放在膝盖上的纸张中抬起头。她坐在沙发上，从男孩旅行包里找到的小瓶子放在桌上，旁边是一杯茶，一盘玛丽贴心准备的三明治。她在用铅笔画香水瓶和标签的草图，她必须尽快完成设计。自从确定了恩尼斯·鲍的 5 号样品后，旅行浪费了太多太多时间。博卡的奇里斯公司明确告诉她，生产包装瓶需要一段时间。如果她没记错，弗朗索瓦·科蒂也有过相关的提示。所以在浴室里找到东西后，她马上着手设计。本来不希望被打扰，但伊戈尔·斯特拉文斯基的夫人几经踌躇后才决定来见她，如果对她生气，又不合常理。

虽然大多数时间，叶卡捷琳娜待在自己房间里，但她看起来明显比嘉柏丽尔第一次见到她时要好。这位曾经的舞蹈演员当然是个柔弱的人，但她看起来已经不像一年前那么脆弱了。她的皮肤还是跟以前一样透明，但不再苍白，她把长发编成辫子，盘绕在头上，甚至已经有些光泽。玛丽的好饭菜和供应充足的暖气，一定都有助于斯特拉文斯基夫人的康复。另外还有嘉柏丽尔付费的肺病专科医生的诊治，显然也很有效。但她看起来很显老，虽然她跟嘉柏丽尔只差两岁。

“我能跟您简短地谈一下吗？”

嘉柏丽尔把设计图拢到一起放在桌上，铅笔放在上面。她心情不太愉快，叶卡捷琳娜要跟她谈伊戈尔？这对夫妻是表兄妹，已经认识一辈子了。他跟嘉柏丽尔说过，他跟夫人什么都说，那么她现在来找她，是替自己的前情人、她的丈夫说情？嘉柏丽尔想，她从来不想与音乐天才有绯闻，跟这个男人有关的一切，简直太累了。

她以友好的微笑来履行主人的义务：“请您过来坐，来杯茶吗？”

“我不想打扰您的……”叶卡捷琳娜尴尬地扭着手。

“既然您已经打扰了，我们就弄得舒服点。”

“是的，那么……”叶卡捷琳娜没有说完这句话，她在一张扶手椅边沿坐下。

嘉柏丽尔拿起茶几上的小铃呼唤约瑟夫，虽然叶卡捷琳娜没有说要不要，但她还是让人送来第二杯茶和面包。嘉柏丽尔双手叠放在腿上，来表明她的耐心，但非常明显，谈话会很艰难。

“很高兴您来陪我。”她说，同时目光偷偷地急切地投向她的设计草图。

叶卡捷琳娜先是犹豫，然后突然爆发：“通过我让您知道这个变化，而不是通过旁人，这对我很重要。本来先生要跟您说的，但您正好跟他错过了，他昨天去了巴黎。”她说话很费劲，呼吸沉重。

“这当然很遗憾。”嘉柏丽尔插话，虽然她还想缓一会儿再对峙，“但一定很快会有机会……谈话的。”

“是的，当然，那是肯定的。”这病人用手捂住嘴，咳嗽。

叶卡捷琳娜显然很激动。在约瑟夫端来装有另一个茶杯和三明治的托盘时，嘉柏丽尔明白为什么了。

她确信，这个可怜的女人，是担心失去栖身之所。嘉柏丽尔选择了另一个男人，而不是伊戈尔·斯特拉文斯基，她担心自己和孩子们被赶出门外。

嘉柏丽尔用手势轻轻示意用人离开。她躬身拿起茶壶，给另一人倒茶。她等着叶卡捷琳娜用语言表达她的担忧，但是什么也没有发生。

过了一会儿，嘉柏丽尔说："叶卡捷琳娜，您是，并且将一直是，我愿意见到的客人。"

"什么？"她震惊地看着她。

"我根本没有要把您逐出这个房子的意思，只是因为……"

"哦，不！"叶卡捷琳娜震惊地叫喊，她说话的时候急忙打手势，双手像激动的蝴蝶来回飞舞，差点打翻了茶："不，不，不！我从来不认为您有这样卑劣的想法，自从我们离开俄罗斯，从来没人像您对我们这么好。"

因她的误解而困惑，嘉柏丽尔沉默地等待。

"斯特拉文斯基先生……伊戈尔……他爱的是另一个女人！"说完这句话后，叶卡捷琳娜整个人都瘫倒了，仿佛为这一刻储存的所有力气都没了。

嘉柏丽尔目瞪口呆，这个新消息令她猝不及防。她期待伊戈尔·斯特拉文斯基结束与她的绯闻后回到妻子身边，他终究是个重视家庭的人，这一点他从来没被怀疑过。他这么快就找了一个新的情人，这令她无比困惑。她认为这是背叛，不是对她本人，而是对叶卡捷琳娜，对孩子的背叛，最后也是对她好客的背叛。难道他还期待她家会再容纳另一个人？她的惊讶渐渐变成了恼火。

客厅里弥漫着压抑的安静，只能听到瓷器轻轻的触碰声、叶卡捷琳娜呼哧呼哧的呼吸声、房子里某个地方的狗叫声，和壁炉钟的滴答声。嘉柏丽尔很喜欢和谐的沉默，但这个紧张的安静成了压力测试，她的不耐烦开始占上风。

“是谁呢？”她终于想知道，“这位女士我认识吗？”

叶卡捷琳娜苍白的脸红了，“我猜，你们已经见过。斯特拉文斯基爱上了维拉，谢尔盖·苏德金的夫人。他希望她离婚。”伴随她最后几个字的是轻微的喘气声。她终于拿起茶杯，用茶把咳嗽压下去，接着这位被背叛的妻子补充道：“苏德金夫人用牌算了命。她说，牌从来不会撒谎，我也觉得真的是这样。牌上说，他们是天生一对，一直到死。”

“牌可能不会撒谎。”嘉柏丽尔吃惊地喃喃自语。虽然她绝对迷信，但在这种情况下，她不想这么相信上天的力量。她更担心是维拉·苏德金别有用心，她一定是被作曲家的魅力征服了，试图用各种手段将他跟自己绑在一起。嘉柏丽尔对斯特拉文斯基足够了解，知道他一定会掉进去的。另一方面，一个散发着生活乐趣的人做他的伴侣，肯定比多数时候卧病在床的叶卡捷琳娜更好。她在佳吉列夫那里碰到过维拉·苏德金一两次，一个漂亮女人，能理解俄罗斯的精神，但显然也是一个知道自己要什么的女人。

“牌也可能会撒谎。”嘉柏丽尔突然断言，“我们永远不要只相信单一的观点。”

一丝微笑掠过叶卡捷琳娜的脸：“斯特拉文斯基先生完全沉迷于这样的想法：我们所有人住在一起……”

“哦！”

这位夫人无视嘉柏丽尔的异议继续说：“他不能没有孩子，他对我也是那么诚实，他不想离开我。”

嘉柏丽尔愤怒地想，至少她认为自己很愤怒。她在考虑，这房子里哪儿能安置维拉·苏德金，她是否愿意支持这“一家三人行”。叶卡捷琳娜仍在说话，但嘉柏丽尔完全专注于自己的思绪，无意倾听这气喘吁吁的独白。当她捕捉到一个熟悉的地名时，她才仔细听。

“你们想在比亚里茨做什么？”她脱口问道。

叶卡捷琳娜迷惑地看着她：“我可以再要点茶吗？”她的声音听起来有点沙哑。

“对不起，我疏忽了。”嘉柏丽尔急忙给她添茶。

叶卡捷琳娜匆忙喝了一口，她用有力的语调清楚地解释道：“斯特拉文斯基先生希望我们大家搬去比亚里茨。他说，那里的气候对我的肺最好。”

“您是指‘搬家’？”

“伊戈尔想在大西洋海边为孩子们，为我和他的新伴侣找一所房子，您能理解，对吧？他那么喜欢家庭。”

真是出乎意料。嘉柏丽尔想，很过分的是，这都是在她缺席的时候发生的。她曾经的情人制订了跟另一个女人一起生活的计划，他妻子毫无异议地接受了这个女人，这听起来很和谐，完全符合嘉柏丽尔的需求，但她需要努力回归冷静。叶卡捷琳娜跟她说了这些变化，真的很好。如果是米西亚，她不会相信她；如果是斯特拉文斯基说的，她会产生怀疑，会认为是恋爱中男人盲目的激情；通过叶卡捷琳娜，这故事有了另一个维度。

嘉柏丽尔握住叶卡捷琳娜冰冷的手：“我感谢您的坦诚，祝您将来一切幸福。”

“还有……”叶卡捷琳娜羞愧地垂下眼帘。

“什么？”

“支票……”叶卡捷琳娜的信心突然变为纯粹的绝望，她吞吞吐吐，“我知道，您每月给斯特拉文斯基先生一张支票，您可以继续给他提供这笔资金吗？我是指我们搬到比亚里茨以后。”

嘉柏丽尔笑笑：“我不缺钱，我有很多钱，您不用担心。我不会忘了您，也不会忘了伊戈尔。”

接着，嘉柏丽尔大吃一惊。因为叶卡捷琳娜突然站起来，在她面前跪下了。

第 16 章　大公的姐姐

玛丽亚·巴甫洛维奇·罗曼诺夫完全不能理解，这么长时间，她弟弟一直在南法谈情说爱。此时他们的家乡在酝酿新的革命，在柏林和伦敦之间的流亡者圈里，净在谈论从二月就开始的动乱消息。饥饿和对国家现状的不满，引发了工人罢工和圣彼得堡外皇城要塞的水兵起义。人民要求重新选举，有言论和新闻自由，取消党员特权，平等分配食品，手工业者可以自己开办小企业，农民有支配自己土地的自由。

虽然水兵起义被镇压了，但重回俄罗斯的希望，像海浪一样席卷巴黎的流亡者，撕扯着最大的怀疑派。他们谈到了罗曼诺夫家族在民主议会制的俄罗斯重新登基的可能，就像英国皇室那样。这是德米特里应该提出要求的时刻，但他在与可可·香奈儿旅行，他的追随者得耐心等他回到巴黎。

玛丽亚最恨无所作为。八年前她冒险与瑞典的威廉王子离婚，原因就是这位前夫的冷漠。她甚至不惜离开当时只有四岁的儿子雷那特，以此来获得自主、自由的生活。她从来不像其他公主一样游手好闲，在斯德哥尔摩，她强迫她的国王公公允许她去上工艺学校。她学习绘画，学习与摄影有关的一切；回到沙皇皇宫后，世界大战爆发，她马上报名到前线去当护士。尽管有很多糟糕的经历，她仍然一如既往地相信爱情。十月革命爆发前不久，她与谢尔盖·米歇洛维奇·普提雅廷公爵结婚，但这次婚姻也并不幸福，至少不是她所希望的那样。她生了一个儿子，但在逃往布加勒斯特时，她只能把他留在公婆那里，不久之后儿子就死去了。她跟丈夫一起去了伦敦，然后到巴黎。事实证明，谢尔盖没有能力适应现实，没有能力赚到钱，玛丽亚靠变卖首饰维持生活。她缝补衣服，绣花，总是会有人买下她的衣服。她赚得不多，尽管历经挫折，她的行动力一直是她最可靠的生活动力。

当俄罗斯朋友的小圈子为她庆祝 31 岁生日时，德米特里又出现在巴黎，但她没有机会把他叫到一边说点私密的话。她急需告诉她弟弟，成为新沙皇候选人的不只是他，还有他们的堂兄基里尔·弗拉基米洛维奇和他们的叔叔尼古拉·尼古拉耶维奇。她相信，他对此毫不知情，因为最近与他一起的法国艺术家圈子肯定对此一无所知，或者纯粹对政治不感兴趣。国外的俄罗斯人最保守的一派支持基里尔，这应当与他已逝母亲的传奇抱负有关，而摩登的流亡者则想拥立德米特里。玛丽亚认为，毫无疑问，德米特里必须立刻与他的追随者取得联系，声明继承皇位的意愿。

在终于迎来了春天的巴黎，她等一辆出租车，去丽兹与德米特里见面。她意识到，自己更像个农民，而不是大公；她从来没学过怎样把头发扎得很好看，或者搭配合适的服饰。从彼得格勒逃亡以来，因为没有侍女，她不再特别重视外表，连镜子也不经常照，还把相匹配的穿衣和发型当作累赘。她完全知道，她这样不爱打扮在贵族圈里是不合适的。

她的外表显然妨碍了巴黎的出租车司机载她，虽然她急切地招手，但司机们还是耸耸肩从她身边开走了，看来这些男人不相信她有足够的钱。

如果他们知道！她的包里有她祖母的珍珠，玛丽·亚历山德拉沙皇皇后的长项链，美得令人窒息。玛丽亚偷偷将其据为己有，跟她自己的珠宝一起带出了国。但与她自己的首饰相反，她一直不敢变卖这珍贵的遗产。在她看来，现在是时候把所谓的罗曼诺夫珍珠托付给沙皇皇储了，如果德米特里需要这个珍贵的项链资助他继承皇位，那就好了。

终于有一辆车在她身边停下。

“大妈，去哪儿？”司机带着明显的斯拉夫口音。

这称呼令玛丽亚吃惊，她真的必须多注意外表而不是政治了。当她说出地点时，她的音调中带着皇家的傲慢：“请送我去旺多姆广场旁的丽兹酒店。”

“我的上帝！”这位司机，玛丽亚只看到他的后脑勺，转向她，“天哪！”他用东正教的方式画十字，“殿下，我很荣幸能送您。”

“谢谢！”玛丽亚机械地回应，然后她小心翼翼地打听，“我们认识吗？”问题根本是多余的，因为这个俄罗斯人甚至只通过反光镜和她简朴的服装就认出了她，他们以前至少见过一次面。在流传的照片里，她总是光彩照人。

“哦，是的！在亚历山大宫的一个舞会上，我甚至有幸与您共舞。然后在普斯科夫，1915年在野战医院又见到了您，您救了我的命。”

玛丽亚感到惭愧，但她想不起这个男人友好而布满皱纹的脸，为了不让他失望，她还是点了点头。

“我是保罗·尼可拉耶维奇·索尔雅辛侯爵，”他识破了她，主动自我介绍，“但如今肯定已经看不出来了。”

玛丽亚想，我看上去肯定也不像个大公。同时，她脑海中思绪翻涌，她眼前闪现出一个生气勃勃的年轻英雄画面。她的老乡在流亡中变得这么老，令人伤感。她不由自主地把他跟她帅气的弟弟相比，他还保留着他的魅力。

“是呀，”她轻声确认，“我想起您了，索尔雅辛侯爵。但现在您该开车了，要不然我要迟到了。”

他把油门踩到底。她在思索，应该给他多少小费，在她这个圈子里，这样的一位先生，她以前的圈子。

第 17 章　优雅的包装

米西亚当然是她的第一位客人。到处都在传，嘉柏丽尔又回到了巴黎。跟以往一样，作为不速之客，她的朋友来到了她的工作室。对于她干涉嘉柏丽尔的私生活，她不置一词，就当给斯特拉文斯基的电报从来没有存在过。嘉柏丽尔干脆不管这个事，反正米西亚会否认参与这个阴谋，这一点嘉柏丽尔毫不怀疑。所以任何相关的谈话都是多余的，她热情拥抱她，仿佛什么也没有发生过。

"我想知道所有的事！"米西亚尖着嗓子嗔怪地说，她优雅而漫不经心地将大衣扔在椅子扶手上，"你得告诉我所有关于旅行和你的大公的事。"

"请坐。"嘉柏丽尔微笑着说，米西亚其实已经坐下了。

"德米特里·巴甫洛维奇怎么样？"

"我希望他一切都好。"嘉柏丽尔在沙发上她朋友身边坐下，点上一支烟，她说话时没有吐出烟圈来，"他去柏林了，见以前的军方高层。我不知道，为什么所有的俄罗斯将军都流亡到了德国，但那儿，关于俄罗斯的新格局已经讨论了数周。"

"也就是说他声明要求登基？"米西亚激动地猛吸一口气。

"是的，当然。"

米西亚拍手：“我的天哪！如果你最近要在爱马仕给他买条体面的真丝领带，我想我可以帮你挑选！沙皇的领带——这将是我回忆录的独特标题。”

“米西亚，你真有主意。”嘉柏丽尔笑着，这一刻，她又原谅了米西亚的阴谋，“我一直想你来着。”

“度假六周，你一定是疯了，难道不觉得很无聊吗？”

“完全没有。”嘉柏丽尔的笑容转为平静的微笑，她回想了一下，然后重复道，“没有，真的没有。跟德米特里一起旅行，真的非常愉快。我们相处得很好，甚至一定程度上互补，他是个非常棒的男朋友。”

“没了？”米西亚有点失望，“我正想跟你说，他加冕时我穿什么？当然这也将可能是你的加冕，他向你求婚了吗？”

“快别胡说八道了。”

“那么他没问你？”米西亚断言，“那他应该现在做。可可，冬宫还没人见过像你这样的女了，这会很有意思的。”

德米特里非常仓促地启程去了柏林，嘉柏丽尔都还没有时间仔细考虑他去协商后的结果。如果他真的成了不幸的尼古拉二世沙皇的继位者，会怎么样呢？当然她已经反复梦想过成为他的夫人，但这梦想难道不是南法浪漫气氛下无忧无虑的产物吗？在巴黎的日常，她的位置好像又自动理顺了，这期间嘉柏丽尔对德米特里没有任何期待，更不可能期待求婚。

“我们看看德米特里从柏林带回了什么消息。”嘉柏丽尔试图减弱一点她朋友的兴奋，“他启程时那么仓促，因为他不是唯一的皇储。一个叫基里尔的堂兄很有野心，看起来是他的障碍，他住在德意志帝国。基里尔与萨克森－科堡－哥达公主结了婚，夫妇两人与孩子们逃离了俄罗斯，前往他科堡的岳父母那里。他离柏林没有德米特里那么远。

“沙皇被谋杀后，我婶婶玛丽亚·巴甫洛芙娜只说她的长子应该接任，除此之外什么也没说。”德米特里与嘉柏丽尔并排坐在汽车后座时解释道，司机送他们去火车北站，德米特里从那里坐火车去柏林。嘉柏丽尔不想把离别的场景搞得很伤感，德米特里接着说：“基里尔甚至临时与红军结盟，玛丽亚婶婶没能经历现在这些事情，真的很遗憾。不过对此她应该感到很幸福，如果她活着，明显会更加艰难。”

“玛丽亚·巴甫洛芙娜？”这名字拨动了嘉柏丽尔的心弦，她沉思着重复道，“你是指跟佳吉列夫联系紧密的那位大公夫人？”

“是的，她送他喷了香水的手帕。”德米特里显然很紧张，但还是微笑着说，“我们当时在威尼斯说起过她，通过我的婶婶，你间接认识了‘凯瑟琳花束’香水。”

“罗曼诺夫家族的关系这么错综复杂。”米西亚偷笑道，“对于所有这些阴谋和并不门当户对的婚姻，我们的朋友马塞尔·普鲁斯特若是找回了‘似水年华’，应该写一部有关的小说。”她为自己讲的笑话而大笑。这笑话针对作家的小说丛书，他的作品几年来分部出版，但还没有完成。

“古老俄罗斯的故事也让我很着迷。我甚至考虑，我下一季的设计新品借用斯拉夫文化，哥萨克衬衣、绣花之类的。”

“但不要用流苏。”米西亚反对，用一个扔掉的手势，“虽然我完全不能想象，你为什么就想呈现这种形式的民族风，但你已经说了，好，我等着你给我惊喜。到你的下一季新品还有一年，谁知道到那之前会发生什么呢？如果我记得没错，你想先与戛纳的罗曼诺夫家族的调香师见面，‘香奈儿水’的事有进展吗？”

“噢，对！”嘉柏丽尔将烟头掐灭在烟灰缸里，站起来走向书桌。

她打开一个小匣子，取出一个塞住口的管状瓶，里面金黄色的液体闪闪发光。看着这宝贝时，她那褐色的眼睛光芒闪烁，就像黑色夜空下的繁星。她把它递给米西亚之前，轻轻地来回晃动玻璃管，香水的微甜浓郁马上弥漫开来。

“我的天哪！”米西亚毫不犹豫地夸赞，“多棒的香水！可可，太美妙了！”

嘉柏丽尔骄傲地点点头。她滴了一点香精在米西亚的手腕上，然后向管子低下头，深深吸入这由 80 种成分组成的混合物。这个样品不管闻多少次，她总能发现新的细微的不同之处，就像她的感官与绝对的完美永无止境地相遇。

“请允许我介绍一下？”她隆重地说，“香奈儿 5 号。”

“一个数字作为名字？”米西亚嘀咕道，把手臂放到面前，闻着香水挥发后的味道，马上改口，“为什么不？”显然她同意嘉柏丽尔的决定，因为她并不固执。她建议道：“但你不会把这美妙的香水放在这化学实验室的容器里销售吧？这太不浪漫了，也不优雅，会让人望而却步的。”

“当然不会。”嘉柏丽尔说，她用橡木塞把这管状瓶塞住，放回安全黑暗的匣子里。“我是根据男孩洗漱用品中的一个小瓶子设计的香水瓶，已经在布朗斯玻璃工厂生产了。”她从浴室的宝盒中取出她发现的文物。

米西亚走到她身边，好奇地从肩头看过去。“多么不同寻常！”她评价这个带圆瓶塞的方形瓶子，“极简、优雅，从众多大路货中脱颖而出。

香水和化妆品包装一直都没有脱离青年艺术风格，真是一个值得关注的问题。可可，你又一次逆潮流而行，但这正是你的商标。"

"弗朗索瓦·科蒂说，香水不只是用来闻的，也是用来看的。他是大师，毫无疑问，也是我的导师。"

"你要把生产订单交给化妆业的拿破仑吗？"

"不，即使我想这样，我也不能。我的调香师恩尼斯·鲍，在莫斯科为拉勒特工作，现在在奇里斯担任技术总监。说实话，以我的要求，我觉得一家小企业更合适。'香奈儿5号'不会大批量生产，不值得在科蒂这样规模的工厂破费。"

"很明智。"米西亚点头，"迷人的弗朗索瓦迟早会否定你的独立性。科蒂是个暴君，不允许别人对他有异议，但也是个可爱的独裁者，是个聪明人，得承认这一点。你应该将他的每个建议铭记于心。"

"这我有数。"

米西亚低头："包装准备怎么弄？这漂亮的小瓶子需要一个有专门字样的纸盒。"

"我还没想好，反正盒子上我不想要一个手上拿着蒸馏瓶的处女。"

"你得加快设计，包装盒的生产肯定跟玻璃吹制一样久。"

"我知道。"嘉柏丽尔叹息道。她把小药瓶放回匣子，小心翼翼地合上盖子。

她手上一空下来，马上就抓起香烟和打火机，递给米西亚，但米西亚摇头，又把手腕放到鼻子下。嘉柏丽尔点着一支烟后，承认："我什么也想不出来，我越是抱怨自己，我的脑袋里越是空空如也。"

"嗯，"米西亚闭上眼睛，深吸香水味，"你的'香奈儿水'，对不起，'香奈儿5号'，由哪些花组成？"

"茉莉……"嘉柏丽尔说，但米西亚打断了她介绍自己的珍宝："太好了！是白色的花，我觉得适合白色的盒子，加上黑色的字样……”

“白色，黑色……对，这是我的颜色。”

“就是，可可，这个组合正符合你的风格。要不然你怎么会让人把房子刷成白的，百叶窗刷成黑的？”

“白纸黑字，”嘉柏丽尔若有所思地重复，“这有诱惑力吗？弗朗索瓦·科蒂一直告诉我，香水应该诱惑……”

“哦，肯定会的。”米西亚保证。

“他也指包装，米西亚。”嘉柏丽尔皱眉，“白纸黑字，我不太肯定，但……是的，这应该可行。当然包装盒不能像个药盒，用优质的材料，加上优雅的徽标，肯定很完美。”她穿过香烟的烟雾朝米西亚微笑：“完美是我们唯一能接受的，这也是我们那位朋友说的话。”

“‘香奈儿 5 号’，可可·香奈儿，‘香奈儿 5 号’……”米西亚一直喃喃重复，突然她抬起头，“凯瑟琳·美第奇的那份旧文件还在你那儿吗？”

“当然，这又不是书，可以借走后又忘记的。”

“你一定得再看看！我好像在哪儿看到过这位皇后的字母组合，我不记得在哪儿，但我想，纸上有她的徽章。要不然我们得计划去一趟卢浮宫，或者去她生活过的卢瓦尔河畔的城堡，我们能找到的……”

“米西亚！”嘉柏丽尔制止了朋友的极度激动，“我不明白你想要什么，在你打发我出门前，跟我解释一下。”

“我说的是凯瑟琳·美第奇的徽章，在法语中她叫凯瑟琳·美第奇，对吗？她的徽章是互相缠绕的双 C，是她名字的第一个字母，也是你名字的第一个字母。”

嘉柏丽尔惊讶地抬起眉毛：“你确定？”

“那些古老的文字，你保存在这儿，还是在加尔舍别墅？”

嘉柏丽尔含糊地指了指一个柜子的方向。

“我们马上查看。”米西亚讥讽地笑道，“如果我们以这样的方式找到你的徽标，那至少你为这些发黄褪色的纸片花出去的六千法郎是值了。”

第 18 章　绣艺精湛的俄罗斯公主

巴黎弥漫着春天的芬芳，栗树花盛开，天鹅在塞纳河上与货船嬉戏追逐。嘉柏丽尔几乎没能离开书桌，她也很少有时间去“美好呼吸”别墅，去看还没完全盛开的丁香花。就是拿破仑去世 100 年的庆祝活动，她也是顺便参加。

5 月 5 日，当季新品在康朋街工作室展示后，需要处理大量订货和配货。顾客络绎不绝，供货商送来面料，又带着裁剪图样，送到巴黎周边嘉柏丽尔雇佣的众多裁缝那里，人群往来不断。每个女人都希望在夏天度假时打扮得漂漂亮亮，而这之前，她们还要在本季最后的几场剧院首演上闪亮登场。

如果这些女人都用“香奈儿 5 号”，那一朵独一无二的香芬之云，那茉莉花、玫瑰和依兰组成的罩子，就会降落在这个城市。嘉柏丽尔想，那该多好。那要等她完成设计，与原本完全不相干的纸板工厂印刷厂谈好，然后发个听起来筋疲力尽的电报，给奇里斯的管理部门，要求他开始生产。她的日常就是一台磨人的一直在重复的机器，她有时想，把香水的生产全权交付给弗朗索瓦·科蒂，而不是所有事都揽在自己手里，是否会更好？

德米特里是个很体贴的伴侣，虽然他忙于自己的前途，时间有限。他们坐在丽兹的餐厅或在嘉柏丽尔的套房里吃一顿快速的晚餐时，他们早早上床之前，他与她讲了德国之行了解到的情况："老家来的信息越来越多，艰难的冬天过后，现在又是灾难性的干旱，而且受灾的是伏尔加河沿岸及俄罗斯南部的粮仓，所以将面临无尽的饥荒。大家都很绝望，为我们的兄弟姐妹祈祷。"

"是不是你的人民情况越糟糕，你回家的可能性越大?"

"这得看世界公众对局势的反应，两千万人没吃的，列宁的经济改革没能改变这个状况。如果我了解的信息准确，他别无他法，只能为他的俄罗斯苏维埃联邦社会主义共和国申请国际援助，好像没有其他脱困的办法。如果美国、英国和法国的支持，把国际援助与沙皇家族的回归等政治条件捆绑，将会有更多胜算。但我不喜欢自己的命运让工人和农民来决定。"

嘉柏丽尔默默地把盘子里的烤鸡切开，她不想去想象德米特里以及她的未来会怎样。他真的可能成为沙皇，这让她突然很害怕。

他仿佛看穿她的想法："可可，还没明确继位的事。基里尔·弗拉基米洛维奇的追随者认为，沙皇能与共产党一起执政；我则赞成像英国那样的议会君主制，另外一群人支持我；我叔叔尼古拉·尼古拉耶维奇，则倾向于旧的俄罗斯等级代表大会制。不同的党派闹翻了，这于事无益。"

"那等最后决定还需要很长时间。"她总结道。

"应该是的。"

她顿感放松，现状还将保持一段时间，她没想太多，继续说："如果我下一季新品中加入一些斯拉夫元素，可能对你会有帮助。你记得吗？在里维埃拉时我就有这样的想法。"她对他的文化感兴趣，她想为他效劳。另外，她也想表明，沙皇皇储的情人，可以让俄罗斯民族风成为时尚。“我要尽快实施这个想法，我只需找到绣花的人。”

“你已经有了！”德米特里立即兴奋地回应，“玛丽亚，我的姐姐，拥有一双点石成金的手，她是你想法的完美补充。”

嘉柏丽尔想起来了，德米特里已经多次提到他姐姐的手工艺天赋，但她从来没有想过，让大公夫人加入香奈儿工作室。如果玛丽亚的工作并没有他说的那样出色，德米特里会作何反应？一个男人，而且是一个弟弟，对刺绣技术的评价，可能缺乏客观性。

她还在考虑如何打消他的想法时，他叫喊道：“你一定得认识一下玛丽亚！我会安排你们在这几天里见面。”

嘉柏丽尔顺从地点头，反对显然是徒劳的。

* * *

玛丽亚·巴甫洛芙娜第一次走进她的店时，嘉柏丽尔吓了一跳。虽然她对这个年轻女子的印象不深，但她看起来丝毫不像个公主，更像是从田野归来的农妇。在康朋街优雅的环境中，德米特里的姐姐看起来真的不修边幅，不管是她的形象，还是她的衣着，没有一点符合现代优雅女性的形象。

但嘉柏丽尔带她参观工作室时马上发现，玛丽亚对美和时尚都不是无动于衷。大公夫人用发亮的眼睛观察着已完成的设计，在嘉柏丽尔介绍新品时提出了合适的问题，兴奋地摸着裁剪模特上的设计。嘉柏丽尔确信，她是个有品位的女人。即使德米特里的姐姐穿着和发式都完全不合适，她也非常喜欢她。

参观结束后在工作室喝茶时，她向玛丽亚解释，她的灵感来自

“鲁巴施卡”，一种在俄罗斯流行了几个世纪的简洁上衣，通常有绣花。“我知道，这些宽松剪裁的上衣和裙子，可能不是我的顾客熟悉的风格，但我一定要尝试一下。”嘉柏丽尔结束她的独白。

“但是‘鲁巴施卡’适合您和您的时装。”玛丽亚回以如火的激情，“这是一件明快、严肃的衣服，要显得不俗气，或者不压住穿衣人，就取决于您点缀它的绣花式样。”

嘉柏丽尔微笑，她喜欢她提到服装新品的简洁优雅，德米特里的姐姐显然明白她想要什么。嘉柏丽尔问：“有没有可能，您给我提供几个设计呢？我非常想看看，您为我的上衣配上合适的绣花，我马上给您看样品图……”她停顿，犹豫，才刚认识，她可以冒险跟她那么亲近吗？她简直迫不及待地想给玛丽亚提建议。

“上流社会对女孩的教育，好处是我们学会了如何用针线。”玛丽亚闲聊道，没有注意迫在眉睫的问题，“年轻时我还不知道，有一天，这对我来说，会比家庭教师让我读的书更重要。”

嘉柏丽尔吃惊地看着客人：“您喜欢看书？”

“那还用说，海伦娜小姐和琼小姐教我们所有的法国和英国文学。我迁居瑞典时，行李中有700多本书，后来更是多得多。失去我的图书馆，是我对家乡最伤心的回忆。”

嘉柏丽尔很想问玛丽亚，为什么对德米特里的教育完全不一样，但她忍住了，因为她不想与他的姐姐谈起自己的情人。基本上她已经知道了答案，至少她这样认为。玛丽亚在亚历山大宫学习时，德米特里在军官学校，那儿肯定只给这些住校生传授军事技能，而不是文化知识。

“我的收藏目前也很可观了。”嘉柏丽尔指着背后的书墙，“只要您愿意，您随时可以来我这图书馆看看，或者您到加尔舍来看我们，您可以选您感兴趣的。”

“香奈儿小姐，您真的非常慷慨。”

“可可，我的朋友都叫我可可。”

“可可，我非常愿意成为您的朋友。”德米特里的姐姐从沙发上站起来，亲吻嘉柏丽尔的两颊，然后又坐下，“我非常欣赏您，我叫玛丽亚。”

嘉柏丽尔几乎无法细听，因为拥抱时微弱的香味钻进了她的鼻子，她之前没有注意到的香味。“您用的什么香水？”她突然问道。

“哦，您不认识，叫‘凯瑟琳花束’，是专为沙皇家族设计的。”

“那就是说您还有一个原装的瓶子？”

玛丽亚点头，很明显她对嘉柏丽尔的问题感到诧异，“是的，里面只剩很少一点了，我只在特别场合才用。您喜欢？”

“现在是我的香水了。”嘉柏丽尔想说，但她咽下了她的回答。她有点好笑地想起，她曾经多么绝望地寻找分子式，本来只需要问一下德米特里的姐姐……

“是的，”她终于回应道，“我非常喜欢。”

“这香水属于旧世界留给我的为数不多的记忆。”玛丽亚承认，她的声音里蕴含的那份伤感和那份思乡，是嘉柏丽尔在德米特里身上熟知的。她看着自己，中规中矩地补充：“如大家看到的那样，物质上也什么都不剩了。”

嘉柏丽尔决定谈一下她方才的感受：“我知道您都失去了什么，但人们不应该这么看您。我认为您像难民一样到处跑，是个巨大的错误。您不会因此获得同情，相反，人们会躲开您。”

令嘉柏丽尔大吃一惊的是，玛丽亚并不觉得受辱，她甚至点头赞同：“我以前完全依赖于宫女的服务，甚至在世界大战时也是如此，那时我其实根本没有时间关注自己的外貌。现在我只有在为别人做手工的时候，才会考虑服装。您说得对，这可能不是正确的路径。”

“如果您想在事业上成功，首先要在外表上看起来很有钱。”

“我感谢您的建议。”

玛丽亚是真诚的，嘉柏丽尔从她坦率、毫无猜忌的眼神中看得出来。她明白，德米特里的姐姐丝毫不知道，该如何去实现嘉柏丽尔的指点。

“如果我们下次再见面，我可以对您的形象做点儿什么。”她提出自己的建议，“我可以给您看看，怎么穿衣和化妆最适合您。即使从来没学过如何照顾自己的女士，也可以学习没有宫女时该怎么打扮自己。”

她脑海中这样的念头：我的天哪！我在说什么呀？我面前坐的可是沙皇的孙女。而我，一个小贩的女儿，告诉她要做什么。但是，显然得有人告诉她这些。

“您别许诺我太多，”玛丽亚打断了她的思绪，“我可能每天都想来看您。”

“热烈欢迎！但请带上您的绣花设计。”

两位女性互相看着对方，同时爆发出响亮的笑声。嘉柏丽尔满意地想，玛丽亚的幽默与自己同频。还有，可怜的米西亚，她的朋友肯定不喜欢有竞争。

第 19 章　剧场里的委托

“无法想象，一个瑞典人会喜欢这样的东西。”嘉柏丽尔低语，指指舞台。

显然德米特里的目光只是不情愿地离开夸张的表演，身穿彩色紧身衣的舞蹈演员与色彩斑斓的舞台设计融合在一起，他们高高跳起，又轻轻落下。观众沉醉在不协调的刺耳音乐中，这是六名年轻作曲家的音乐，他们自称“六人组”，而让·科克多的剧本赋予了这壮观的芭蕾舞文学性。

德米特里惊奇地看着她。

“舞团的赞助人是个瑞典实业家。”嘉柏丽尔低语道。

德米特里疑惑地抬起眉毛。

“玛丽亚说，瑞典人是全世界最无聊的民族。”

他轻声抱怨：“你跟我姐姐聊太多了。”然后他的注意力又转回到首演，但嘉柏丽尔还是发现了他脸上的一丝微笑。

她在赞赏与厌恶、忠实与坦率之间来回摇摆。瑞典赞助人和艺术收藏家罗尔夫·德·马雷一年前成立了瑞典芭蕾舞团，成了俄罗斯芭蕾舞团的同行，很多谢尔盖·佳吉列夫当时的挑战者，都在这儿找到了新的发挥空间，而且罗尔夫显然也复制了掌门人的风格。嘉柏丽尔一开始很恼火，但在香榭丽舍剧院舞台上看到的一切鼓舞了她。以瑞典人和丹麦人为主的舞蹈演员活力迸发，而且她朋友让·科克多的剧本让她对佳吉列夫的竞争者评价更为宽容，她喜欢《埃菲尔铁塔上的婚礼》这幕剧，至少它值得落幕时为之鼓掌。

她不是第一次期待作为服装设计师参与这样一个制作，演出后她在后台寻找科克多，准备向他祝贺时，这个愿望之强烈，让人震惊。颜料、灰尘、戏剧化妆、汗水以及女主演过于甜腻的香水味钻进她的鼻子，要是在别的场合，会很恶心；但这一刻，这香味让她如沐春风，有生气，刺激，激发灵感。

“可可！”

让·科克多向她招手，他是个高大帅气的男子，头发乌黑，穿着总是可以作为样板。他今天看上去也像刚从蛋壳里剥出来似的，虽然嘉柏丽尔相信，在他熨过并上过浆的雪白衣领下，这场首演也令他汗流浃背。显然他曾与巴勃罗·毕加索深度交流过，与科克多站在一起，毕加索显得又粗野又土气。

“亲爱的！”科克多拥抱她。

她亲吻他的两颊：“热烈祝贺！演出非常棒。”

“如果您对谢尔盖·佳吉列夫的友谊还有一丁点在乎的话，您应该保留意见。”毕加索嘲讽道，“我相信，他在酒店坐等观众中的间谍送去最早的消息。他会非常伤心。”

嘉柏丽尔用食指打趣地威胁他道：“您别开佳吉列夫的玩笑，为什么巴黎就不可以有两个伟大的芭蕾舞团？时装设计师有很多，好画家也很多。”

“哦？有吗？”毕加索摇摇头，“好吧，如果您是指舞台设计，那我得承认，依莱娜·拉古干得很好，但如果她更多听从我的意见，她当然会更好。”

“因为她没嫁给你，你还一直很恼火？”科克多问，“巴勃罗，已经过去四年了，现在几乎已经是一辈子。”他装腔作势地笑着。

“如果依莱娜答应我的求婚，我就不会与奥尔加结婚。”

科克多向嘉柏丽尔弯下腰，虽是耳语，但大声到足够让毕加索听到：“他的婚姻会要了他的命。”

“奥尔加在这儿吗？”嘉柏丽尔礼貌地询问。

她的眼睛在舞台工人、艺术家、观众中搜寻，观众们拥挤在各种装饰、乐器箱、脱下的服装、快速枯萎的花束和工具之间，但她没有发现毕加索妻子的娇小身影。

“他为能逃离她而高兴。”

“无稽之谈！”毕加索大发雷霆，显然他男人的尊严受伤了，他转移话题，问道，“可可小姐，您的王子在哪儿呢？”

她向他展露灿烂的笑容：“德米特里·巴甫洛维奇在门厅等我。”

“我的天哪！这些热恋中的俄罗斯人，他们如此黏人，这些多愁善感的人。”

“你可不能因奥尔加推己及人。”科克多挖苦反击。他挽起嘉柏丽尔的手臂：“走，亲爱的，我们离开这位不幸的朋友。别人的婚姻问题令人厌倦，我们去问候乔治·奥里克，他的序曲绝妙，是吧？”他拉着她穿过拥挤的人群，离开毕加索的听力范围后，他小声说：“那时毕加索崇拜依莱娜·拉古，这两人本来应该结婚的。你知道吗？奥尔加之所以能把他拖到圣坛前，只是因为她不让他靠近。这对他来说真的很新奇，但显然这个决定是错误的。”

嘉柏丽尔转头向后看毕加索，她看到依莱娜·拉古走到他身边。这位女画家不仅容貌美丽，而且她的画技与曾经的老师和情人在一定程度上势均力敌，这肯定也造就了她的魅力。

嘉柏丽尔不由得开始思考，依莱娜·毕加索会成为比奥尔加更好的妻子吗？科克多显然认为这是事实。嘉柏丽尔想，一个天才的妻子肯定不易，从她自身来看，在男人面前，她宁愿比她本来的样子更恭顺一点。正如她在斯特拉文斯基身上所经历的，这也是会造成冲突的，她想起了叶卡捷琳娜·斯特拉文斯卡。像奥尔加那样的俄罗斯女子，也是天才的妻子，正是这样被婚姻绊住，这婚姻让所有相关的人都不幸福。她想，也许这跟她们的民族性格有关，也是俄罗斯精神。

当她向作曲家乔治·奥里克——她从科克多那里得知，他是依莱娜·拉古现在的伴侣——祝贺时，她还沉浸在这种思绪中。她被介绍给其他乐队成员时，她的思绪还是无法离开幸福和爱情中伴随的痛苦，她想到了男孩，他从来没有被其他男人替代过，包括德米特里。

“我的朋友，很抱歉，我不想让德米特里等太久。”她在隔空亲吻、拥抱和祝贺科克多的间隙说，“我们等下在庆功会上见。”

“我陪你到门厅。”科克多快速回应，强势地拥住她的肩膀。

“乐队不能缺了你，如果你……”她说，但科克多打断了她的抗议，“他们会等的，我要跟你说点刻不容缓的事，我们之后肯定没有这样的机会。”

他领着她，目的明确地穿过灯光过于耀眼的热闹走廊，走进安静的剧院大厅。这个巨大的半圆形大厅大约有两千个罩着红丝绒的座位，有一种难得的落寞感。中场休息时打开的灯光还亮着，舞台却已经暗了，空气中弥漫着幸福、离别、宽慰和欲望交织的奇怪气氛。这气氛包围着嘉柏丽尔，也符合她自己的感情状态。在成功的演出后，难道每个观众心头都会袭来喜悦后的悲伤？舞团呈现了最佳的效果，这让人欣慰，而且到处弥漫着再次成功的希望。嘉柏丽尔为这样的领悟，以及幕后的味道，深深感动。

“你有时间看我下一个剧本吗？”

“这是什么话？”嘉柏丽尔笑道，她的声音在空荡的大厅里回响，甚至最高一排的听众都可能听得到，“我当然会腾出时间，不管我还有什么别的事。”

她心想，不需要为此这么麻烦的，他又不是第一次给她看剧本并征求她的意见，但她没有这样提醒他。

“关于我改编索福克勒斯的《安提戈涅》，你的意见对我很重要。”

“让，我很期待，我答应你，我会像一个渴极了的人吸取每一滴水一样，仔细看每一行字。这也许是我度假时的读物，或许这内容对大海来说过于戏剧化？”

他很惊讶：“你又要出行？”

“为什么不？”她问，她也很惊讶，“七月和八月里整个巴黎都在度假。从里维埃拉回来后，德米特里和我干了那么多活，我们理应休息几天啊。”

“那我们在戛纳见，所有事在那儿谈。”科克多为他的想法兴奋。

“可惜不行，我在阿卡雄租了房子。”

这是个临时的决定，诞生于孤独的感觉。这期间德米特里总是为俄罗斯皇储的事奔波，她很少与他在一起，更多的是一个人待着。虽然晚上自己一个人度过，从来都没有问题，但她正好很想跟他说说这几周经历的事。并非她需要他的建议，她生意上的事都是自己一个人信心满满地决定，但跟他讲讲她在做的事，很美好。她就是想说说，交流交流，关于她的香水，她的俄罗斯时装新品已经成型，玛丽亚的设计好极了，他姐姐接到了刺绣一件上衣的委托。比起偶尔的同床共枕，嘉柏丽尔更想与德米特里分享生活中的事，所以她甚至花几天时间与他一起去了柏林。他们下榻奢华的阿德隆酒店，但这并不是个好主意，因为在与俄罗斯流亡政治家和将军们的会议间隙，他们在一起的时间比在巴黎还少。之后她决定，为他们俩找一个夏季度假地，远离她大部分熟人度假的地方，但她也没跟科克多说这些。

科克多想象中共同在蔚蓝海岸度假的兴奋，变成了极大的沮丧，“你想在阿卡雄干什么？那儿除了很多新鲜的牡蛎，和一个无法与蒙特卡罗匹敌的赌场外，什么也没有。”

“也许我想要的正是这些，”她笑着鼓舞他，“但什么也不能阻挡我读您的新作。”

“我很期盼，最后我想请你来设计服装。”

“哦。”嘉柏丽尔用了一分钟来平复她的惊喜，她试着不让人看出他令她多么激动，所以她克制自己，“你怎么会认为我有时间做戏剧杂事？我有香水要投入市场，要设计我的时装新品，时间飞逝，我都忙得不知道如何是好。”

“可可，请静一静，”科克多低声道，轻轻吻了一下她的脸颊，“我从你的眼里看到，你是多么想做这个。另外，我也不知道，还有哪个时装设计师，比你更胜任这个舞台改编。”

嘉柏丽尔凝神静气，无语，因为她的朋友看穿了她。

“另外，毕加索会设计舞台布景，他已经答应了。只要你们不干掉对方，这将会是非常有创造性的合作，我深信这一点。”

“只要我们不干掉对方……”嘉柏丽尔疑惑地重复道。

她冷静下来，内心突然意识到一个麻烦的局面。她无法想象她在剧院的首次出场，她非常尊重毕加索的艺术，甚至觉得他是个非常有魅力的男人。但她保留了批判性的理解，与他相处时她会争取一切自由。斯特拉文斯基让她明白，敢于与一个天才抗争是多么必要。巴勃罗·毕加索也跟斯特拉文斯基一样难以驾驭，这样的担心是必要的。

“你们会互补的。”科克多表示。

“我得考虑一下。”嘉柏丽尔低声道。

“近几日我会把剧本给你送到康朋街。”科克多拍了拍手，“现在该说的都说了，我们应该去庆祝一下。来，顺着这里，通往大厅的门应该还没锁上。”

她默默地跟着他，她的思绪还一直停留在毕加索身上。

我喜欢他的画，她想，为什么我不能也喜欢这个人呢？他们已经是老熟人了，通过合作甚至可以成为朋友。

第 20 章　罗曼诺夫珍珠

这座白色的别墅有个特别的名字，叫“阿玛 · 蒂基亚”，就在阿卡雄海湾，离穆勒宽阔的沙滩不到百米。退潮时度假的客人可以享受充满情调的画面，傍晚，海面倒映一轮金红的落日，大海在日光下闪烁如流金，涨潮时高高的海浪可直达院墙或更远。小船在海岸边穿梭，花几个生丁[①]，渔夫就会捎上想出海的人。

每天早上，嘉柏丽尔和德米特里会坐船去喜欢的沙滩，中午才回来。嘉柏丽尔的用人夫妇和德米特里忠诚的助理小伙子负责家务并准备清淡的午餐。充足的午睡后，他们在阳台的荫凉下享受一杯鸡尾酒，嘉柏丽尔看几个小时书或科克多的剧本，有时用素描本画图。他们经常带嘉柏丽尔的狗去散步，如果德米特里觉得有兴趣打一场高尔夫球，他们就分开行动。大部分时候，晚上他们不出去，只是偶尔去穆勒的餐厅，或开跑车去阿卡雄的赌场，后者是他们两个人的事。他们都喜欢赌博，但很少玩，他们从来不见朋友或熟人。

嘉柏丽尔惊讶地发现，时间过得飞快，她租房子时，在租期上很谨慎。当时她无法想象，他们可以再次逃离巴黎几个星期，不想念工

---

① 当时法国的分币。

作室和朋友们。虽然她渴望与德米特里详谈，但还是觉得这么紧密的两人行是个艰难的尝试，他们何时会觉得无聊？何时会觉得对方多余？但之前的担心，如南方夜幕降临后的日光，瞬间消失。两个人就够了，这比嘉柏丽尔之前期待的或只敢希望的更多。时间一天天流逝，她最终将租期延长为两个月，她之前从来没有休过这么长时间的假。

她生日那天，休假已接近尾声，不只是嘉柏丽尔的日历，天气也直奔秋天。8 月 19 日夜晚，相对凉爽的清风代替了热浪，天空显得更为清澈，是几乎透明的明亮浅蓝。他们还有两周，月底她就得回巴黎，跟所有上学的孩子和员工一样。

嘉柏丽尔想到日常生活的约束时笑了，其实她非常期待，为即将发布的香水而喜悦。但离别很艰难，她环顾简洁的白色卧室，想着回到巴黎后要做的一切，她应该认真地——目前为止是一心一意地——寻找一个“美好呼吸”别墅的买家。然后在城里找个住处，里面也布置一个这样的房间，明亮、通透。

米西亚已经向她推荐了一个待租地产，就在圣奥诺雷市郊路她自己家旁边，但嘉柏丽尔在出发前没想安排时间去看。这不急，或者还是应该抓紧？斯特拉文斯基一家搬走后，她也不想要加尔舍这个房子了，它从来不是她的家，没有孩子和音乐，太安静了。如果男孩还活着，跟她一起住在那里，肯定又会是另外的样子。这只是她巨大的生命拼图中的一个小石子，她想，难得正好在她生日时想起这个事，正好是她 38 岁生日。她没有制订将来的计划，她默默地对自己说，照现在的情况看，一切都很合适，比任何一天都合适。

她在薄薄的床单下裸身舒展四肢，她感觉太阳穴后有点轻微疼痛，很可能是半夜喝了太多香槟的缘故。德米特里把冰桶和杯子拿到了沙滩上，他们坐在沙子里，为她生命中新的一年干杯。只有他们俩。海浪涌动，固定在海岸附近浮标上的帆船发出啪嗒声，月光下有几只螃蟹，没有神奇蜡烛，没有音乐，没有朋友们，只有两个人。他们有比自己想象的还要多的话要讲，夜晚那么美妙，但酒确实是多了。

大西洋咸咸的空气和窗前意大利石松的浓香飘进来，吹得窗帘鼓起，一缕咖啡香味钻进嘉柏丽尔的鼻子，看来是玛丽在准备早餐。

想着摩卡，她提起了精神，掀开床单，双腿来回晃动着。等她坐在床沿上时，一阵剧烈的头疼向她袭来，她又躺倒在枕头上。

有人敲门，声音传到她的大脑。

“请进！”她的声音不像平时那样有力，倒像是被射伤动物的呻吟，她迅速把床单拉到脖子下。

门突然打开，嘉柏丽尔先只看到一辆茶餐车，上面摆满了锦缎、两人用的瓷器和银器，然后发现了在一束巨大红玫瑰花后面的德米特里。他亲自把早餐送到她床前，沙皇皇储当服务员，这本身就不同寻常。更令人吃惊的是他选择的衣服，他穿着一件白色浴袍，里面显然什么也没穿，他带着隆重的表情走近时，拖鞋在地板上噼啪响。

她不知所措，忍不住吃吃地笑道：“你这是干什么？”

“亲爱的，我为你庆祝生日。”他把餐车推到床前，弯下腰，笨拙地从侧面掀开，轻声嘟囔着，“为什么对用人来说只是举手之劳，我们这样的人做起来这么困难？”

他完成服务后，直起身，走到她身边，弯下腰亲吻她，用俄语说：“生日快乐！”然后又说：“可可，生日快乐！祝你在新的一年幸福，成功，充满爱！”

她双手抱着他的脖子：“你给我送早餐，是这个特别早晨的点睛之笔，没有比这更好的生日开端了。”

“我把彼得和约瑟夫激怒了。”德米特里笑着直起身来，“他们俩真的很生气，因为我要卖弄自己，当你的服务员。只有玛丽表示理解，我听到，她轻声跟约瑟夫说了浪漫之类的话。”

嘉柏丽尔跟他一起笑，奇怪的是，她的头痛已经不那么严重了。

德米特里用两把椅子拼成临时的桌子，打开壶盖，让摩卡咖啡豆的香味在房间里弥漫。然后他笨手笨脚地倒上咖啡，自助服务并非他的强项。

“来吧，可可，别让咖啡冷了。”他邀请她，她却没有看，因为他忙于来回挪动其中一个盘子上的银罩子，这样穿着浴袍的他显得有点奇怪。

“谢谢，殿下。”嘉柏丽尔嬉笑着站起来，这次自然比之前要从容。她拉起床单，当长袍一样围在身上，然后走近，观察装着牛角面包、黄油盒子和不同品种果酱玻璃瓶的篮子，小心翼翼地用指尖拂过开得正好的玫瑰。她说：“你一切都安排得特别好。”不只是赞赏德米特里所做的努力，她是真的心花怒放。

她想在他刚才没有摆好的餐具前坐下，但他阻止她：“不，不是那儿，这儿才是为你摆的。”他走到边上，把位置让出来。

她惊讶地坐下。

德米特里没有马上坐下，仍然站在她旁边，看起来，充满期待。

嘉柏丽尔更加惊讶，喝了口咖啡，她感觉到了德米特里的目光，疑惑他在等待什么。当然她要看看，罩子下面是什么，那儿藏着什么东西。是玛丽为这庆祝之日做了煎蛋和熏肉英式早餐，要放在那儿保温？俄罗斯人早上也吃这些营养丰富的东西，在这个时间点，这对法国人的胃来说是无法消化的。而且为了消除轻微的宿醉，油腻的餐食也并不特别合适，光是想到油煎的东西，就让她有点不舒服，更别提预料中的气味了。所以面对这美食的惊喜，她犹豫着，又喝了口咖啡。

“德米特里，你不坐下来吗？”她友好地问道，手上端着杯子。

“我不急。”

他好像真的等待她查看，她的盘子里是什么。嘉柏丽尔虽然不明白，煎蛋、熏肉、香肠或布利尼饼和俄罗斯馅饼，为什么对他那么重要，但她不想折磨他。如果她吃这些，对他有意义，她至少会试试。

她放下咖啡杯，掀开盘子边上像罩子一样的银盖子。

她差点跌落罩子。

瓷盘用一块白色丝绸和玫瑰花瓣装饰，上面是一串极长的珍珠项链，或者说是好几串。

嘉柏丽尔无法准确判断，也无所谓。这看起来像一座小山，由不同光线下闪着粉彩画色调而实际上是乳白色的珍珠组成。无须专业人士，就可以从大小和光泽上看出，这是非常珍贵的珠宝，光是看一眼，就令嘉柏丽尔瞠目结舌。

“生日快乐！可可。”德米特里轻声重复。

嘉柏丽尔迟疑、胆怯地抚摸这些礼物，内心害怕这珍珠会变成贝壳粉末。温润的感觉如此真实，她需要大口呼吸。

其实她并不是特别看重贵重的首饰。她认为，项链、戒指、耳坠就是个装饰，而不是以某种形式提高女性身价的东西，所以她一般偏爱时尚首饰。当然也不是一直这样，她年轻的时候也曾被闪亮钻石的魔力所诱惑。

男孩不送嘉柏丽尔礼物，至少不像她在罗亚留观察到的艾提安那些人和他们的情妇那样。艾提安的朋友们给他们的情人送所谓的

晨礼，女士们都骄傲地展示这些珍宝。有做帽饰的鸵鸟毛、毛皮领子，或珠宝，男孩却好像不喜欢打扮得像圣诞树一样的女人。

对这个小缺陷，嘉柏丽尔不确定该如何反应。她原本觉得简洁比盛装打扮更值得追求，但她头脑中偶尔会听到一个魔鬼的声音，说她错过了什么。他们相爱大约一年后，男孩问："我从来没送过你礼物，是吗？"

她的心跳加速。

"是的！"她回应，在期待、喜悦和不知所措之间纠结。

第二天早晨，他在她枕头边放了一个红色皮质首饰盒。她打开礼物，铺着红丝绒的底座上发出的光芒，瞬间让她眼花缭乱。

"这么漂亮。"她感动地低语道。

"这是个王冠，"男孩笑着说，"它属于你。"

嘉柏丽尔以前从来没见过王冠。她都不知道这是干什么用的，当然她也不知道是怎么戴的，是把这首饰戴在脖子上？

后来她从一个熟人那里知道，这王冠要戴在高耸的发髻上。但嘉柏丽尔是短发，她怎么固定它？用在什么场合？她努力去习惯这个首饰，偷偷在镜子前练习，直到她成功将王冠固定在头上，既不掉到前额，也不会滑到脑后，她搭配的是一件晚礼服。

"你要出门吗？"男孩惊讶地问，"为什么？我们在家很好啊。"

王冠从此消失在首饰盒里，她满足了最爱的人隐退的愿望。这样的礼物再也没有收到过，她与他很幸福，不管有没有昂贵的珠宝。

嘉柏丽尔被珍珠简洁的优雅迷住了，它们跟那些上流社会妇女试图用来增值的闪亮玩意儿没有丝毫共同之处。这些珍珠有一种魔力，看起来仿佛一直是牡蛎活着的一部分，它们不仅是一件珠宝，它们散发着女人想要从珠宝上获得的一切。

“这是我祖母的项链。”

“什么?”嘉柏丽尔从自己的思绪中挣脱出来，抬头看着德米特里，她虽然听到了每一个字，但没有听懂。

“这就是所谓的罗曼诺夫珍珠，可可，属于玛丽·亚历山德拉沙皇皇后，我的祖母。”德米特里犹豫着，不安地等待。她的沉默让他迷惑，显然他期待她因为这个完全属于家族的慷慨礼物而高兴。

但嘉柏丽尔没有动静。

对于他这样一个经费有限的男人来说，可能光是这长杆玫瑰就是一笔巨大的开支，这个她知道。她完全没有想从他这里得到礼物，那么一束花就足够了，她不期待他的任何东西。对嘉柏丽尔来说，与德米特里在一起的和谐时光比任何礼物都要珍贵得多。男孩教导她说，幸福是没地方买到的，德米特里用陪伴、温柔和友谊来宠爱她，这是关系中最美好的礼物。

“我……我……不能接受……”她结结巴巴。

他惊愕：“你不喜欢珍珠?”

“哦，我的天哪！当然喜欢。”

如果她好好考虑，这项链正合她的风格，就这点而言，德米特里做了个非常好的选择。这不只是个慷慨的礼物，他是深思熟虑挑选的，却是嘉柏丽尔无法接受的。

这串珍珠项链一定会卖个好价钱，她知道。但是，这个首饰的物质价值对他来说不是最重要的。他祖母的珠宝，是有着高度象征力量的珍贵而理想的物件，可能不只是对他，也对所有流亡的君主拥护者，比嘉柏丽尔能理解的含义更多，这一点她知道。

“我不能接受。”她重复道，没有看他，她可以想象，他的表情是多么惊慌，她不想看到他失望的神色，另外也不应该让他看出她眼神中的欢喜。不管怎么说，给她呈上这样一件珍宝作为生日礼物，毕竟是个非常美好的想法，他可能误解她不欣赏它。

“这是俄罗斯皇家珠宝，对吧？”

“嗯，是的。”德米特里听起来像是松了口气，他的笑容突然消失了，“别担心，我们失去了那么多东西，这些项链无足轻重。抛开这个来说，我认为这是皇后的私人财产，她非常喜欢这些珍珠。如果我知道，它们戴在某个敌人情妇的脖子上，或者流落到可疑的典当行，我会觉得很恐怖。我祖母是个很特别的女子，她……”

他停顿了一会儿，然后用温柔的声音继续说：“所以她的珍珠现在应该也属于一个特别的女子。”

她还在与她的理智做斗争时，他去拿项链，是长长的好几条。他小心翼翼地套过她的头发，戴在她脖子上。他的手指抚摸着她锁骨上敏感的地方，这抚摸和首饰轻轻的压力，让她战栗。

难得的是，她并没有感觉到珍珠在皮肤上是凉的，珍珠马上适应了她的体温，戴着它，是难以置信的完美感觉。

“冬宫的隐士庐，在我曾祖父在世时就已经成了博物馆，里面挂着玛丽·亚历山德拉沙皇皇后的画像。画像里她戴的就是这条项链，我希望能带你去看看。”

她默默抬起手，握住他的手指，引到唇边，亲吻每一个手指，她的动作胜过千言万语。

“我把祖母的这张画像藏在心里，”他说着，把她从椅子上拉起来，拥入怀中，“就像，我永远也不会忘记你今天早晨的样子。”

他的嘴与她的唇开始一个长长的热烈的亲吻，珍珠突然变得不重要了。

第 21 章　第一瓶香水

时隔两月，嘉柏丽尔终于又见到了米西亚。米西亚没有马上问候她，而是问道："你这珍珠哪儿来的？"她的朋友没有像嘉柏丽尔期待的那样拥抱她，而是把手放在肩上，甚至把她推开，在一定距离外观察。嘉柏丽尔用一条简洁黑色套头连衣裙来搭配项链，米西亚赞叹："太棒啦！"

嘉柏丽尔的手指抚过项链："是的，确实是。"

"你从哪儿搞的？这样的东西在卡地亚是买不到的。"

"可能是的。"嘉柏丽尔笑着降低了声调，"德米特里送给我的，但是别到处说。"

她几乎刚说出这个请求，自己就生气了。米西亚可能正好把这愿望当成要求，但她还是执着地希望她的朋友能保守秘密。

米西亚睁大眼睛："你别说这是有名的罗曼诺夫珍珠！"

嘉柏丽尔沉默。

但即使她不说，她的朋友也明白了，她大口喘气，激动地说："我的老天！可可，你不能戴着它在你店里到处走，好像这只是个时髦首饰。"

"那我应该在哪儿戴这条项链？"

嘉柏丽尔难得与她朋友在店里碰面，她们通常在工作室或二楼她的私人房间里。她早就明白，她自己很少出现在顾客面前，让营业员去给女士们咨询，这样对她的生意更好。没人会与营业员讨价还价，但跟香奈儿小姐本人就不一样了。她总是一再为这些最有钱人的伎俩震惊，他们用这些伎俩来砍价，甚至想不付钱。今天她不是为顾客而来，而是来看店里的装饰，看看这印着黑色“香奈儿5号”字样的白色小盒子应该摆放在哪里。

米西亚什么也没说，于是嘉柏丽尔补充道：“我听说，老珍珠如果不经常与女人的皮肤接触，就会失去光泽，所以我不会让这特别的物件沉睡在首饰盒里。”

“谁这么说的？”米西亚气喘吁吁地说。

“玛丽亚·巴甫洛芙娜。”嘉柏丽尔直截了当地回应。

“她肯定知道。”这妒忌的评论让米西亚甚至忘记了对珠宝的敬畏。

德米特里的姐姐昨天来了工作室，向嘉柏丽尔展示她这期间绣好的上衣，这在嘉柏丽尔看来就像是个奇迹。女大公绣得比任何一个专业的绣女都好，玛丽亚的艺术作品令人印象深刻，嘉柏丽尔请她再设计一些。她们的交谈本来是围绕时装的，不过玛丽亚当然也注意到了珍珠，最后她们谈的是她祖母的首饰。嘉柏丽尔等着她抗议，有一段时间感觉不太舒服，因为她担心玛丽亚会提出异议。但她只是说：“把珍珠送给您，德米特里做得对，要不然它们会继续受损。”嘉柏丽尔不知道玛丽亚指的是什么，但她没有追问。

嘉柏丽尔试图与她最好的朋友和解，转换话题：“我香水的第一批样品刚刚送到了……”

这转移的计策起了作用。“我想马上看看！”米西亚兴高采烈地喊，并再次强调，“马上！”

“那一起上楼吧。我本来就想为此喝一杯香槟，有伴一起庆祝更好。”

嘉柏丽尔书桌上放着一个打开的纸箱，里面露出白色的薄纸，就像冬天从喷泉涌出的雪——她太着急拆开刚送来的样品了。白色的小盒子上印着黑色的字母，盒子里面是简洁的香水瓶，上面有白色标签和同样简洁的字体，装满了浅琥珀色的液体，嘉柏丽尔在包裹旁边放了五个“香奈儿5号”样品。她拿起其中一个，递给米西亚。

“给你的，虽然还没到圣诞，但我希望你是第一个用我香水的人。”

“是圣诞节，可可。”米西亚喜形于色，在扶手椅上坐下，手上拿着香水。打开前，她虔诚地转动着打量小盒子，然后小心翼翼地拿掉包装，仔细观察香水瓶。

嘉柏丽尔靠着书桌，观察她的朋友，看米西亚这样珍视这个礼物，是一种享受。她是与生产过程完全不相干的人，她的评价对嘉柏丽尔很重要，朋友的估值有利于嘉柏丽尔了解顾客的反应。她越来越紧张，开始摆弄长及腰部的珍珠项链。

“把这些角磨掉是非常好的想法。”米西亚评论玻璃瓶，她看着嘉柏丽尔，“效果很好，完全没有装腔作势，完美！你怎么想到的？如果我没记错的话，男孩旅行日用品里的药瓶是平角。”

“有一晚在丽兹，”嘉柏丽尔讲述，“我一个人在，忙着设计。我从窗口望出去，想起来旺多姆广场是八角形的，就有了这样的想法，改变原来形状的单调。”

米西亚打开瓶塞，滴了一滴“香奈儿5号”在手腕上脉搏跳动处：“我已经知道这个香味了，但我得承认，我闻不够。”

“所以第一个就给你啦。”嘉柏丽尔微微一笑，点上一支烟。米西亚的喜爱不只是让她松了口气，而是让她非常喜悦，就像得到一次胜利。她知道，米西亚会竭尽所能，在上流社会为香水做广告。

“可可，这香水只是作为顾客的圣诞礼物，太可惜了。”听起来像是抗议。

“我担心，用来销售的话，生产成本会太高。可能‘香奈儿 5 号’是目前世界上最贵的香水。”

“但也是最好的。”米西亚把香水瓶盖上，放回包装盒里，“可可，你应该试试，价格可能并不起决定作用，你不缺买家。看看所有来欧洲旅游的美国女人，大手大脚地挥霍美元。要是我，绝对不会把高档香水的生意让给那个英国人的。我想，他叫爱德华·莫里纽克斯。”

“我认识他，他试图模仿我的款式，但这并不影响我。”嘉柏丽尔淡定地在一个水晶碗里掐灭烟头，“他也想推出香水吗？”

“他取名为‘5 号’，”米西亚用意味深长的语调报告，“这只是个巧合，不是商业间谍活动的结果。据我所知，莫里纽克斯的工作室位于皇家大道 5 号。”

“是的，可能我该跟他打个赌，谁的香水会更成功。这是开玩笑，你不觉得吗？”

“你也让香水上市，你才能这样。”

“嗯……”嘉柏丽尔若有所思地吸了口烟，米西亚的想法是正确的，毋庸置疑。但是，怎样销售香水？进入大商场的专柜？嘉柏丽尔对此一无所知。特奥菲尔·巴德，老佛爷百货商场的老板，她虽然见过多次，但她不能直接去找他，建议他把昂贵的新品加入他的商场中。就算她这样做了，她也不知道，他们会提什么条件，她应该怎么跟他协商。男孩倒是知道应该怎么做，但她是一个人，只能靠自己。“说实话，米西亚，你的热情建议我完成不了。”

“跟弗朗索瓦·科蒂谈谈，他知道如何启动。”

“那作为回报，他会想要生产‘香奈儿 5 号’，这不行。一定会有其他办法，至少刚开始的时候，我会仔细斟酌。”

米西亚做了个鬼脸，把小盒子像奖品一样高高举起："这是白送的，真的是字面意思，只是赠送的。"

"我说了，会好好考虑的。"

"那你得抓紧。"米西亚停顿了一下，迅速说，"有那么多事等着处理，你有很多事要考虑，可可。首先是荒唐购买的'美好呼吸'别墅，彻底摆脱这个地产吧，我从一开始就反对，觉得你最终会放弃的。我给你与皮勒威尔伯爵在圣奥诺雷市郊路 29 号约了时间去看房。他非常有兴趣把这底层的大套房租给你。"

"米西亚，我今天真的完不成了。"

"这花园一直延伸到加布里埃尔大道的绿地。"她朋友坚持。

嘉柏丽尔不由自主地屏住呼吸。当她在加布里埃尔大道一栋高档房子里过着幸福生活的时候，她还没认识米西亚，但她后来跟她说起过这段与男孩一起住在这里的美妙时光。在这里，她是否会觉得比在加尔舍别墅离他更近呢？在八区房价最高的地段，对于她一生所爱的回忆，会比在郊区更加鲜活吗？

她仿佛立刻倒回了那个夜晚，艾提安·巴勒松带着可怕的消息来到"米兰人"别墅的那个夜晚，她一刻也没有忘记，也没有忘记之后的时刻。她陷入巨大的悲痛，无法继续待在他们共同生活过的房子里。虽然她的生活变成了另一副样子，但她的感情自始至终没有改变。这个领悟突然如此清晰地出现在她面前，就像她写在香水瓶上的名字，这香水瓶米西亚一直拿在手上。

嘉柏丽尔心不在焉地摆弄着脖子上的珍珠项链，没有什么比纪念男孩更为重要。她会去看房子。她决定一个人去，不跟米西亚一起，也不跟德米特里一起。

第 22 章　突如其来的分手

六周后，德米特里打开阳台门，是两扇 18 世纪巴黎宫殿典型的多档窗。他走到秋季的花园里，花季早已过去，虽然周围建筑密集均匀，但绿地上还是笼罩着浓雾，像在空中打转的棉絮一样，菩提树光秃秃的树枝躲在雾纱里。他脚下的枯叶，物业管理员还没有扫成一堆，踩上去沙沙作响。

嘉柏丽尔紧跟在他身后，香烟在烟雾中消散。

“怎么样？”她问道，“你喜欢我的新房子吗？”

“我该说什么，可可？你自己知道，非常棒！加上这个市中心的小公园，完美！非常适合一个有格调的女士。”

“这房子当然比加尔舍的别墅小，但对我和狗狗、用人和朋友们来说够大了，也够放我的书和科罗曼德尔漆面屏风。你考虑好了吗，在哪儿给你布置一个房间？”

他们正穿过一排房间仔细察看，赞叹石膏花纹、大理石窗台和镶嵌木工。嘉柏丽尔嫌弃墙上的镶板，但她不能弄掉。房间里还没有家具，墙上还没有挂画，灯也没有。有些角落有点暗，主要是因为现在的时段和灰暗的天气，但还没昏暗到令德米特里无法决定将来住哪儿。厨房后的侧翼也够大，勒克莱夫妇旁边也有彼得的位置，但德米特里没有马上答复。

“可可，”过了一会儿，他紧紧握住她的手，轻声说，“我不搬到这儿来。”

北风刮起来，把树叶高高卷起，吹进嘉柏丽尔敞开的大衣里。她感觉冷风直达皮肤，就像没穿衣服一样。

“那你想住哪儿呢？”

“住玛丽亚和谢尔盖他们那里，一个酒店里，我还不知道。”他显然在回避真相，吞吞吐吐，像个恶作剧后要对母亲解释真相的小男孩，“我可能要去美国一段时间。”

嘉柏丽尔冷得发抖。她想回房间，那里比这室外暖和，但她担心，如果现在放开德米特里的手，就会和他失去联系。

只要他人还在自己身边，一切都好。他要离开，可能只是想独处一段时间，那他可以这样做。她知道，登基对他来说有多难，德米特里不是外交官或政客，他从来没有学过。关于继承权的抗争，他已经输了吗？虽然她知道，这不只关乎皇家尊严，但她不承认这一点。

她沉默，但与习以为常的默契无关。

嘉柏丽尔感觉到，他们之间的和谐被打破了。这宁静幸福的碎片深深刺进她的心脏。她感激手里还有烟，慌忙抽了一口，尼古丁充满她的肺部，平息了她的神经。

“在我这儿你永远有位置，”她终于回答，吸入，吐出，吸入，吐出，“房子够大。”

他的手指还紧紧缠绕着她的手：“我想一直做你的朋友，可可，不必有一天为了另外一个人离开你。”

她脑海中闪过一个疑问：那你为什么要这么做？

但她保持沉默。

“生活让相爱的人分离。”他似乎在沉思，紧紧握着她的手，仿佛靠着她，他才不至于崩溃，“争吵不能将我们分开，不是吗？”

“可能。”她喃喃自语。

“罗曼诺夫的家规与此相反。”他继续说，仿佛她方才什么也没说，“我不能违背它，不能跟你结婚。”

也许，他只是说给自己听。

她惊讶地把手从他手里挣脱，他们从来没有谈到婚姻。当然，她反复考虑过，成为一个真正的王后会怎样，在尼斯的俄罗斯大教堂开的玩笑，她当然不会忘记。但他们从来没有严肃地谈过未来——超出德米特里的政治兴趣或嘉柏丽尔的职业成功之外的未来。他们从阿卡雄回到巴黎，听到他们已经结婚的传言时，甚至开心地笑了。她完全不知道，他一直有结婚的想法。

他还沉浸在忧郁的沉默中，她想起了春天那趟里维埃拉回程，她为什么让这个男人深入她连男孩都禁止进入的生活？在内心深处，她当时就该知道，她的过去对德米特里并不重要，因为未来也不重要。

对于门不当户不对的婚姻，问题并不在于她外在的出身。她不能给罗曼诺夫家族生下继承人，她无法再受孕，因为她年轻时被庸医损害了身体。当时在维希，这么长时间以来，流产的情景第一次浮现在她眼前。她没跟德米特里讲过这事，在这件事上，他可能只是考虑到她的年龄，为什么她的过去总是一再出现呢？

“我想一直是你的朋友，但不会成为你的丈夫。”他的声音里带着绝望，反映在他的呼吸中，“我的堂兄基里尔·弗拉基米洛维奇，与萨克森－科堡－哥达的维多利亚·梅丽塔公主结婚了，这场婚姻甚至引起了轰动。虽然作为英国维多利亚女王的孙女，她的身份符合我们家族的条件，但她原来叫维多利亚·费奥多罗夫娜，她跟黑森－

达姆施塔特的恩斯特・路德维希大公爵离婚了，这两人是直系的表兄妹。这一事实和离婚一样，都很麻烦。举行秘密婚礼后，沙皇剥夺了基里尔・弗拉基米洛维奇的所有皇家特权，后来又做出让步，重新接受基里尔为皇位继承人之一。现在，正是这个旧时丑闻一样的细节，在我们故乡未来的格局方面起着重要作用。”

她几乎没有听清他在说什么。她的脑海中，这些名字像蜜蜂围着蜂王嗡嗡飞舞，关于痛苦和大出血的回忆更加强烈。艾提安・巴勒松是她未出生孩子的父亲。当时，她毫不犹豫地找到一个非法堕胎者。她自己就是私生女，她不愿有人延续这样的命运。非婚生子的耻辱太沉重，她的双眼满含泪水。

“你给我带来了非常多的快乐，”德米特里说，“比我曾经奢望的还要多，为此我永远感激你。”

香烟几乎燃尽，灼伤了她的手指，以这样的方式，她被带回现实。她把它扔到地上，踩灭烟头，呆呆地看着消失在雾霭中的花园尽头。那儿，是加布里埃尔大街，她在那儿度过了生命中最幸福的时光。失去男孩比失去任何一个人都要沉重，他把她一个人扔下，让她感觉比以前任何时候都要孤独。德米特里走的时候，大概不会这么可怕。她有朋友，她不需要男人。以后也许会在哪儿找个情人，一定，不要像德米特里・巴甫洛维奇・罗曼诺夫这样的，但这个重要吗？

“我们该走了。”她下定决心，然而惊讶于自己窒息的声音。

“对不起，可可。”

她无视他的道歉。

她慢慢转身，走回房间，重新镇定下来。他垂头丧气地跟着她。她在他身后关上阳台门，用轻松的语气聊天，仿佛她的客厅挤满了庆祝乔迁之喜的客人，她的声音在空空的墙壁间回响。

“过几天我跟米西亚和荷西·赛特再来一趟，我们谈谈装修，我完全相信他们俩的品位。”她自己转着圈，“你觉得如何，德米特里？我应该在哪儿放架三角钢琴？”他们之间暂时不再讨论比钢琴位置这样无伤大雅的问题更亲密的话题。

他感觉不到她心烦意乱的猛烈心跳。

第四部分

余韵，永恒的香水和未知的恋人

第 1 章　大获成功

嘉柏丽尔的圣诞假期非常成功，她跟朋友们一起在戛纳过节。一月初，当海滨大道被法国、英国、比利时、意大利的总理及其代表团，以及德意志帝国的外交部部长和少量随从占据后，她就离开了。她不想与政界高层有联系，不想知道盟军对德国人的赔款要求，不想知道俄罗斯的饥荒灾难。她现在固执地把世界局势屏蔽在她的生活之外。

政局的发展在破坏她和德米特里·罗曼诺夫的关系上起了作用。他没有改变，只是更加徒劳地争取继承皇位，她不想回忆起这些。甚至玛丽亚在香奈儿的工作室时，都避免提起她兄弟的名字，目前她每天都在。嘉柏丽尔有那么多其他事要谈，有那么多事情要操心，玛丽亚的设计及其实物一如既往地让人惊艳，而比这更激动人心的是“香奈儿 5 号”的成功推广。

嘉柏丽尔没有听从米西亚的建议，最终还是按她原本的想法行事，把香水作为圣诞礼物送给了她的最佳女顾客，但没有完全像一开始计划的那么慷慨。第一批生产的 100 瓶香水中的大部分，她后来留在自己店里售卖。为了逃避期待中的反馈，她去了里维埃拉，一方面她担心听到负面的评价，另一方面她不想让别人见到她。她遵从这样的金科玉律，第一批试用者越少跟她本人聊香水，她们就会越多地跟朋友们谈论，这样，香奈儿新品的名字就迅速变得尽人皆知。

她邀请巴黎最亲近的朋友和恩尼斯·鲍在卡尔顿酒店共进晚餐。在欧洲政治舞台最重要人物占领戛纳前，这儿云集了上流社会的人，所有桌子都是满的，餐厅领班要不断地给偶然碰到的熟人添椅子。不同年龄段的女士身着优雅的晚礼服走进来，或穿过人群寻找他们的陪同，或去洗手间。非常明确，这些人就是嘉柏丽尔的目标人群。

她从手袋中掏出带来的喷雾器，慷慨地往经过的客人方向喷洒香水。香雾瞬间像个大型的银钟罩弥漫在她座位周围，然后缓慢地散发，像一朵轻柔的云飘向邻座。她希望不动声色地进行，但是，米西亚当然马上就注意到她在干什么。

"天哪!"米西亚叫得很大声，有几个人转头看她，"你不能就这样让这宝贝消散在空气中。"

恩尼斯·鲍荣幸地作为男伴坐在嘉柏丽尔旁边，有点尴尬地看着，他示意不要喷到香槟酒杯里。

"不用担心，我注意没有漂浮物掉进杯子里。"嘉柏丽尔笑着跟他低语。

前餐的盘子被收走后，她才实施自己的计划。她也认识到，"香奈儿5号"不适合作为龙虾的调料。

调香师点点头:"好闻的味道并不代表口味好。尽管如此，我可以问您在这干什么吗，小姐?"

嘉柏丽尔举起手中的香水瓶，按住泵，香水飘向一位年轻女士裸露的后背。她穿着无肩晚礼服，刚刚挽着一位穿着无尾礼服的先生从她身边飘然而过。这位女士愣住了，转过头，皱了皱鼻子，继续往前走，边走边与她的男伴低语着什么。

“注意，别让人把你扔出去。”米西亚提醒道。

“您要干什么？”调香师惊奇地问道。

“我在按照弗朗索瓦·科蒂教导的做。”嘉柏丽尔快活地回应。

她的下一个目标是一位年长的女士，坐在她身后的桌子旁。那边坐着的人多一些，显然都是家人，声音比较大。嘉柏丽尔的朋友们目瞪口呆，保持沉默，五双眼睛观察着她的举动，惊讶，有趣，不明就里。

嘉柏丽尔微微躬身向前，以便他们听得到。她声音很低，表明这些话只是说给朋友们听的：“我没忘记弗朗索瓦·科蒂跟我讲的他事业的开始，当时他试图说服巴黎春天百货的经理，接纳他的‘雅克米诺玫瑰’香水。一开始并不成功，然后科蒂把一瓶香水扔到售货厅地上，玻璃瓶碎了，香味散发出来。顾客们停下来询问香水，她们都非常喜欢这味道，香水成了畅销货。”

“再喷一下，你刚才已经有效果了。”荷西·赛特说，“可可，你别转身，几乎所有女士都伸长鼻子，朝你看呢。”

“可可会被注意，是因为她今天晚上很迷人，”让·科克多在桌子的另一头尖着嗓子夸奖，“你的衣服一如既往的轰动，尤其是配上这珍珠。”

“这只是项链。”嘉柏丽尔不由自主地抚摸她的珠宝，谦虚地保证，“我在考虑时尚首饰系列，我会让人仿制这个。”

“流亡的俄罗斯人和所有的‘美元公主’们，都会从你手上抢走罗曼诺夫珍珠的仿制品。”米西亚赞同道。

“只是你这些美妙的想法是哪儿来的？”恩尼斯·鲍问道。

“你哪儿来的时间，来实现你这些美妙的想法？”让·科克多假装很内疚地说，“可可，亲爱的，请允许我提醒你，你答应为我的《安提戈涅》设计服装的。除了其他工作，你究竟何时还想做这件事？”

“你不用担心，可可。”赛特说，“现在我想，倒是毕加索做舞台设计会有问题。”

“别这么说，首演年底才开始呢。”

“如果奥尔加继续给他压力，他的创作热情会严重受损。她强迫他假日里跟孩子和她一起去乡下，扮演幸福的父亲，那毕加索……我求你们了！”赛特扭着手。

科克多点头：“我听说，她真的不让他出门。”

“我无法想象，他会按她说的做。”嘉柏丽尔反驳道。

“嘘！”米西亚突然激动地说，“邻桌那位老妇人的孙女，或是她什么人，那个年轻女子刚站起来，看起来好像要走过来。”她朝嘉柏丽尔看过去，努力显得不鲁莽：“可可，要么她想抱怨，你向她年迈的祖母洒了这么不可思议的性感香水；要么她想知道，这香水叫什么。”

科克多挑衅地看了一圈：“她会做什么？我们打赌？”

“你们都得闭嘴，”赛特发出嘘声，“我们当然不会告诉任何人，这是‘香奈儿5号’，未知会提高诱惑力。”

桌上的七个人——嘉柏丽尔、恩尼斯·鲍、伊冯娜·吉洛顿、赛特夫妇、让·科克多和他才18岁的男朋友雷蒙·拉迪格——一起屏住呼吸，紧张地等着这年轻女子走近。但赛特好像搞错了，她走向了门口，一圈人失望地叹息。然后她停了下来，在拐弯处转身。她是个绝对的美人，褐色的波波头短发，淡蓝色真丝裙子，低低的领口闪烁着海蓝色宝石。

“请原谅我跟您攀谈，我们正在疑惑，”她含糊地指着邻桌，“这是什么香水，闻起来这么美妙！而且我觉得，在您身上更好闻。”她尴尬地笑道。

科克多偷偷地用食指警告其他人。

“香水？”赛特用严肃的表情重复道，“我什么也没闻到。”

“我闻到了。”嘉柏丽尔表示异议，向朋友们眨眼，极其无辜地说，“但这是什么香水，我也一无所知。”

“可惜。”这陌生人显然很失望，她遗憾地耸耸肩，“很抱歉，打扰了。”然后她真的走向女士化妆间。

“我不喜欢你用这样的目光看着这个年轻女子，”科克多第一个开口说话，责备他的男朋友，戏谑地对着其他人补充，“雷蒙不怀好意，我觉得他喜欢女人。”他粗俗的评论消除了紧张情绪，大家都笑了。

* * *

很可能是米西亚，她最终设法到处传播，这到底是什么香水。嘉柏丽尔在餐厅里喷光了整瓶香水，并且确信，这是卡尔顿洗手间镜子前最重要的话题，这群有钱女人都在那里给鼻子扑粉。当然她的这位朋友又一次否认她透露了什么应该保密的东西，但这次泄密造成的损失，比 10 个月前给斯特拉文斯基发电报要小得多。

现在真的到处都流传这样一个信息，度完圣诞假回来的巴黎女人，都急着到康朋街嘉柏丽尔的店里寻找那特别的香水。她们在那里碰到了那些顾客，她们在私人圈子里闻到过香奈儿时装店送的圣诞礼物，并且一定要买她们朋友免费得到的东西。

嘉柏丽尔坐在她店里通往二楼台阶的最高一级，这是她最喜欢的位置，坐在这里是她想偷偷关注底楼发生情况的传统做法。因为楼梯的转弯，以及相应突出的墙体，她可以看到下面发生的一切，下面的人却看不到她。进行时装秀表演时，她总是蹲坐在这个地方，旁边放一个烟灰缸、一包新的香烟、一个打火机。她注视着模特们，感受观众真实的情绪。自己不在场，可以更准确地确定观众是认可还是批评，现在嘉柏丽尔藏在这里，偷偷地了解“香奈儿5号”如何受欢迎。

她下了指令，要求售货员要先扭捏作态，客套一番。这珍贵的黑字白底小盒子，绝对不能爽快地马上拿到柜台上。如今少数特供是王道。生活费用一直在提高，对有钱的顾客而言，价格无关紧要，奢侈不是用价格来衡量的，唯一重要的是特别，而且好奇心会提高兴趣。在这一点上，她赞同荷西·赛特。

“小姐还没想要出售‘香奈儿5号’。”这是她最近聘用的漂亮的高加索伯爵夫人，她清晰的声音向上传到嘉柏丽尔这里。

“这不可能！”这位女顾客尖叫，“我不能一天没有这香水，现在香味从我浴室消失了。我确定，这是拉杜雷伯爵夫人昨天华灯初上时来我家带来的。”

“您真的认为，小姐应该努力多弄几瓶香水？”售货员听话地按事先背熟的话应付。

“当然啦！我已经说了，我一定还要这香水。”

“我去看看有什么办法，夫人，请您稍等一会儿，我马上回来。”

嘉柏丽尔不再数她的员工上了多少次台阶。她们朝她坏笑，一脱离店里女士们的目光，就在半路转身，带着所谓的好消息返回，即她还允许卖出仅剩的一瓶香水样品。离结束营业还有时间，多维尔和比亚里茨分店的经理已经来电话，汇报了惊人的需求量。

大获全胜，嘉柏丽尔想。她点燃一支烟，试图吐出小烟圈，但没成功。

她应该停止玩这些把戏，去干活。是时候给恩尼斯·鲍发个电报了，必须得加快生产，提高产量；也是时候深入研究时装新品了，给斯拉夫风格的式样，注入新的美学元素，这也是玛丽亚的功劳。工作室肯定已经少不了她，如果经过这疲惫的一天，今天晚上上床时不那么筋疲力尽的话，她想设计第一批时尚首饰。如果让·科克多知道，她把他作品的服装设计推到了明天，或者后天，他很可能会非常恼火。但计划中的首演要下一季呢。

尽管面临很多任务和挑战，她还是平心静气地抽完烟。她看着一个顾客兴高采烈地买到香水后离开，另一位女士因同样的事情走进店里。顾客带进来一股冰冷的空气，但她们的愿望温暖着嘉柏丽尔的心。她在准备好的烟灰缸里掐灭烟头，站起身来。是时候推动“香奈儿 5 号”大批量生产了。

嘉柏丽尔想：男孩，我们成功了。

第 2 章　结束还是开始？

从下出租车走到家门口，这一点路就让嘉柏丽尔的鞋子湿漉漉的了。圣奥诺雷市郊路上，雪变成了泥浆，夜里可能会冻成冰，非常冷。嘉柏丽尔希望约瑟夫把暖气烧得足足的，在她不经常住的房间也是。即使只是一面冰冷的墙，也足够让她想起青少年时的冻疮、父母家里和修道院里都没有足够的柴火和炭烧炉子。她再也不想挨冻了。

显然这房子对她一个人来说太大了，但嘉柏丽尔为她的朋友们装修了一排客房，这本来是为德米特里准备的房间。大部分与她有来往的人，在巴黎都有居所，没人会用这些床。有时候，伤心的诗人保罗·勒韦迪会住在她这里，他对她崇拜得五体投地，经常为她写诗。她答应了他的追求，以慰藉与德米特里分手后伤痛的心。但这个男人的安慰效果很弱，如果她跟他睡了，可能只会留下感情的混乱。

她疲惫地关上大门，全身发抖，战栗从冰冷的双脚开始爬升，一直延伸到背部。现在，预防感冒最好的办法一定是泡个热水澡，之后吃个清淡的晚餐，上床看书。全世界都在谈论维克托·玛格丽特新出版的《假小子》，她一定要从一堆未读的书中找出这本小说来。她听说，这是一个年轻女子的故事，她被未婚夫背叛，后来过上自由、自主的生活。嘉柏丽尔讽刺地想：这绝对不会与真实人物的经历雷同。

“香奈儿小姐!”皮勒威尔伯爵的声音打断了她的思绪。

他站在走廊昏暗的灯光下，在通往上面一层的台阶脚下，好像在等她。他的姿态是迎接客人的一家之主。他的态度不像一个隐退到自己宫殿二楼，而将其他房子出租出去的男人，显然他摆出了允许陌生人住在他房子里的大方姿态。好像他也经常忘记，她每个月给他开一张支票，支付房租。

她满面笑容地看着他:“什么事?”

“我无法容忍这持续的打扰，昨天您这儿有人弹琴到深夜，我得跟您说，这音乐非常吓人……”

“钢琴师是伊戈尔·斯特拉文斯基。”她打断他。他们的关系已经正常化，这期间他们互相尊重。她得承认，佳吉列夫的说服能力在这上面起了很大作用。斯特拉文斯基来看她，给她带了一个礼物。那是一个圣像，如他所说，它会永远保护她。

但著名钢琴家的名字并没有给皮勒威尔伯爵留下深刻印象，他无视她的回答继续说:“今天有个男人大声要求进屋。我不知道，为什么您的用人没给他开门，他有他的理由。但我得跟您说，香奈儿小姐，我无法忍受昨天这样的噪音，也无法容忍这样的行为。”

也许约瑟夫出去遛狗了，她想。“我没有客人，这点您可以相信。晚安，伯爵。”她快速转身，不给她的房东继续控诉她这边疏忽或打扰的机会。

她把朋友们在脑海中过了一遍，谁会在她门前喧哗呢?她想不出有谁符合这模糊的描述，首先德米特里不符合，他不会在旅行中提前回来，想再见她。

约瑟夫似乎听到了她的声音，在她抬手摁门铃前，给她开了门。屋里暖气很足，门厅有明亮的灯光，像是欢迎她回来。

“晚上好，小姐。”约瑟夫急忙帮她脱下大衣，留在上面的雪花像露珠一样。

“约瑟夫，我们有客人吗？”她问道，一边站着脱下鞋子。

用人惊讶地看着她：“没有，小姐。据我所知，没有。”

就在这时，铃声大作，肯定有人把手放在了门铃上，因为声音不停地传进来。声音如此刺耳，嘉柏丽尔担心她的房东在二楼房间里都听得到，似乎待在厨房那边的狗也开始叫，这噪音震耳欲聋。

她用手势阻止约瑟夫去察看，是谁这么急切地想要进来。“我来。”她说，然后拉开门。

门铃声突然停了。

“晚上好，可可。我已经来过一次了，但没人。”

嘉柏丽尔盯着眼前站着的男人。

他的衣服质地上乘，但不修边幅，被雪花打湿的黑色头发，有一绺垂到他有个大鼻子的脸上。虽然嘴里抱怨着，但他黑色的眼睛自信、敏锐地注视着她。

她惊呆了，什么也没有想起来，只叫了他的名字：

“毕加索！”

“您是我的大救星，可可！我要疯了，跟奥尔加一起我有幽闭恐惧症，我可以待在您这儿吗？”

听起来不像是询问，而是告知。

毕加索的眼神像是有催眠作用，他有强烈的吸引力，她又开始颤抖，这次是因为炽热，而不是寒冷。她不知道，她的生命中是否还能忍受一位天才，毕竟，她不想再次被牵扯进一场婚姻危机的漩涡。

内心深处一个声音在劝阻她：“打发他走，马上关门！”

嘉柏丽尔让到一边：“请进。”

文中人物后续

嘉柏丽尔·可可·香奈儿（1883—1971）：一生未婚，但一直与重要人物有绯闻，去世时身价千万。1926年设计了“小黑裙”，新品面世，最开始她收获的不只是赞扬，还有批评。报纸上写道：“现在香奈儿小姐想让全世界跟她一起哀悼卡柏男孩。”这条裙子的成功并不是终点，1954年的毛圈呢香奈儿套装，也成为不朽的经典。她确实仿制了罗曼诺夫珍珠，直至今天，香奈儿套装和裙子依然以珍珠点缀。1934年，她从圣奥诺雷市郊路29号搬出，后来那儿成了香奈儿服装店。此后，嘉柏丽尔在丽兹酒店套房中布置了卧室，长居于此。她一生都极度重视“小姐”这个称呼。

米西亚·赛特（1872—1950）：1927年，与荷西·赛特（1876—1945）离婚。这样做，是为了让她的挚爱与他的格鲁吉亚女学生和情人鲁萨达纳·姆迪瓦尼（1906—1938）结婚（她逃离俄罗斯后才获得“公主”的头衔）。有消息称，这名年轻女子有意介入米西亚和她先生的婚姻。这对夫妇离婚后一直保持联系，但鲁萨达纳早逝后，他们并未复合。直到去世，米西亚都是可可·香奈儿最好的朋友。作为“美好时代”的缪斯女神，她的身影一直留在艺术圈中。

谢尔盖·佳吉列夫（1872—1929）：一直是俄罗斯芭蕾舞团的掌门人，直至去世。尽管他的演出在国际上大获成功，但经常缺钱，一直依赖朋友和赞助人的支持。他生命最后几年在威尼斯，穷困潦倒，最终死在米西亚·赛特怀中。他的丧葬费和墓地费用（在圣米歇尔墓地东正教分部），都由可可·香奈儿支付。他死后芭蕾舞团解散，两年后，蒙特卡罗俄罗斯芭蕾舞团成立，后来并入纽约市芭蕾舞团。

伊戈尔·斯特拉文斯基（1882—1971）：新音乐最重要的代表之一，多年来一直靠可可·香奈儿的资助生活。他在法国待到 1939 年，他夫人叶卡捷琳娜去世后，与他的新伴侣维拉·苏德金（1888—1982）结婚并一起移居美国。但他对美国一直没有归属感。按照他的遗愿，他（以及他的遗孀）被安葬在威尼斯，在谢尔盖·佳吉列夫旁边。

德米特里·巴甫洛维奇·罗曼诺夫（1891—1942）：1926 年与“美元公主”奥黛丽·埃默里（1904—1971）结婚，彼时他已放弃皇位竞争。他的堂兄基里尔·弗拉基米洛维奇（1876—1938）自 1924 年起自称“流亡皇帝”。因为平民奥黛丽不符合罗曼诺夫家规，所以她被授予王室头衔，以抬高身份。她儿子保罗·伊尔金斯基（1928—2004）连续多年担任佛罗里达棕榈滩市市长和荷尔斯泰因·戈托夫家族（自 1762 年起成为沙皇家族）的负责人。1937 年，德米特里与奥黛丽离婚。他患有肺结核，余生主要在达沃斯一家疗养院度过，在那里去世。他的墓地位于波登湖迈瑙岛的宫廷小教堂中。

玛丽亚·巴甫洛芙娜·罗曼诺娃（1890—1958）：借助可可·香奈儿的支持在时装行业立足，她在巴黎成立了时尚工作室“基特米尔”，其特色是绣花，非常成功。1923 年第二段婚姻失败，1930 年去美国，之后去了阿根廷。二战后，与儿子雷那特·贝那多特（1909—2004）亲近起来，后来一直住在迈瑙岛儿子那里，直到去世。

弗朗索瓦·科蒂（1874—1934）：1929 年与妻子伊冯娜离婚，那时他在政治上已经很活跃，是法西斯分子的狂热支持者。他通过收购《费加罗报》和成立其他新闻机构，支持法国的右翼党派和运动。1913 年在美国上市的股份公司科蒂公司，今天仍然存在，一直在生产著名香水，其中包括 CK（以设计师 Calvin Klein 命名）和蔻依（Chloé）。

恩尼斯·鲍（1881—1961）：1924 年，成为皮埃尔·韦特海默成立的香奈儿香水公司的调香师。他还给可可·香奈儿设计了几款香水，但都没有“香奈儿 5 号”那么有名。

巴勃罗·毕加索（1881—1973）：奇怪的是，他与可可·香奈儿的绯闻相对不为人所知，但如果仔细阅读嘉柏丽尔的回忆录，是有线索的。事实上，她在圣奥诺雷市郊路家中为她的画家朋友布置了最亮堂的房间，这肯定不只是因为他们在让·科克多的《安提戈涅》剧中的合作，此剧在 1922 年 12 月成功首演。当时，他与奥尔加（1891—1955）的婚姻已经陷入严重危机。根据最新的艺术史资料，他到 1925 年才与玛丽·特蕾莎·华特相遇。奥尔加称，玛丽的出现，让她和自己的丈夫毕加索分手。之前的事情，对毕加索来说只是短暂的绯闻。

让·科克多（1889—1963）：可可·香奈儿最亲密的朋友之一，晚年甚至住到丽兹酒店香奈儿套房的隔壁。作为一位特立独行的艺术家，他是最著名的法语诗人之一，也是重要的导演和画家。他是一名双性恋，性取向让他吃尽了苦头。他与演员让·马莱的关系广为人知，与另一位情人娜塔莉·巴甫洛芙娜·帕莉的关系则不是那么出名，娜塔莉是德米特里·巴甫洛维奇·罗曼诺夫同父异母（他父亲的第二次婚姻）的妹妹。

后 记

可可·香奈儿的一生充满传奇色彩，童年和少女时期美好平凡的细节，大多是她自己精心编造出来的。这些经历就像极其脆弱的艺术品，根本经不起推敲，推广“香奈儿 5 号”的故事也类似。香奈儿小姐想方设法将很多事实隐藏在神秘的外衣下，她认为这样可以提高人们对香水，当然也对她本人的兴趣，另外也能提高关于她出身的童话的价值。因此，关于嘉柏丽尔·香奈儿以及著名的“香奈儿 5 号”，世间流传着五花八门的故事。

我欣然接受委托，撰写《可可·香奈儿：香奈儿 5 号和香水之爱》，不只是这个题目非常令人亢奋，还因为在我最初的设想中，这是个轻松的任务，毕竟关于她生平的材料非常广泛。但是我想错了！读了可可·香奈儿最新的传记后我才明白，在我了解到的信息中，只有很少一部分是可以确信的。

举两个例子来说一下我在检索资料的时候遇到的困难。一本传记显示，嘉柏丽尔遇到玛丽亚·巴甫洛芙娜大公夫人（出嫁前是梅克伦堡公主）后，知道了“凯瑟琳花束”香水，而且据说嘉柏丽尔是在威尼斯之行中遇到她的。但这是不可能的，因为大公夫人在流亡法国时就去世了。另一本纪实作品显示，嘉柏丽尔在戛纳卡尔顿酒店的餐厅做香水营销，所有的记录都表明，这是圣诞节假期发生的。然而作者——一位文化历史学家，在两个段落后写道，嘉柏丽尔因为此次营销的成功，决定送几瓶香水给她最好的顾客做圣诞礼物。圣诞节后的圣诞礼物？不太可信。

我的故事则从另外的角度出发，从她身边人物的记录中来挖掘他们与香奈儿的关系。这些人包括：米西亚·赛特、伊戈尔·斯特拉文斯基、巴勃罗·毕加索及其夫人们、弗朗索瓦·科蒂、玛丽亚·巴甫洛芙娜·罗曼诺娃及其他人。通过他们，把嘉柏丽尔人生中能够确认的事情勾勒出来，慢慢地，就可以绘制出一张图谱，这形成了本书故事情节的基础。

另外，如前所述，这本书基于历史事实，基于确定无疑的数据。在这一点上，我也想举两个重要的但无法解释的例子。我无法确认嘉柏丽尔是什么时候进一步了解德米特里·巴甫洛维奇·罗曼诺夫的，是在巴黎、比亚里茨或是威尼斯的一次晚餐？书中的描述，只是一种合乎逻辑的可能。德米特里日记中有详细描述，两人在1921年2月终于成为情侣，出发去里维埃拉度假。而且日记中一再强调，嘉柏丽尔与德米特里并不是恋人关系，他们之间的情感是真挚的友谊，可以深切地理解对方。但事实是，香奈儿跟任何人都没有像跟德米特里那样，一起度过那么多二人独处的时光。她跟他一再去度假，带他去看她从前生活过的地方，这些地方连男孩都没有去过。她这么做，可能并非源于深厚的感情，可能终究还是顾虑他的社会地位和政治地位，也可能只是因为爱上一个男孩之外的男人的愧疚？真实的原因，我们永远无法知道，只能进行推论。

嘉柏丽尔是否在1921年甚至1920年就已经去了戛纳的博卡村并结识了恩尼斯·鲍，我们不得而知，也没有相关的证据。现存的资料显示，1921年是“香奈儿5号”诞生的年份，而且香奈儿公司也秉持这种说法。恩尼斯·鲍自己也无法确定，他在有的地方甚至说是1922年，但这应该不太可能。不管怎么说，1920年他还没有认识嘉柏丽尔，因为这时她还没有跟德米特里去蔚蓝海岸。我们可以确定，是大公介绍可可和这位调香师认识的。

小说虽然不必全然真实，但我希望故事尽可能地接近事实，所以我还是强迫自己，在情节中删减一些事件，或者在行文中有些改动，这都是剧情的需要。我的故事是一部小说，而非纪实文学，也不应该是。所以，亲爱的读者，如果您发现这儿或那儿可能有错误，请您谅解。

1922年，香水取得了巨大的成功，相信大家对之后的事情也非常感兴趣。事实证明，顾客对“香奈儿5号”需求太大，奇里斯小工厂的生产能力无法满足需要，而且嘉柏丽尔希望香水不只在她服装店里售卖，一定要到大商场去销售。这个生意需要合作伙伴，通过特奥菲尔·巴德，嘉柏丽尔认识了韦特海默兄弟。直到今天，他们仍然在生产和销售化妆品，他们的公司“妙巴黎”是20世纪20年代初法国同类公司中规模最大的。因为与弗朗索瓦·科蒂闹得非常不愉快，嘉柏丽尔先是把生产线的大部分卖给了皮埃尔·韦特海默，后来是整个化妆品部门，二战后时装公司也卖给了他们。今天，香奈儿公司仍然属于韦特海默家族。

当然，我本人是“香奈儿5号”的忠实粉丝，也是嘉柏丽尔和香奈儿时装的崇拜者。可惜我的外表与她的服装风格不匹配，也根本负担不起香奈儿产品昂贵的价格。但是，我与这高级时装的联系，却不止于此。

20世纪50年代，我母亲年轻的时候，做过模特。她对漂亮服装有一种敏锐的直觉，她后来成了汉堡时装设计师克劳斯·莱丁的顾客。现在回想起来，好像我在他工作室试衣间待的时间比在我自己儿童房里待的时间更长。我为高级时装世界着迷，虽然我一直只是个观众，自己从来没有想过设计或缝制衣服。我没有耐心，也没有灵巧的双手。克劳斯·莱丁是我童年和少女时期的时装设计师，他在我6岁时为我设计了第一件晚礼服。20世纪70年代，克劳斯开始设计面料，也给香奈儿时装公司供货，但这不是我与香奈儿唯一的直接联系。已经去世的记者鲁道夫·金泽尔是我最亲密的忘年交之一，他的一生都与时装关系密切。在巴黎，他是克里斯汀·迪奥青年时期的朋友，后来是卡尔·拉格菲尔德年长一些的朋友，他丰富多彩的经历，几乎陪伴了我的一生。作为年轻记者，我曾与卡尔·拉格菲尔德有过一次精彩的采访。

写这部小说，我当然看了有关可可·香奈儿的电影和文献。写作过程中我才发现，我故事的开头，她生命中的那个时刻，正是电影《时尚先锋香奈儿》的结尾。电影中的香奈儿由迷人的奥黛丽·塔图扮演，这纯粹是巧合，或者是我的潜意识捉弄了我吧？但“香奈儿5号”香水的故事，的确缘于一段感人爱情的终结，它应该永远不会消逝。

致 谢

我要感谢优秀的经纪人，同时也深深感谢德国建设出版社的史蒂芬妮·威尔克，我与她合作，渡过了本书出版过程中的难关。感谢家人的支持与爱，没有他们，我永远不可能写出这样的小说。最后，特别感谢我先生送的“香奈儿 5 号”香水。